KB064701

평생에 한 번은 꼭 논어를 읽어라

평생에 한 번은 꼭 논어를 읽어라

지은이 · 공자 | **엮은이** · 김이리
펴낸이 · 오광수 외 1인 | **펴낸곳** · 주변인의길
편집 · 김창숙, 박희진
주소 · 서울시 용산구 한강대로 76길 11-12 5층 501호
TEL · (02) 3275-1339 | **FAX** · (02) 3275-1340

jinsungok@empal.com

초판 1쇄 인쇄일 · 2015년 10월 15일 | **초판 8쇄 발행일** · 2024년 4월 15일

ISBN 978—89—93536—46—1 (03100)

*도서출판 꿈과희망은 주변인의 길의 계열사입니다.
*책값은 뒤표지에 있습니다. 잘못된 책은 바꾸어 드립니다.

論語

평생에 한 번은 꼭 논어를 읽어라

공자 지음 | 김이리 엮음

주변인의길

책머리에

하늘에 부끄럽지 않고 사람답게 살라

현대는 무한경쟁 사회이다. 경쟁자를 누르고 꺾어야만 살아남을 수 있는 상대평가가 만연된 사회이다. 그런 냉혹한 잣대를 들이미는 사회에서 인간의 고귀한 본성을 지키며 살아남는 방법은 없을까? 그러려면 일단 탁월한 경쟁력을 지녀야 한다. 오직 지식만이 유일한 경쟁력이라면 미국과 유럽에서 학위를 받아온 사람들의 미취업 문제가 사회화되지도 않을 것이다. 과학문명은 첨단에 이르렀는데 그 과학을 누리고 살아야 하는 사람의 인성은 위태롭기 그지없다. 그래서 우리는 다시금 반문하게 된다. 지금 우리가 과연 잘 살고 있는 것일까? 그 어떤 풍요와 번성에도 마음이 행복하지 못하면 무슨 의미가 있겠는가.

지식보다 더 중요한 것은 인성이고, 오늘날의 사회는 피라미드처럼 쌓아올린 스펙보다, 됨됨이가 올곧은 전인적인 품성을 요구하는 쪽으로 바뀌고 있다. 우물이 깊어야 맑은 물을 길어 올릴 수 있다는 것을 알아야 한다. 인격을 갖추지 못한 지식은 끝내 욕심을 부둥켜안은 채 추락하고야 마는 사회악이 될 뿐이다. 높은 빌딩을 올리기 위해서는 먼저 보이지 않는 지하의 지반을 탄탄하게 다져놓아야 하는 것이다.

옛 선인들의 소박한 자족의 삶에서 우리는 그 열쇠를 찾을 수 있다. 콩 한 쪽도 나눠 먹던 여유에서 바른 덕목을 배워야 한다. 동서고금을 뛰어넘어 세계인의 양서가 된 중국 고전을 통해 진정한 행복을 배우고 생명의 소중함을 깨달아, 긍정적이고 진취적인 마인드를 회복하기를 바란다.

『논어』는 고대 중국의 사상가인 공자(孔子)의 가르침을 전하는 유가(儒家)의 성전(聖典)이다. 사서(四書. 논어, 맹자, 대학, 중용)의 하나로, 중국 최초의 어록(語錄)이기도 하다. 공자와 그 제자와의 문답을 주로 하고 있는데, 공자의 말과 행적 등 인생의 교훈이 되는 말들이 간결하고도 함축성 있게 기록되어 있다.

『논어』라는 책의 이름은, 공자의 말을 모아 일정한 순서로 편집한 것이라는 뜻인데, 엮은이가 누구인지는 분명치 않다. 자하(子夏)를 비롯한 공자의 제자들, 자하 · 중궁(仲弓) · 자유(子游) 등 다양하다. 『논어』는 모두 20편으로 되어 있는데, 각 편의 머리 두 글자를 따서 갈래의 이름으로 삼고 있다. 내용은 '배움'에서 시작해 '하늘의 뜻을 아는 것(知命)'에서 마무리되고 있다. 뒷부분으로 갈수록 빠진 부분도 반복되거나 내용이 빠진 부분도 나온다. 구절이 중요한 것이 아니고 의미를 되새겨야 한다.

우리나라에 유교가 전해진 것은 중국과의 접촉이 활발해지던 삼국시대이므로, 『논어』 역시 이 무렵에 전래되었으리라 본다. 공자는 기원전 551년 노나라에서 태어났다. 15세에 학문에 뜻을 두고 어려운 환경 속에서도 부지런히 이치를 탐구하고 실천에 힘써 위대한 성인으로 존경받았다. 그의 관심은 예(禮)와 악(樂) 등 문화 전반에 두루 걸쳐 있었고, 이미 이름을 떨쳐 제자들이 모여 들었다. 51세 때 대사구(大司寇)까지 올랐지만 포부를 펼치지 못하고 물러났다. 그 뒤 천하를 다니면서 정치적 혁신을 실현하려 했으나 결국 실패하고 68세에 고국으로 돌아와 후진 양성에 힘썼다.

공자는 인(仁)의 실천에 바탕을 둔 개인적 인격의 완성과 예로 표현되는 사회질서의 확립을 강조하였으며, 궁극적으로는 도덕적 이상국가를 지상에 건설하려 하였다. 그의 사상은 실천을 전제로 한 도덕이 핵심을 이루고 있다. 한때 따르는 제자가 3천 명이 넘었고, 그중에 72인이 뛰어났다고 전해진다. 양나라의 황간(皇侃)은 "이 책은 공자의 문인에게서 나온 것이다. 먼저 자세히 따진 뒤에 사람들이 모두 좋다고 한 뒤에야 기록했으므로 '논(論)'이라 하였다. '어(語)'란 논란에 대해 대답하고 설명한다는 말이다."라고 말하였다.

제20편 요왈(堯曰)에 현대인들이 꼭 마음에 새겨야 할 말이 있다.

子張曰 何謂四惡 子曰 不敎而殺 謂之虐 不戒視成 謂之暴
자장왈 하위사악 자왈 불교이살 위지학 불계시성 위지포
慢令致期 謂之賊 猶之與人也 出納之吝 謂之有司
만령치기 위지적 유지여인야 출납지린 위지유사

자장이 다시 여쭈었다. "네 가지 악정이란 무엇인지요?" 공자께서 말씀하셨다. "가르치지 않고서 죄를 지으면 사형에 처하는 것, 이것을 학정이라고 한다. 방임해 두고서는 업적을 까다롭게 따지는 것, 이것을 폭정이라고 한다. 뒤늦게 명령을 내리고는 서둘러 시행하라고 다그치는 것, 이것을 도둑의 정치라고 한다. 관청의 물건을 내주면서 자신의 물건을 내주는 양 생색을 내고 아까워하는 것, 이것을 관료주의라고 한다."

특히 공직에 있는 사람들에게 필요한 가르침이다. 교육이 더없이 중요하고, 소외 계층에 깊은 관심을 가져야 하며, 공직에 있을 때 결코 생색내지 말아야 한다는 말이다. 군림하지 않고 섬기는 정신을 가져야 한다.

시시때때로 『논어』를 읽고 그 의미를 되새기며 산다면, 미친 듯이 빠르게 질주하는 우리들에게 안전펀과도 같고 브레이크와도 같은 역할을 해줄 것이다. 아무도 모르는 마음속 고요한 쉼터 같은…….

엮은이 김이리

차례

일러두기 : 각 항의 첫머리 숫자는 편과 장과 갈래를 가리킨다.
각 장의 소제목과 각 단락의 제목은 편집부에서 달았음을 일러둔다.

-1-

학이
學而

학문과 덕행을 쌓아라

1학이(學而) : 학문과 덕행을 쌓아라 1-01-0

세 가지 즐거움

공자께서 말씀하셨다. "배우고 때로 익히면 또한 기쁘지 아니한가. 벗이 먼 곳에서 찾아오면 또한 즐겁지 아니한가. 남이 나를 알아주지 않아도 노여워하지 않는다면 또한 군자가 아니겠는가."

子曰 學而時習之 不亦說乎 有朋 自遠方來 不亦樂乎
자 왈 학 이 시 습 지 불 역 열 호 유 붕 자 원 방 래 불 역 락 호

人不知而不慍 不亦君子乎
인 부 지 이 불 온 불 역 군 자 호

'子(자)'는 단독으로 '공자'라는 의미로 쓰이기도 하고, 공자 · 맹자 · 노자 · 장자처럼 학덕이 높은 사람의 성 뒤에 붙기도 한다. 『논어』에서 '子曰(자왈)'이라고 한 경우의 子(자)는 모두 공자를 가리킨다.

인간은 모두 행복하려고 한다. 인생에서 행복의 조건은 무엇일까? 사람마다 다르겠지만 맹자가 말한 세 가지 즐거움은 이렇다.

"군자에게는 세 가지 즐거움이 있는데 첫째는 부모님께서 다 살아 계시고 형제자매들이 아무 탈이 없는 것이고, 둘째는 위로는 하늘에 부끄럽지 않고 아래로는 사람들에게 부끄럽지 않은 것이며, 셋째는 천하의 인재들을 찾아서 교육시키는 것이다. 여기에는 천하의 왕 노릇하는 것이 들어 있지 않다."

1학이(學而) : 학문과 덕행을 쌓아라 1-02-0

근본에 힘써라

유자가 말하였다. "그 사람됨이 부모에게 효성스럽고 형에게 공손한데도 윗사람의 마음을 거스르는 자는 드물다. 윗사람 능멸하기를 좋아하지 않는데도 분란을 일으키기를 좋아하는 자는 있을 리가 없다. 군자가 근본에 힘쓰는 것은 근본이 서야 도가 생기기 때문이니 효와 공손은 인의 근본이다."

有子曰 基爲人也 孝弟 而好犯上者 鮮矣 不好犯上 而好作亂者
유자왈 기위인야 효제 이호범상자 선의 불호범상 이호작란자

未之有也 君子務本 本立而道生 孝弟也者 基爲仁之本與
미지유야 군자무본 본립이도생 효제야자 기위인지본여

유자(有子)는 노나라 사람으로 공자의 제자인 유약(有若)을 말한다. 자는 자유(子有)이다. 공자보다 13세가 적었다는 설과 33세가 적었다는 설이 있다. 『논어』에서 공자의 제자를 일컬을 때는 주로 자(字)를 썼는데, 증·유약·염유·민자건을 증자·유자·염자·민자로 부른 예가 나온다. 이 예는 『논어』가 증삼과 유약의 제자에 의하여 편찬되었다고 주장하는 근거가 되기도 하였다.

유약이 말한 '효'는 부모와 자식 사이의 덕목으로 종적인 관계를 말한다. '제'는 형제 사이의 덕목으로 횡적인 관계에 있어서 공손함을 나타내는 일반적인 덕성이다.

모든 인륜의 덕성의 근본은 바로 혈연 관계에서 자연적으로 생겨나는 느낌을 기본으로 삼아야 한다는 것이다. 가까운 인간에 대한 기본을 지켜나가는 것이 바로 도리의 근간이라는 것이다.

1학이(學而) : 학문과 덕행을 쌓아라 1-03-0

달콤한 말에 넘어가지 말라

공자께서 말씀하셨다. "그럴듯하게 꾸민 달콤한 말과 보기 좋게 꾸민 얼굴빛에는 어진 마음(仁)이 드물다."

子曰 巧言令色 鮮矣仁
자 왈 교언영색 선의인

사람을 사귈 때 아첨과 아부, 그리고 사람을 홀리는 미색을 경계하라는 의미이다. 남에게 환심을 사기 위해 말만 번지르르하게 꾸며대고 진정성도 없이 남의 비위만 맞추는 사람치고 마음씨가 착하고 진실된 사람은 적다는 뜻이다.

『회남자』에 보면 이런 말이 나온다.

“가슴속에 진정성이 없이 뭔가 꾸미고 조작하는 간교한 마음을 지니고 있으면, 새하얀 도가 깨끗할 수 없고, 정신적인 덕성이 온전할 수 없다.

내 몸에 깃든 사악한 마음을 깨닫지도 못하고 이를 쫓아내지도 못하면서 어찌 남들이 먼 곳에서 자기에게 덕을 베풀거나 사모하여 주기를 바랄 수 있겠는가.”

1학이(學而) : 학문과 덕행을 쌓아라 1-04-0

행동할 때 세 가지 잣대

증자가 말하였다. "나는 날마다 나의 행동을 세 가지 잣대로 살펴본다. 사람들과 일할 때 진실하지 않았는지, 벗들과 사귈 때에 성실하지 않았는지, 배운 것을 제대로 익히지는 않았는지……."

曾子曰 吾日三省吾身 爲人謀而不忠乎 與朋友交而不信乎 傳不習乎
증 자 왈 오 일 삼 성 오 신 위 인 모 이 불 충 호 여 붕 우 교 이 불 신 호 전 불 습 호

1학이(學而) : 학문과 덕행을 쌓아라 1-05-0

신중한 정치

공자께서 말씀하셨다. "말 네 마리가 끄는 전차 천 대를 가진 대국을 다스리려면 일을 정성껏 처리하고 백성들에게 신용이 있으며, 비용을 절약하고 인재를 아끼며, 백성들에게 일을 시킴에 있어서는 적절한 시기를 골라서 해야 한다."

子曰 道千乘之國 敬事而信 節用而愛人 使民以時
자 왈 도 천 승 지 국 경 사 이 신 절 용 이 애 인 사 민 이 시

1학이(學而) : 학문과 덕행을 쌓아라 1-06-0

글은 인성 다음이다

공자께서 말씀하셨다. "젊은이들은 집에 들어가면 부모님께 효도하고 밖으로 나가면 윗사람에게 공경하며, 언행이 근엄하고 믿음성이 있으며, 널리 여러 사람을 사랑하고 인을 가까이 하되, 이렇게 하고도 남는 힘이 있거든 글을 배워야 한다."

子曰 弟子入則孝 出則弟 謹而信 汎愛衆 而親仁 行有餘力 則以學文
자 왈 제자입즉효 출즉제 근이신 범애중 이친인 행유여력 즉이학문

1학이(學而) : 학문과 덕행을 쌓아라 1-07-0

진정한 배움

자하가 말했다. "아내를 대함에 있어서 미모보다 현숙함을 중시하고, 부모를 섬김에 있어서 자신의 힘을 다할 수 있고, 임금을 섬김에 있어서 자신의 몸을 바칠 수 있고, 친구와 사귐에 있어서 말에 신용이 있다면, 비록 배우지 못했다 할지라도 나는 반드시 그를 일러 배웠다고 할 것이다."

子夏曰 賢賢易色 事父母 能竭其力 事君 能致其身
자하왈 현현이색 사부모 능갈기력 사군 능치기신

與朋友交 言而有信 雖曰未學 吾必謂之學矣
여붕우교 언이유신 수왈미학 오필위지학의

자하(子夏)는 위(衛)나라 사람으로 공자의 제자이다. 성이 복(卜), 이름이 상(商)이며, 자하(子夏)는 그의 자이다. 공자보다 44세 아래였다.

1 학이(學而) : 학문과 덕행을 쌓아라 1-08-0

군자의 수양 방법

공자께서 말씀하셨다. "군자는 진중하지 않으면 위엄을 지니지 못하니 배워도 견고하지 않다. 충(忠)과 신(信)을 주력으로 삼으며, 자기보다 못한 자를 벗으로 삼으려 하지 말고, 허물이 있으면 고치기를 꺼리지 말아야 한다."

子曰 君子不重則不威 學則不固 主忠信 無友不如己者 過則勿憚改
자 왈 군 자 부 중 즉 불 위 학 즉 불 고 주 충 신 무 우 불 여 기 자 과 즉 물 탄 개

혼탁함이 심하고 경계의 선이 흐릿한 시대를 살아갈 때, 인간은 그 누구라도 허물이 생기는 것으로부터 자유롭기가 쉽지 않다. 완전한 인간으로 태어나지 않았기 때문에 모자람을 탓할 수밖에 없는 우리는 실수를 저질렀을 때 잘못을 고치려는 사람과 그 잘못을 외면하는 사람으로 나뉜다.

허물이 있음을 탓하는 것이 아니라 허물이 있어도 고치지 않는 것을 꾸짖는 것으로 허물이 있어도 고치지 않는 것이 진짜 허물인 것이다.

법구경에도 허물에 관한 말이 나온다.

"남의 허물은 잘 찾아내지만 자기의 허물은 드러내지 않는다. 남의 잘못은 가벼운 먼지처럼 날리나 자기의 잘못은 없는 듯이 말한다."

1학이(學而) : 학문과 덕행을 쌓아라 1-09-0

조상에게 정성을 다하라

증자가 말하였다. "부모의 마지막 길을 신중하게 처리하고 먼 조상을 추모하면 네 백성들의 인이 두터워질 것이다."

曾子日 愼終追遠 民德 歸厚矣
증 자 왈 신 종 추 원 민 덕 귀 후 의

종(終)은 사람의 마지막 길, 즉 부모의 상례(喪禮)를 가리킨다.

1학이(學而) : 학문과 덕행을 쌓아라 1-10-1

정치에 귀기울여라

자금이 자공에게 물었다. "공자께서는 한 나라에 가면 꼭 그 나라의 정치에 관한 이야기를 들으셨는데 그것은 공자께서 그 나라의 정치에 관하여 듣기를 요구하신 것입니까? 그렇지 않으면 그 나라가 스스로 공자께 그것을 들려드린 것입니까?"

子禽 問於子貢日 夫子至於是邦也 必聞其政 求之與 抑與之與
자 금 문 어 자 공 왈 부 자 지 어 시 방 야 필 문 기 정 구 지 여 억 여 지 여

자금(子禽)은 진(陳)나라 사람으로 공자의 제자이다. 성이 진(陳), 이름이 항(亢)이고, 자금은 그의 자(字)이다. 공자보다 40세 아래였다.

1학이(學而) : 학문과 덕행을 쌓아라 1-10-2

의도하지 말라

자공이 말하였다. "공자께서는 온화하고 선량하고 공손하고 검약하고 겸양함으로써 그 나라의 정치에 관한 이야기를 얻어들으신 것이다. 공자께서 요구하시는 방법은 아마 다른 사람이 요구하는 방법과 다를 것이다."

子貢日 夫子 溫良恭儉讓以得之 夫子之求之也 其諸異乎人之求之與
자 공 왈 부 자 온 양 공 검 양 이 득 지 부 자 지 구 지 야 기 제 이 호 인 지 구 지 여

자공(子貢)의 성은 단목(端木), 이름은 사(賜)인데, 자공은 그의 자(字)이다. 공자의 제자로 공자보다 31세 아래였다.

1학이(學而) : 학문과 덕행을 쌓아라 1-11-0

진정한 효의 길

공자께서 말씀하셨다. "부친이 살아 계실 때는 그의 뜻을 잘 살피고 부친이 돌아가셨을 때는 그의 행적을 잘 살펴서 삼년상을 지내는 동안 부친이 가시던 길을 바꾸지 않는다면 효성스럽다고 할 수 있다."

子日 父在 觀其志 父沒 觀其行 三年無改於父之道 可謂孝矣
자 왈 부 재 관 기 지 부 몰 관 기 행 삼 년 무 개 어 부 지 도 가 위 효 의

예를 통한 인화

유자가 말하였다. "예의 효용 가운데 조화가 가장 귀중하다. 선왕이 세상을 다스린 원칙은 이것을 훌륭하다고 여겨서 작은 일이나 큰일이나 모두 조화를 이룬다는 이 원칙에 따랐다. 만약 행해지지 않는 바가 있다면 그것은 한갓 조화가 어떤 것인지를 알아서 조화를 이루려고 했을 뿐 예로써 그것을 조절하지 않았기 때문이니 이렇게 되면 역시 행해질 수 없다."

有子曰 禮之用 和爲貴 先王之道 斯爲美 小大由之
유자왈 예지용 화위귀 선왕지도 사위미 소대유지

有所不行 知和而和 不以禮節之 亦不可行也
유소불행 지화이화 불이례절지 역불가행야

인간관계에 있어서는 인화가 매우 중요하다. 그런데 이는 예를 통하여 이룩할 수 있으므로 예를 통하여 인화를 이룩하지 않고 억지로 인화를 위한 인화를 추구한다면 참다운 인화에 이를 수 없다는 뜻이다.

영국의 철학자이자, 사회학자인 버트런드 러셀도 사람은 혼자 사는 것이 아니라고 했다. 사회라는 공동체 속에 사는 이상 사회와의 관계에 있어서 조화를 얻지 않으면 안 된다. 사회뿐 아니라 우주의 모든 자연 법칙에 대해서 적응하고 조화하지 못하고 분열을 일으키고 있다. 지혜와 능력을 가지고서도 그의 이상이 사회나 우주와 조화를 이루지 못하고 스스로 불행한 곳으로 몰아치는 사람이 있다. 우리의 교양이나 재능은 사회와 우주에 적응하도록 사용되어야 한다. 조화하지 못하는 지식이나 주장이나 주의는 자기 인격의 분열을 자아낼 뿐이다.

1학이(學而) : 학문과 덕행을 쌓아라 1-13-0

의롭고 예의바르고 친밀한 사람을 본받자

유자가 말하였다. "의로움에 가까울 만큼 미덥다면 그 사람의 말은 이행될 수 있을 것이다. 예의에 가까울 만큼 공손하다면 그 사람은 욕을 당하지 않을 것이다. 가까이 지내면서도 친밀함을 잃지 않고 계속 친근한 관계를 유지한다면 그 사람도 역시 본받을 만하다."

有子日 信近於義 言可復也 恭近於禮
유 자 왈 신 근 어 의 언 가 복 야 공 근 어 례

遠恥辱也 因不失其親 亦可宗也
원 치 욕 야 인 불 실 기 친 역 가 종 야

1학이(學而) : 학문과 덕행을 쌓아라 1-14-0

배움에는 끝이 없다

공자께서 말씀하셨다. "군자는 식사를 함에 있어서 배불리 먹기를 바라지 않고, 거주함에 있어서 편안하기를 바라지 않으며, 일을 함에 있어서는 민첩하고 말을 함에 있어서는 신중하며, 도덕이 있는 사람에게 나아가 자신의 잘못을 바로잡으니, 이렇게 되면 배우기를 좋아한다고 할 수 있다."

子日 君子食無求飽 居無求安 敏於事而愼於言
자 왈 군 자 식 무 구 포 거 무 구 안 민 어 사 이 신 어 언

就有道而正焉 可謂好學也已
취 유 도 이 정 언 가 위 호 학 야 이

1학이(學而) : 학문과 덕행을 쌓아라 1-15-0

절차탁마로 덕행을 갖춰라

자공이 말했다. "가난하면서도 아첨하지 않고 부유하면서도 교만하지 않으면 어떠한지요?" 공자께서 말씀하셨다. "괜찮다. 그러나 아직 가난하면서도 즐거워하고 부유하면서도 예를 좋아하는 사람만은 못하다." 자공이 말했다. "시경에 '자른 것 같고 간 것 같고 쫀 것 같고 닦은 것 같다'라고 한 것은 아마 바로 이런 것을 두고 말하는 것 같습니다."

子貢曰 貧而無諂 富而無驕 何如 子曰 可也 未若貧而樂 富而好禮者也
자공왈 빈이무첨 부이무교 하여 자왈 가야 미약빈이락 부이호례자야
子貢曰 詩云 如切如磋 如琢如磨 其斯之謂與
자공왈 시운 여절여차 여탁여마 기사지위여

여기에서 詩(시)는 『시경』이라는 책 또는 『시경』에 수록된 시를 가리킨다. 이 글은 위나라 무공의 덕행을 찬양한 노래로 알려져 있다. 무공은 나이 95세가 되어서도 늘 자기 수양을 게을리하지 않았고, 늘 신하나 백성들에게 가르침을 받고 고치기를 좋아했다고 한다.

장인이 옥을 갈고 닦아 훌륭한 보석인 옥을 만들 듯이, 부단히 스스로를 갈고 닦아서 밝은 덕이 드러나도록 애써야 한다는 뜻으로 '절차탁마'를 해야 한다고 한 것이다.

절차탁마를 풀이하면, 학문과 덕행을 부지런히 갈고 닦는다는 뜻이다. '절'은 물건을 만들려고 뼈를 원하는 모양대로 자르는 일이고, '차'는 상아를 돌 같은 단단한 것에 갈아서 다듬는 일이며, '탁'은 옥을 모양 잡아 쪼는 일이고, '마'는 돌을 문질러서 빛을 내는 일이다.

군자가 멋있어 보이는 까닭은 장인이 물건을 만들 때처럼, 부단히 자신을 갈고 닦아서 밝은 덕이 드러나도록 애쓰는 데 있다는 뜻이다.

1학이(學而) : 학문과 덕행을 쌓아라 1-15-2

의사소통의 즐거움

공자께서 말씀하셨다. "사는 이제 함께 『시경』을 이야기할 수 있게 되었다. 그에게 지나간 일을 일러주었더니 앞으로 닥쳐올 일을 아는구나."

子曰 賜也始可與言 詩已矣 告諸往而知來者
자 왈 사 야 시 가 여 언 시 이 의 고 제 왕 이 지 래 자

1학이(學而) : 학문과 덕행을 쌓아라 1-16-0

과연 나는 상대방을 알고 있는가

공자께서 말씀하셨다. "남이 나를 알아주지 않음을 걱정하지 말고 자기가 남을 알지 못함을 걱정해야 한다."

子曰 不患人之不己知 患不知人也
자 왈 불 환 인 지 불 기 지 환 부 지 인 야

-2-

위정
爲政

덕으로써 다스려라

리더는 덕을 겸비해야 한다

공자께서 말씀하셨다. "덕으로 정치를 하는 것은 북극성이 자기 자리에 가만히 있는데 뭇 별들이 그를 에워싸고 도는 것과도 같다."

子曰 爲政以德 譬如北辰 居其所而衆星共之
자 왈 위 정 이 덕 비 여 북 신 거 기 소 이 중 성 공 지

덕으로 하는 정치가 공자가 생각하는 정치다. 덕 있는 사람의 주변에는 자연스럽게 사람이 모여든다. 그래서 강요하지 않아도 남들이 따른다. 어진 정치가는 북극성처럼 그 주위에 훌륭한 별들이 모여들고 함께하기 마련이다. 사람들과의 관계를 덕으로 행하면 자연히 그는 가장 중요한 인물로서 리더십을 가지게 될 것이라는 뜻이다.

강태공은 군주에 대해 이렇게 얘기하고 있다.

"천하는 군주 한 사람의 천하가 아니라, 천하에 삶을 이어받은 만민의 천하이다. 그러한 천하의 이득을 천하 만민과 함께 나누려는 마음을 가진 군주라야 천하를 얻을 수 있다."

북극성의 빛은 천하에 비치지 않는 곳이 없다.

2위정(爲政) : 덕으로써 다스려라 2-02-0

생각을 바르게 하라

공자께서 말씀하셨다. "시경(詩經) 300편을 한 마디로 요약한다면 '생각에 사악함이 없다'라고 할 수 있다."

子曰 詩三百 一言以蔽之 曰 思無邪
자 왈 시삼백 일언이폐지 왈 사무사

2위정(爲政) : 덕으로써 다스려라 2-03-0

법과 형벌로 사람을 교화시키지 못한다

공자께서 말씀하셨다. "법률 제도로써 백성을 지도하고 형벌로써 질서를 유지시키면, 백성들은 법망을 빠져나가되 형벌을 피함을 수치로 여기지 않는다. 덕으로써 이끌고 예로써 질서를 유지시키면 백성들은 부정을 수치로 알고 감화를 받게 된다."

子曰 道之以政 齊之以刑 民免而無恥 道之以德 齊之以禮 有恥且格
자 왈 도지이정 제지이형 민면이무치 도지이덕 제지이례 유치차격

2 위정(爲政) : 덕으로써 다스려라 2-04-0

우리는 어떻게 살아야 할까

공자께서 말씀하셨다. "나는 열다섯 살에 학문에 뜻을 두었고, 서른 살에 뜻이 확고하게 섰고, 마흔 살에는 인생관이 정립되어 마음에 혼란이 없고, 쉰 살에는 천명을 깨달아 알게 되었고, 예순 살에는 어떤 말을 들어도 곧 그 이치를 알았고, 일흔 살에는 내 마음대로 행동을 해도 법도에 어긋나는 일이 없었다."

子曰 吾十有五而志于學 三十而立 四十而不惑
자 왈 오 십 유 오 이 지 우 학 삼 십 이 립 사 십 이 불 혹

五十而知天命 六十而耳順 七十而從心所欲 不踰矩
오 십 이 지 천 명 육 십 이 이 순 칠 십 이 종 심 소 욕 불 유 구

2 위정(爲政) : 덕으로써 다스려라 2-05-1

도리에 어긋나지 말라

맹의자가 효에 대해 묻자, 공자께서 말씀하셨다. "도리에 어긋나지 말아야 한다."

孟懿子 問孝 子曰 無違
맹 의 자 문 효 자 왈 무 위

맹의자(孟懿子)는 노(魯)나라의 대부(大夫) 중손씨(仲孫氏)이다. 이름은 하기(何忌)이고, 시호(諡號)는 의(懿)이다. 그의 아버지 맹희자(孟僖子)가 임종 때 그로 하여금 공자에게 예를 배우게 했다.

2위정(爲政) : 덕으로써 다스려라 2-05-2

효는 도리에 맞아야 한다

번지가 공자가 탄 수레를 모는데 공자께서 그에게 말했다. "맹손이 나에게 효에 대해 물었다. 그래서 내가 대답하기를, '도리에 어김이 없어야 한다'고 하였다."

樊遲御 子告之曰 孟孫 問孝於我 我對曰 無違
번지어 자고지왈 맹손 문효어아 아대왈 무위

번지(樊遲)는 공자의 제자로 공자보다 36세 아래였고, 이름은 수(須)였다. 맹손(孟孫)은 맹의자(孟懿子)인데, 적계(嫡系)로 치면 중손(仲孫)이고 서계(庶系)로 치면 맹손(孟孫)이었다.

2위정(爲政) : 덕으로써 다스려라 2-05-3

부모 섬김에 예를 다하라

번지가 물었다. "무슨 말씀이십니까?" 공자께서 말씀하셨다. "어버이가 살아 계실 적에 예를 다해 섬기며, 돌아가셨을 때는 예를 다해 장사 지내며, 제사 지낼 때에도 예를 다해야 한다."

樊遲曰 何謂也 子曰 生事之以禮 死葬之以禮 祭之以禮
번지왈 하위야 자왈 생사지이례 사장지이례 제지이례

2위정(爲政) : 덕으로써 다스려라 2-06-0

몸과 마음이 아프지 말아야 한다

맹무백이 효에 대해 묻자, 공자께서 말씀하셨다. "부모는 오직 자식이 병들지 않을까 그것만을 걱정한다."

孟武伯 問孝 子日 父母 唯其疾之憂
맹 무 백 문 효 자 왈 부 모 유 기 질 지 우

맹무백(孟武伯)은 맹의자의 아들로, 무(武)는 그의 시호이고, 백(伯)은 항렬이며, 이름은 체(彘)이다.

2위정(爲政) : 덕으로써 다스려라 2-07-0

공경하는 마음은 효의 기본이다

자유가 효에 대해 묻자 공자가 말씀하셨다. "오늘날의 효도란 단지 부모를 먹여 살릴 수 있는 것을 말하는데, 개나 말에 이르러서도 모두 먹여 살리는 일이 있을 수 있으니 공경하는 마음이 없다면 무엇으로 구별할 수 있겠는가?"

子游 問孝 子日 今之孝者 是謂能養 至於犬馬
자 유 문 효 자 왈 금 지 효 자 시 위 능 양 지 어 견 마

皆能有養 不敬 何以別乎
개 능 유 양 불 경 하 이 별 호

자유(子游)는 공자의 제자로 공자보다 45세 아래였다. 성은 언(言)이고, 이름은 언(偃)이며, 자유(子游)는 그의 자이다.

2 위정(爲政) : 덕으로써 다스려라 2-08-0

얼굴빛을 부드럽게 하라

자하가 효에 대해 묻자, 공자께서 말씀하셨다. 얼굴빛을 부드럽게 하는 것이 어려운 일이다. 젊은 사람이 그 힘씀에 종사하고, 술과 밥이 있으면 연장자에게 먼저 드린다. 바로 그것을 효행이라고 할 수 있겠느냐?

子夏 問孝 子曰 色難 有事 弟子服其勞 有酒食 先生饌
자하 문효 자왈 색난 유사 제자복기노 유주식 선생찬

曾是以爲孝乎
증시이위효호

자하(子夏)는 위(衛)나라 사람으로 공자의 제자이다. 성이 복(卜), 이름이 상(商)이며, 자하(子夏)는 그의 자이다. 공자보다 44세 아래였다.

2 위정(爲政) : 덕으로써 다스려라 2-09-0

말과 행동이 일치하라

공자가 말씀하셨다. "내가 회와 함께 종일토록 말을 하였는데, 그는 내가 하는 말을 하나도 어기지 않아 마치 어리석은 사람처럼 보였다. 그런데 그가 물러난 뒤 그의 사사로운 언행을 보니, 또한 내가 말한 이치를 분명하게 행동으로 옮기고 있었다. 회는 어리석은 사람이 아니다."

子曰 吾與回 言終日 不違如愚 退而省其私 亦足以發 回也不愚
자왈 오여회 언종일 불위여우 퇴이성기사 역족이발 회야불우

회(回)는 성이 안(顔), 자가 자연(子淵)이고, 회(回)는 그의 이름이다. 공자가 가장 총애한 제자로 공자보다 30세 아래였다. 29세에 머리가 하얗게 세었고 32세에 죽었다.

2 위정(爲政) : 덕으로써 다스려라 2-10-0

됨됨이는 감출 수 없다

공자께서 말씀하셨다. "그 사람이 하는 짓을 보고, 그 사람이 걸어온 길을 살피고, 그 사람이 어떤 것에 만족을 느끼는지를 관찰한다면 그의 사람 됨됨이를 어디다 숨기겠는가, 그의 사람 됨됨이를 어디다 숨기겠는가!"

子曰 視其所以 觀其所由 察其所安 人焉廋哉 人焉廋哉
자 왈 시기소이 관기소유 찰기소안 인언수재 인언수재

아무리 감추려고 해도 감추지 못하고 그의 사람됨이 드러나게 되어 있다는 뜻이다.

주자는 이렇게 말하고 있다.

"그가 행하는 것을 보고 선을 행하면 군자가 되고, 악을 행하면 소인이다. 행동을 하게 된 바탕이 되는 마음이 선한지를 살펴서 행한 일이 비록 선하더라도 그 뜻한 바가 선하지 못하면 역시 군자가 아니다. 또한 그 행한 바가 선하고 뜻도 선하더라도 그가 마음으로 편안히 여기지 못하고 힘들어 한다면, 이 또한 오래도록 변하지 않을 수 없다. 자기에게 있는 것은 자신이 잘 알고 있으니 이런 이치를 잘 파악해서 자신을 미루어서 남을 살피는 것이다."

지금 내가 하고 있는 행동이 바른가, 그 행동이 바르다면 나의 어떤 마음에서 나왔는가, 좋은 마음에서 나왔다면 내가 이를 편하게 여기는가 힘들어하는가를 살펴야 한다.

옛 것을 익혀 새롭게 알라

공자께서 말씀하셨다. "옛 것을 연구하여 새로운 지식을 끌어낼 수 있다면 남의 스승이 될 수 있다."

子曰 溫故而知新 可以爲師矣
자 왈 온 고 이 지 신 가 이 위 사 의

스승의 자격에 대해서 얘기하고 있다.

어떤 사람은 옛것을 무시하고 새것만을 추구하고, 옛것만을 좋아하고 새것에는 별로 관심이 없는 사람도 있다. 아는 것을 새로운 것과 활용할 줄 알아야 한다.

『예기(禮記)』의 「학기(學記)」는 배움과 가르침에 대한 모든 것을 나타낸 것이다. 여기에 이런 말이 나온다.

'기문지학'(記問之學, 단순히 책을 외우기만 하고 제대로 이해하지 못한 학문)은 스승이 될 수 없다고 비판하였다. 남의 글을 그저 암기나 하고 묻기나 하는 학문이라면 마음에 터득함이 없어서 배움에는 한계가 있다는 말이다. 옛것을 연구하고 늘 새로운 지식을 이끌어 내는 데 힘써야만 남을 가르칠 만한 스승이 될 수 있을 것이다.

2위정(爲政) : 덕으로써 다스려라 2-12-0

전인적 인간을 추구하라

공자께서 말씀하셨다. "군자는 그릇이 되어서는 안 된다."

子曰 君子 不器
자 왈 군 자 불 기

❀ · · · · · ·

한정된 용도에만 쓰이는 그릇 같은 것이 되지 말고, 한 가지 재능에만 얽매이지 않고 지덕체를 두루 갖춘 전인적인 인간을 추구하라는 뜻을 담고 있다.

조선시대 문신으로 성균관에 몸담고 있으면서 조광조를 배출시키고 벼슬길에 있어서는 강직함과, 직언을 서슴지 않았던 유숭조가 남긴 말을 되새겨 보면 다음과 같다.

"그릇이 크고 작음에 따라 받아들임이 많기도 하고 적기도 하며, 그릇이 깨끗하고 더러움에 따라 받아들임이 맑기도 하고 더럽기도 하다."

2위정(爲政) : 덕으로써 다스려라 2-13-0

몸소 실천하면 남이 따른다

자공이 군자에 관하여 여쭈어보자 공자께서 말씀하셨다. "먼저 자신의 말을 스스로 실행하고 그 다음에 다른 사람으로 하여금 자기를 따르게 하는 것이다."

子貢問君子 子曰 先行其言 而後從之
자공문군자 자왈 선행기언 이후종지

2위정(爲政) : 덕으로써 다스려라 2-14-0

공과 사를 구별하라

공자께서 말씀하셨다. "군자는 친밀하게 지내되 사리사욕을 위하여 결탁하지 않고, 소인은 사리사욕을 위하여 결탁하되 인간적으로 친밀하지는 않다."

子曰 君子 周而不比 小人 比而不周
자왈 군자 주이불비 소인 비이부주

2위정(爲政) : 덕으로써 다스려라 2-15-0

배우고 생각하라

공자께서 말씀하셨다. "배우기만 하고 스스로 사색하지 않으면 학문이 체계가 없고, 사색만 하고 배우지 않으면 오류나 독단에 빠질 위험이 있다."

子曰 學而不思則罔 思而不學則殆
자 왈 학 이 불 사 즉 망 사 이 불 학 즉 태

2위정(爲政) : 덕으로써 다스려라 2-16-0

정도에서 벗어나지 말라

공자께서 말씀하셨다. "이단에 주력하면 해로울 뿐이다."

子曰 攻乎異端 斯害也已
자 왈 공 호 이 단 사 해 야 이

여기서의 '이단(異端)'은 유가의 입장에서 볼 때 자기와 다른 학설을 말한다.

2위정(爲政) : 덕으로써 다스려라 2-17-0

모르는 것을 안다고 하지 말라

공자께서 말씀하셨다. "유야! 너에게 '안다'는 것이 무엇인지 가르쳐 주겠다. 아는 것을 '안다'고 하고, 모르는 것을 '모른다'고 하는 것이 바로 아는 것이다."

子曰 由誨女知之乎 知之爲知之 不知爲不知 是知也
자 왈 유 회 여 지 지 호 지 지 위 지 지 부 지 위 부 지 시 지 야

유(由)는 공자의 제자인 중유(仲由)를 말한다. 자는 자로(子路) 또는 계로(季路)이다. 노나라 사람으로 공자보다 9세 아래였으며, 성격이 우직하고 용맹스러웠다.

2위정(爲政) : 덕으로써 다스려라 2-18-0

남의 말에 귀기울이고 말을 줄여라

자장이 녹(봉급)을 구하는 방법을 배우려고 하자 공자께서 말씀하셨다. "많이 듣고 의심스러운 것은 보류하고, 그 나머지를 신중하게 말하면 실수가 적을 것이다. 많이 보고 나서 미심쩍은 것이 있으면 보류해두고, 그 나머지를 신중히 실행하면 후회가 적을 것이다. 말에 실수가 적고 행동에 후회가 적으면 녹봉은 바로 그 가운데 있다.

子張 學干祿 子曰 多聞闕疑 愼言其餘則寡尤
자 장 학 간 록 자 왈 다 문 궐 의 신 언 기 여 즉 과 우

多見闕殆 愼行其餘則寡悔 言寡尤 行寡悔 祿在其中矣
다 견 궐 태 신 행 기 여 즉 과 회 언 과 우 행 과 회 녹 재 기 중 의

자장(子張)은 성은 전손(顓孫), 이름은 사(師). 자장(子張)은 그의 자이다. 공자의 만년 제자로 공자보다 48세 아래였다.

2위정(爲政) : 덕으로써 다스려라 2-19-0

올바른 사람을 써라

애공이 물었다. "어떻게 하면 백성들이 복종하겠는지요?" 공자께서 말씀하셨다. "올바른 사람을 등용하여 그를 통해 굽은 사람을 바로잡으면 백성들이 복종하고, 굽은 사람을 추천해서 곧은 사람 위에 등용해 쓰면 백성들이 복종하지 않습니다."

哀公問曰 何爲則民服
애 공 문 왈 하 위 즉 민 복

孔子對曰 擧直錯諸枉則民服 擧枉錯諸直則民不服
공 자 대 왈 거 직 조 저 왕 즉 민 복 거 왕 조 저 직 즉 민 불 복

애공(哀公)은 노나라의 임금이다. 『논어』에서 공자를 지칭할 때 '자(子)'라고 하지 않고 '공자(孔子)'라고 한 경우는 그가 군주와 대화를 주고받을 때뿐으로, 군주를 존대하는 의미에서 그렇게 한 것이다. 바르고 곧은 인재를 높은 자리에 등용해야 함을 비유적으로 설명한 것이다.

681년, 삼국을 통일한 문무왕이 성을 쌓고 궁궐을 고치고 도성까지 새로 짓겠다고 하였다. 이 소식을 들은 의상대사는 왕에게 직접 편지를 썼다.

'왕의 정교(政敎)가 밝으면 비록 풀밭에 선을 그어 성이라 해도 백성이 감히 넘지 못할 것이고 재앙을 씻어 복이 될 것입니다. 그러나 정교가 밝지 못하면 아무리 견고하고 긴 성이 있더라도 재앙을 없애지 못할 것입니다.'

왕은 의상대사의 편지를 보고 곧바로 모든 공사를 중지하도록 했다.

2 위정(爲政) : 덕으로써 다스려라 2-20-0

무능한 사람도 가르쳐라

계강자가 여쭈었다. "백성들로 하여금 경건하고 충성스럽고 부지런하게 하려면 어떻게 합니까?" 공자께서 말씀하셨다. "장중한 태도로 그들에게 임하면 그들이 경건해지고, 효성스럽고 자애로운 태도로 그들에게 임하면 그들이 충성스러워지며, 훌륭한 사람은 기용하고 무능한 사람은 가르쳐주면 그들이 부지런해집니다."

季康子問 使民敬忠以勸 如之何
계 강 자 문 사 민 경 충 이 권 여 지 하

子曰 臨之以莊則敬 孝慈則忠 擧善而敎不能則勸
자 왈 임 지 이 장 즉 경 효 자 즉 충 거 선 이 교 불 능 즉 권

계강자(季康子)는 노나라의 대부인 계손비(季孫肥)를 말한다. 강(康)은 그의 시호이다.

2 위정(爲政) : 덕으로써 다스려라 2-21-0

효도를 해야 천하를 얻을 수 있다

어떤 사람이 공자에게 여쭈었다. "『서경』에 '효성스럽도다! 효성스러워야만 형제에게 우애가 있고 나아가 정치를 한다' 라고 했으니 이 또한 정치를 하는 것입니다. 이런 것이 바로 정치하는 것이지 어떻게 하는 것이 정치를 하는 것입니까?"

或謂孔子曰 子奚不爲政
혹 위 공 자 왈 자 해 불 위 정

子曰 書云 孝乎 惟孝 友于兄弟 施於有政 是亦爲政 奚其爲爲政
자 왈 서 운 효 호 유 효 우 우 형 제 시 어 유 정 시 역 위 정 해 기 위 위 정

'수신제가치국평천하'의 정신에 입각하여 당시의 위정자를 비판하는 의미를 담고 있다.

신의가 없으면 사람 구실을 할 수 없다

공자께서 말씀하셨다. "사람이 만약 신의가 없다면 그것이 옳은지 모르겠다. 큰 수레에 소의 멍에걸이가 없고 작은 수레에 말의 멍에걸이가 없다면 무엇으로 그것을 운행하겠는가?"

子曰 人而無信 不知其可也 大車無輗 小車無軏 其何以行之哉
자 왈 인 이 무 신 부 지 기 가 야 대 거 무 예 소 거 무 월 기 하 이 행 지 재

신의가 없는 사람은 사람 구실을 할 수 없다는 뜻이다. 중국 고대에 소가 끄는 수레를 '대거'라고 했고, 말이 끄는 수레를 '소거'라고 했다. 수레의 끌채 앞면에는 횡목이 있어서 여기에 가축을 매고 끌게 했다. 공자는 믿을 '신' 자에 대해서 굉장히 강조했고, 그것이 가장 인간을 인간다움으로 만드는 요체로 보았다. 사람이 말을 하면 그 말을 믿을 수 있어야 하고, 말이 실행에 옮겨진다고 믿을 수 있는 사회야말로 좋은 사회라고 보았다.

법구경에 나오는 믿음에 대한 글을 살펴보자.

믿음은 도의 으뜸이요 공덕의 어머니이다. 신심은 모든 행동의 우두머리가 되고, 모든 덕의 근본이 된다.

불법의 바다에 들어감에 있어서는 믿음이 근본이 되고, 생사의 강을 건넘에 있어서는 계(戒)의 뗏목이 된다.

그러므로 믿는 사람에게는 궁핍이 없지만, 믿지 않는 자는 믿음이 충만한 사람 또한 과거에도 없었고, 미래에도 없으리라. 그리고 현재에도 없다.

2 위정(爲政) : 덕으로써 다스려라 2-23-0

역사는 거울이다

자장이 물었다. "열 세대 후의 일을 알 수 있는지요?" 공자께서 말씀하셨다. "은나라는 하나라의 예를 따랐는데 무엇을 폐지하고 무엇을 늘렸는지 알 수 있으며, 주나라는 은나라의 예를 따랐는데 무엇을 폐지하고 무엇을 늘렸는지 알 수 있다. 만약 어떤 사람이 주나라의 뒤를 잇는다면 설사 백 세대 이후라고 할지라도 알 수 있다."

子張問 十世 可知也 子曰 殷因於夏禮 所損益 可知也
자장문 십세 가지야 자왈 은인어하례 소손익 가지야
周因於殷禮 所損益 可知也 其或繼周者 雖百世 可知也
주인어은례 소손익 가지야 기혹계주자 수백세 가지야

한 세대는 보통 30년을 친다. 젊은 자장이 스승인 공자에게 앞으로 10세대 이후의 미래를 묻자 이전 세대들을 거울삼아 미루어 비추어 보면 모를 것이 없다는 대답이다.

인간 역사의 문물과 제도에 대한 것으로, 올바른 문화 전통 위에 다음 세대의 올바른 형태의 정치 제도를 기대할 수 있다는 것이다.

공자가 생각하기에 나라가 바뀌어도 세월이 흘러도 결국 예를 통한 제도는 항상 전승되기 마련이라고 보았다. 인간의 심성과 그것을 통한 사회 구성이 결과적으로 그 사회를 지탱해 주는 근본적인 역량이 될 것이기 때문에 그것은 바뀔 리가 없다는 것을 강조한 것으로 보인다.

철학자 조지 산타야나는 역사에 대해 이런 말을 했다.

"과거를 잊어버리는 자는 그것을 또 다시 반복하게 되는 것이다."

시공을 뛰어넘어 역사의 준엄함은 절대 잊지 말아야 할 것이다.

진정한 용기

공자께서 말씀하셨다. "자기 귀신이 아닌데도 이를 제사지내는 것은 아첨이다. 의로운 일을 보고서도 하지 않는 것은 용기가 없는 것이다."

子曰 非其鬼而祭之 諂也 見義不爲 無勇也
자 왈 비 기 귀 이 제 지 첨 야 견 의 불 위 무 용 야

천자나 제후만이 태산에 제사를 지낼 수 있는데 노나라 대부인 계씨(季氏)가 외람되게도 태산에 제사를 지내려는 것을 보고, 공자가 당시 계씨의 가신으로 있던 자신의 제자 염유(冉有)에게 말리라고 했으나 그가 말리지 못한 사실을 두고 한 말이다.

장자도 용기에 대해 이렇게 말하고 있다.

"죽음을 삶과 같은 것으로 보는 사람은 열사의 용기를 가졌다. 궁지에 처해도 살아 있음을 알고, 통하는 때가 있음을 알고, 대란에 임해도 무서워하지 않는 것이 성인의 용기이다. 곤경에 처했다고 당황하지 말자. 그것을 하늘의 뜻이라고 생각하자. 또한 그것을 벗어나는 데에도 있다고 생각하자. 곤경에 처할수록 침착함을 잃지 않는 것이 참된 용기임을 알자."

-3-

팔일
八佾

백성을 두려워하라

3 팔일(八佾) : 백성을 두려워하라 3-01-0

예의가 깨지면 천하가 무너진다

공자께서 계씨에 대해 말씀하셨다. "8열 64명의 무용수에게 뜰에서 춤추게 하니, 이런 일을 참고 넘어간다면 무엇을 용인하지 못하겠는가."

孔子謂季氏 八佾舞於庭 是可忍也 孰不可忍也
공자위계씨 팔일무어정 시가인야 숙불가인야

계씨(季氏)는 계손씨의 후예로, 노나라 소공 때의 대부였던 계평자를 가리킨다. 계손씨는 맹손씨, 숙손씨와 더불어 춘추 시대 후기에 노나라의 정치를 마음대로 휘두른 세도가인 삼가(三家)의 하나로, 삼가 가운데서도 세도가 가장 컸던 집안이다. 당시의 예법에 의하면 악무를 공연할 때 천자의 무대는 여덟 줄, 제후는 여섯 줄, 대부는 네 줄, 사(士)는 두 줄로 늘어서게 되어 있었는데, 노나라는 주나라 왕실에 공이 큰 주공(周公)을 봉한 나라이기 때문에 제후국이지만 예외적으로 팔일무가 허용되었다. 그러나 계손씨는 대부의 신분이므로 그럴 수 없는데도 불구하고 감히 팔일무를 공연했던 것이다. 공자의 말대로 그는 나중에 소공을 축출하고 말았다.

즉, 공자는 신분에 맞는 바른 예를 행하는 것이야말로 한 사회를 지탱하는 힘이라고 보았다. 그러므로 계씨의 예악 파괴는 사회혼란만 일으키는 것으로, 탐욕과 허세의 장난에 불과할 뿐이라는 것을 일깨워주는 것이다.

3 팔일(八佾) : 백성을 두려워하라 3-02-0

제사의 격을 갖춰라

삼가가 '옹'으로써 제사를 마치고 상을 치우자 공자께서 말씀하셨다. "어찌하여 '제후는 제사를 돕고, 천자는 공손하여라'라는 노래를 대부인 삼가의 사당에서 취하는가?"

三家者以雍徹 子日 相維辟公 天子穆穆 奚取於三家之堂
삼가자이옹철 자왈 상유벽공 천자목목 해취어삼가지당

노나라의 정치를 마음대로 휘두르는 삼가(三家)의 외람된 태도를 비판한 것이다. 삼가자(三家者)는 맹손씨 · 숙손씨 · 계손씨의 집안을 말한다.

이 세 대부의 가문이 모두 자신의 사가의 당(堂)에서 천자의 제사에나 쓸 수 있는 노래로써 철상(徹床)을 하고 있었던 것이다. 철(徹)이란 제사를 다 끝내고 상에 놓았던 제기를 거두는 제사의 마지막 단계의 의식이다. 이때 악인(樂人)이 먼저 옹(雍) 노래를 불러서 귀신을 즐겁게 해드리고 난 후에 제기를 거두는 것이다.

벽공이란 천자가 제사를 지내는 자리에 모인 제후들을 말한다. 그렇다면 옹(雍)이라는 노래는 명백히 천자의 제사의 격에 맞는 노래임이 틀림없다. 그것은 도저히 노나라 같은 소국의 대부가 자기 집 뜰에서 해서는 안 되는 노래인 것이다. 이에 공자는 개탄하고 있는 것이다.

어질게 살도록 하라

공자께서 말씀하셨다. "어질지 못한 인간이 예를 배워서 무엇 하며, 어질지 못한 인간이 음악을 배워서 무엇 하겠는가."

子曰 人而不仁 如禮何 人而不仁 如樂何
자 왈 인 이 불 인 여 례 하 인 이 불 인 여 악 하

예악은 인을 바탕으로 하기 때문에 어질지 않은 사람은 예악을 행해도 무의미하다는 뜻이다.

중국 당나라의 사상가이자 문인인 한유는 이런 말을 했다.

"널리 사랑하는 것, 이것을 인(仁)이라 한다. 행하여 마땅한 것, 이것을 의(義)라고 한다. 이로 말미암아 가는 것, 이것을 도(道)라고 한다. 자기에게 만족하고 밖에서 기대하지 않는 것, 이것을 덕(德)이라고 한다. 이것이 '인의 도덕' 이다."

가장 인간답게 사는 방법 중의 가장 기본이 바로 인을 행하는 것이다. 어질게 사는 것, 이것이야말로 인간답게 사는 길의 기본인 것이다.

외형보다 마음이 중요하다

임방이 예의 근본을 여쭈어보자 공자께서 말씀하셨다. "쉽지 않은 질문이구나. 예는 사치스러운 것보다는 차라리 검소한 것이 좋고, 상례 때는 장례식을 잘 치르는 것보다 차라리 슬픔에 젖는 것이 좋다."

林放 問禮之本 子曰 大哉問 禮與其奢也 寧儉 喪與其易也 寧戚
임 방 문 예 지 본 자 왈 대 재 문 예 여 기 사 야 영 검 상 여 기 이 야 영 척

임방(林放)은 노나라 사람으로, 공자의 제자인지 여부는 불분명하다. 공자는 맞춤형 대답을 하는 사람이다. 공자가 어떤 식으로 맞춤형 대답을 했나를 보면 그 사람의 됨됨이를 짐작해 볼 수 있다.

예라는 것은 허세를 부려 낭비하기보다는 검소한 것이 낫고, 상례는 일을 잘 처리하는 것보다는 상을 당한 슬픈 마음을 지니는 것이 더 낫다는 뜻이다.

『예기』의 편명으로 성인식에 해당하는 관례를 풀이한 「관의」에 이런 글이 나온다.

"무릇 사람이 사람 되는 까닭은 예의에 있다. 예의의 시초는 얼굴과 몸을 바로 가지며, 낯빛을 온화하게 하고, 말소리를 유순히 하는 데 있다."

3 팔일(八佾) : 백성을 두려워하라 3-05-0

문화강국을 만들라

공자께서 말씀하셨다. "오랑캐들은 그들의 군주를 가지고 있으니, 이는 중원 각국이 군주를 가지고 있지 않은 것과 다르다."

子曰 夷狄之有君 不如諸夏之亡也
자 왈 이 적 지 유 군 불 여 제 하 지 무 야

다시 말하면 문화가 발달하지 못한 오랑캐의 나라에도 군주가 있는데, 오히려 한족들의 나라가 여러 가지로 분열되어 있어서 혼돈의 상태에 빠져 있는 것을 개탄하고 있다.

김구 선생의 『백범일지』에 이런 글이 나온다.

"나는 우리나라가 세계에서 가장 아름다운 나라가 되기를 원한다. 가장 부강한 나라가 되기를 원하는 것은 아니다. 내가 남의 침략에 가슴이 아팠으니, 내 나라가 남을 침략하는 것을 원치 아니한다. 우리의 부는 우리 생활을 풍족히 할 만하고, 우리의 힘은 남의 침략을 막을 만하면 족하다. 오직 한없이 가지고 싶은 것은 높은 문화의 힘이다. 문화의 힘은 우리 자신을 행복하게 하고, 나아가서 남에게도 행복을 주기 때문이다.

나는 우리나라가 남의 것을 모방하는 나라가 되지 말고, 이러한 높고 새로운 문화의 근원이 되고, 목표가 되고, 모범이 되기를 원한다. 그래서 진정한 세계의 평화가 우리나라에서 우리나라로 말미암아 세계에 실현되기를 원한다."

3팔일(八佾) : 백성을 두려워하라 3-06-0

예를 거스르지 말라

계씨가 태산에서 산신제를 지냈다. 그러자 공자께서 염유에게 "네가 왜 말리지 못했느냐?"라고 하시니, "불가능했습니다." 하고 대답했다. 공자께서 말씀하셨다. "아, 어찌 태산의 산신이 임방만 못하여 이처럼 예에 맞지 않는 제사를 받고 좋아한다고 하겠는가?"

季氏旅於泰山 子謂冉有曰 女弗能救與 對曰 不能
계씨여어태산 자위염유왈 여불능구여 대왈 불능

子曰 嗚呼 曾謂泰山 不如林放乎
자왈 오호 증위태산 불여임방호

태산은 중국 산둥성의 옛날 노나라 경내에 있는 유명한 산으로 오악(五嶽)의 하나이다.

천자는 천하의 명산 어디든 제사를 지낼 수 있었고, 제후는 자기 나라 안에 있는 산에서만 제사를 지내는 것이 예의였다. 그런데 계씨가 대부의 몸으로 노나라 임금만이 제사를 지낼 수 있는 태산에 제사를 지냈다는 것은 노나라 임금을 무시한 처사였던 것이다. 겉으로는 계씨의 가신인 염유에게 책임을 물었지만, 사실은 예의에 어긋난 짓을 한 계씨를 강하게 비판한 것이다. 대부의 신분인 계씨가 태산에 제사를 지낸 것은 참월의 경지를 넘어서 노나라 군주의 위엄을 땅에 떨어뜨리는 결과가 되기 때문이다.

3 팔일(八佾) : 백성을 두려워하라 3-07-0

승부를 겨루지 말라

공자께서 말씀하셨다. 군자는 승부를 겨루는 일은 하지 말아야 한다. 굳이 한다면 활쏘기를 하여라. 경기에 나설 때는 정중히 예를 다하고, 끝나고는 정중히 벌주를 마신다. 그런 승부야말로 군자답다.

子曰 君子無所爭 必也射乎 揖讓而升 下而飮 其爭也君子
자 왈 군자무소쟁 필야사호 읍양이승 하이음 기쟁야군자

3 팔일(八佾) : 백성을 두려워하라 3-08-0

흰 바탕이 있어야 그림을 그릴 수 있다

자하가 여쭈었다. "귀엽게 웃는 모습이 아름답구나! 아름다운 두 눈이 반짝이는구나! 흰 바탕 위에다 문채를 지었구나! 라고 한 것은 무엇을 말한 것인지요?" 공자께서 말씀하셨다. "그림을 그리는 일은 먼저 흰 바탕을 마련해놓고 난 뒤에 한다는 말이다."라고 하셨다. 자하가 "예가 나중이라는 말씀입니까?"라고 묻자 공자께서 말씀하셨다. "나를 일깨워주는 사람은 상이로구나. 비로소 그와 함께 시를 이야기할 수 있게 되었다."

子夏問曰 巧笑倩兮 美目盼兮 素以爲絢兮 何謂也 子曰 繪事後素
자하문왈 교소천혜 미목반혜 소이위현혜 하위야 자왈 회사후소

曰 禮後乎 子曰 起予者 商也 始可與言詩已矣
왈 예후호 자왈 기여자 상야 시가여언시이의

바탕에 인(仁)이 마련된 뒤라야 진정한 예(禮)를 행할 수 있다는 뜻이다.

증거가 없으면 믿지 말라

공자께서 말씀하셨다. "하나라의 제도는 내가 능히 그것을 말할 수 있으나 그 후예인 기나라의 현제도는 근거가 되지 못한다. 은나라의 제도는 내가 능히 그것을 말할 수 있으나 그 후예인 송나라의 현제도는 근거가 되지 못한다. 옛 전적과 현인의 말씀이 제대로 전해지지 않기 때문이다. 만약 제대로 전해진다면 나는 능히 그것을 자세히 살펴보고 싶구나."

子日 夏禮 吾能言之 杞不足徵也 殷禮 吾能言之 宋不足徵也
자 왈 하 례 오 능 언 지 기 부 족 징 야 은 례 오 능 언 지 송 부 족 징 야

文獻 不足故也 足則吾能徵之矣
문 헌 부 족 고 야 족 즉 오 능 징 지 의

• • • • • •

기(杞)나라는 주나라의 무왕이 하나라의 우왕의 후예인 동루공으로 하여금 우왕의 제사를 지내게 하기 위해 세워준 나라로, 지금의 하남성의 기현에 있었다. 송(宋)나라는 주나라의 무왕이 은나라 탕왕의 후예인 미자로 하여금 탕왕의 제사를 지내게 하기 위해 세워준 나라로, 지금의 하남성 상구현에 있었다.

이렇듯 기나라는 하나라의 후손들이 세운 나라이고, 송나라는 은나라 후손들이 세운 나라가 분명하다. 그러나 하나라와 은나라가 예의 전통을 후세에 물려주었다 하더라도 후손들이 나라에서 문헌으로 입증되지 않으면 공자는 말하지 않겠다는 것이다.

즉 증거가 없으면 믿지 않는다는 뜻이다.

예가 아니면 보지 말라

공자께서 말씀하셨다. "체제에 있어서 강신례가 끝난 이후의 것을 나는 보고 싶지 않다."

子曰 禘自旣灌而往者 吾不欲觀之矣
자 왈 체 자 기 관 이 왕 자 오 불 욕 관 지 의

노나라의 체제가 예에 맞지 않음을 은근히 지적한 것이다. '체'는 종묘에서 지내는 제사로 천자만이 거행할 수 있었다. '관'은 제사의 끝 무렵에 향을 넣은 술을 뿌려서 조상의 영혼을 부르는 의식이다. 관 의식이 끝난 후에는 술자리가 있었을 것으로 추측된다.

노나라가 주공의 사당에 체 제사인 큰 제사를 통해 주공을 배향하게 된 것인데, 이것이 공자에게는 예가 아닌 것으로 보인 것이다. 체 제사는 주나라 천자들만 지낼 수 있는 것인데 제후국인 작은 노나라에서 격에 맞지 않게 체 제사를 지냈으니 신을 부르는 강신주를 따르는 제사의 시작부터 보고 싶지 않다고 한 것이다. 공자께서 예가 아니면 보지 말라는 가르침을 생각하게 하는 대목이다.

3팔일(八佾) : 백성을 두려워하라 3-11-0

예에 어긋나게 하지 말라

어떤 사람이 체 제사에 대해 설명해 달라고 하자, 공자께서 말씀하셨다. "모릅니다. 만약 그것을 아는 사람이 있다면 천하를 이 손바닥에 놓고서 보여줄 것입니다."라고 말씀하시며 자기 손바닥을 가리키셨다.

或 問禘之說 子曰 不知也 知其說者之於天下也
혹 문체지설 자왈 부지야 지기설자지어천하야

其如示諸斯乎 指其掌
기여시저사호 지기장

3팔일(八佾) : 백성을 두려워하라 3-12-1

진심으로 제사를 지내라

조상에게 제사를 지낼 때는 곁에 계시는 듯이 하시며, 신에게 제사 지낼 때에는 신이 곁에 계시는 듯이 행동하셨다. 공자께서 말씀하셨다. "나는 제사에 직접 참여하지 않으면 제사를 지내지 않은 것과 같은 기분이다."

祭如在 祭神如神在 子曰 吾不與祭 如不祭
제여재 제신여신재 자왈 오불여제 여부제

하늘에 부끄럽지 않게 하라

왕손가가 물었다. "아랫목에 아첨하기보다는 차라리 부뚜막에 아첨하는 것이 낫다고 하는데, 그것은 무슨 뜻인지요?" 공자께서 말씀하셨다. "그렇지 않습니다. 하늘에 죄를 지으면 용서를 빌 곳이 없습니다."

王孫賈問曰 與其媚於奧 寧媚於竈 何謂也
왕 손 가 문 왈 여 기 미 어 오 영 미 어 조 하 위 야

子曰 不然 獲罪於天 無所禱也
자 왈 불 연 획 죄 어 천 무 소 도 야

⁂ • • • • • •

아랫목에 앉아 있는 어른에게 아첨하기보다는 오히려 음식을 만드는 부뚜막에서 일하는 사람에게 아첨을 해야 떡고물이 떨어질 것 아니냐의 뜻이다.

공자가 위나라에 가서 영공을 만나자 실권자이던 왕손가가 속담을 들어 자기에게 잘 보이는 것이 어떠냐고 비꼬았고 공자는 군주를 하늘에 비유함으로써 따끔하게 일침을 가한 것이다.

아첨에 대해서 윈스턴 처칠은 이런 말을 했다.

"아첨하는 자는 악어에게 먹이 주는 이와 같다. 결국에는 이에 먹히고 만다."

3팔일(八佾) : 백성을 두려워하라 3-14-0

높은 문물을 따르라

공자께서 말씀하셨다. "주나라는 이대(하나라, 은나라)를 거울로 삼아서 찬란하도다, 그 문화가! 나는 주나라를 따른다."

子曰 周監於二代 郁郁乎文哉 吾從周
자 왈 주 감 어 이 대 욱 욱 호 문 재 오 종 주

주나라의 문물제도를 찬양한 것이다. 춘추 시대 이전의 주나라를 서주, 그 이후를 동주라고 한다. 서주 때 문왕, 무왕, 주공이 있었는데, 공자는 문무 주공 때의 주나라를 이상적인 나라로 흠모했다.

3팔일(八佾) : 백성을 두려워하라 3-15-0

예를 갖춰 제사를 지내라

공자께서 태묘에 들어가서 제사를 도울 때 일일이 물으셨다. 그러자 어떤 사람이 말하였다. "누가 추인의 아들이 예를 안다고 했는가? 태묘에 들어가면 매사를 묻는구나."라고 했다. 공자께서 이 말을 들으시고 말씀하셨다. "이것이 바로 예이다."

子入大廟 每事問 或曰 孰謂鄹人之子知禮乎 入大廟 每事問
자 입 태 묘 매 사 문 혹 왈 숙 위 추 인 지 자 지 예 호 입 태 묘 매 사 문
子聞之曰 是禮也
자 문 지 왈 시 예 야

태묘(大廟)는 태조의 사당으로, 노나라의 시조인 주공(周公)의 사당을 가리킨다. 추(鄹)는 노나라의 읍 이름으로, 공자의 아버지 숙량흘이 이 읍의 대부를 지냈기 때문에 공자를 '추인의 아들'이라고 불렀다.

정신을 집중하라

공자께서 말씀하셨다. "활쏘기가 과녁의 가죽 뚫기를 주로 하지 않는 것은 사람마다 힘이 똑같지 않기 때문이다. 이것이 옛날의 궁도였다."

子曰 射不主皮 爲力不同科 古之道也
자 왈 사 부 주 피 위 력 부 동 과 고 지 도 야

피(皮)는 과녁의 한가운데에 붙여놓은 가죽을 말한다. 활쏘기는 선비가 익혀야 할 여섯 가지 덕목인 육예(六藝)의 하나로, 정신을 집중시켜 과녁에 명중시키는 것을 주로 하지 힘겨루기를 주로 하지 않았다. 명중시키는 기술은 학습과 훈련을 통하여 스스로 터득할 수 있지만 힘은 그렇지 못하기 때문이다.

옛날 주나라가 발달하여 예가 제대로 시행될 때에는 과녁에 명중시키기를 주로 했는데 지금은 주나라의 국력이 쇠퇴하고 열국의 세력이 커져 함부로 날뛰니 과녁을 명중시키기보다는 과녁의 가죽 뚫기에 주력하는 것을 보고 공자가 탄식한 것이다. 우리말의 '과녁'이 '관혁(貫革)'에서 비롯되었을 만큼 활쏘기가 과녁의 가죽 뚫기를 중시하였다.

3 팔일(八佾) : 백성을 두려워하라 3-17-0

희생을 아끼지 말라

자공이 매월 초하루에 희생양을 종묘에 바치는 고삭 의식을 폐지하려고 하였다. 공자께서 말씀하셨다. "사(賜)야! 너는 그 양을 아끼는가. 나는 그 예를 아낀다."

子貢 欲去告朔之餼羊 子曰 賜也 爾愛其羊 我愛其禮
자공 욕거고삭지희양 자왈 사야 이애기양 아애기예

예의 보존을 중시하는 공자의 태도를 엿볼 수 있는 말이다.

고삭(告朔)은 연말에 천자가 다음해의 책력(옛날식 달력)을 제후들에게 나누어주면 제후들이 이를 받아 선조의 종묘에 보관해두었다가 매월 초하루에 양을 희생으로 삼아 종묘에 고하던 의식이다.

노나라는 문공 때부터 초하루를 알리는 의식은 폐지했지만 양을 바치는 일은 계속했다. 자공은 초하루를 알리는 의식을 거행하지 않을 바에야 양을 희생시킬 필요가 없다고 생각한 것이다.

3 팔일(八佾) : 백성을 두려워하라 3-18-0

진심은 아첨이 아니다

공자께서 말씀하셨다. "임금을 섬김에 있어서 예를 다하면 사람들은 아첨한다고 여기는구나."

子曰 事君盡禮 人以爲諂也
자 왈 사 군 진 례 인 이 위 첨 야

신하가 임금에게 무례한 것이 보편적인 현상임을 개탄한 것이다.

3 팔일(八佾) : 백성을 두려워하라 3-19-0

예로 대하고 충성으로 섬겨라

정공이 물었다. "임금이 신하를 부리는 것과 신하가 임금을 섬기는 것은 어떻게 합니까?" 공자께서 대답하여 말씀하셨다. "임금은 예로써 신하를 부리고 신하는 충성으로써 임금을 섬겨야 합니다."

定公問 君使臣 臣使君 如之何 孔子對曰 君使臣以禮 臣事君以忠
정 공 문 군 사 신 신 사 군 여 지 하 공 자 대 왈 군 사 신 이 례 신 사 군 이 충

정공(定公)은 노나라의 임금으로, 재위 기간은 BC 509–495년이었다.

3 팔일(八佾) : 백성을 두려워하라 3-20-0

정도를 지나치지 말라

공자께서 말씀하셨다. "관저는 즐거워하되 정도에 지나치지는 않았고 슬퍼하되 마음에 상처를 입지는 않았다."

子曰 關雎 樂而不淫 哀而不傷
자 왈 관 저 낙 이 불 음 애 이 불 상

관저(關雎)는 『시경』 국풍 6편 중 한 작품이다. 즐거움이든 슬픔이든 감정을 과도하게 드러내지 않은 '관저' 시를 찬미한 것이다.

3 팔일(八佾) : 백성을 두려워하라 3-21-1

백성을 두려워 하라

노나라의 애공이 재아에게 지신의 신주에 관하여 묻자 재아가 대답하였다. "하후씨는 소나무를 썼고 은나라 사람은 측백나무를 썼고 주나라 사람은 밤나무를 썼습니다. 백성들을 두려워하게 하려는 것이지요."

哀公 問社於宰我 宰我對曰 夏后氏以松
애 공 문 사 어 재 아 재 아 대 왈 하 후 씨 이 송

殷人以栢 周人以栗 曰使民戰栗
은 인 이 백 주 인 이 율 왈 사 민 전 율

지나간 일을 탓하지 말라

공자께서 재아의 말을 듣고 말씀하셨다. "이미 끝난 일은 들추어 말하는 것이 아니고, 이미 돌이킬 수 없는 일은 충고하자는 것이 아니고, 이미 지나간 일은 탓하지 않는 법이다."

子聞之曰 成事不說 遂事不諫 旣往不咎
자 문 지 왈 성 사 불 설 수 사 불 간 기 왕 불 구

주나라가 밤나무를 사주로 사용한 것이 백성들을 전율케 하기 위함이라는 재아의 엉터리 해석을 두고, 이미 지나간 일이니 지금 나무라봐야 소용이 없을 것이므로 더 이상 말하지 않겠지만 앞으로는 그런 실언을 하지 말라는 뜻이다.

인생을 살아가면서 들출 수도 없고 돌이킬 수도 없고 탓할 수도 없는 일들이 일어나기 마련이다. 그러나 실수는 반복되었을 때 잘못이 되는 법. 스스로를 돌아보고 채찍질하지 않으면 안 된다. 시간은 돌이킬 수 없기 때문에 더욱 연마해야 한다.

도연명은 시간에 대해 이렇게 말하고 있다.

"한창 때는 다시 오지 않고, 하루가 지나면 그 새벽은 다시 오지 않는다. 때가 되면 마땅히 스스로 공부에 힘써야 하며 세월은 사람을 기다리지 않는다."

외형을 중시하지 말라

공자께서 말씀하셨다. "관중은 그릇이 너무 작구나." 어떤 사람이 물었다. "관중은 너무 검소하다는 말씀입니까?" 공자께서 대답하셨다. "관씨는 집을 세 군데나 가지고 있었고 그의 가신들은 수가 많아 관직을 겸직하지 않았는데 어떻게 검소할 수 있겠는가."

子曰 管仲之器小哉 或曰 管仲儉乎 曰 管氏有三歸 官事不攝 焉得儉
자 왈 관 중 지 기 소 재 혹 왈 관 중 검 호 왈 관 씨 유 삼 귀 관 사 불 섭 언 득 검

관중(管仲)은 제나라의 대부로, 중(仲)은 그의 자이다. 공자보다 약 200년 전에 살았던 사람으로 환공을 도와 내정을 개혁하고 국력을 증강시킴으로써 패업을 완성시켜주었기 때문에 공자는 그의 공적을 높이 평가했지만 그의 위인은 별로 대단치 않게 여겼다.

관중은 관포지교로 알려진 제나라의 대부로 큰 정치를 한 사람으로 알려져 있다. 그러나 논공행상을 하고, 분수에 넘치게 군주와 같은 행동을 하고, 가신으로써 직접 일을 해야 하는데도 부관을 두는 사치스런 행동을 한 것을 공자는 높이 평가하지 않았다. 그리고 제후만이 할 수 있는 것을 스스럼없이 하였으니 예의가 없다는 것이다. 아무리 정치를 잘하고 공적이 있다 해도 오만방자하다면 소인배라는 것이다.

3팔일(八佾) : 백성을 두려워하라 3-22-2

공을 앞세우지 말라

그 사람이 다시 물었다. “그러면 관중은 예를 아는 사람입니까?” 공자께서 대답하셨다. “임금이 가림벽을 세우자 관씨도 역시 가림벽을 세웠고, 임금이 두 나라 임금 사이의 우호 증진을 위하여 술잔을 엎어놓는 잔대를 설치하자 관씨도 잔대를 설치했다. 이러한 관씨가 예를 알았다면 누가 예를 모르겠는가.”

然則管仲知禮乎 曰 邦君樹塞門 管氏亦樹塞門
연칙관중지례호 왈 방군수색문 관씨역수색문

邦君爲兩君之好 有反坫 管氏亦有反坫 管氏而知禮 孰不知禮
방군위양군지호 유반점 관씨역유반점 관씨이지례 숙부지례

· · · · · ·

색문(塞門)은 집 안이 들여다보이지 않게 하기 위하여 대문 앞에 막아 세우는 가림벽이고, 반점(反坫)은 주대(周代)에 제후들이 회동할 때 다 마신 술잔을 엎어놓기 위하여 흙으로 만든 잔대(盞臺)이다. 주인은 동점(東坫)에 잔을 놓고 객은 서점(西坫)에 잔을 놓았다.

관중이 환공을 도와 패업을 이룩한 공과 백성의 생활을 안정시켜 준 업적을 공자도 인정하지만 공을 앞세워 군주에 버금가는 호화로운 생활을 한다고 비판한 것이다.

3 팔일(八佾) : 백성을 두려워하라 3-23-0

자연의 조화를 표현하라

공자께서 노나라 태사에게 음악에 대하여 말씀하셨다. "음악이 어떤 것인지 알만하도다. 시작할 때에 모아져 은은하게 퍼져 나가고 조화로우면서 서로의 소리를 빼앗지 않으며 서로 이어지는 듯하다가 한 곡조로 마치는도다."

子語魯大師樂曰 樂其可知也 始作翕如也 從之純如也 皦如也
자 어 노 태 사 악 왈 악 기 가 지 야 시 작 흡 여 야 종 지 순 여 야 교 여 야

繹如也 以成
역 여 야 이 성

태사는 음악을 관장하는 관직의 이름으로 주로 시각장애자를 썼다.

3 팔일(八佾) : 백성을 두려워하라 3-24-0

깨치고 경계하라

공자께서 의(儀)읍을 지날 때 이곳의 순찰관이 면회를 요청하며 말했다. "어떤 분이라도 이곳에 오게 되면 제 직책상 반드시 뵙게 되어 있습니다." 시종이 만나뵙게 하자, 그가 물러 나와서 제자들에게 말했다. "여러분은 왜 공자가 관직을 잃은 것에 대하여 걱정하시오? 천하에 도가 없어진 지 오래라 하늘이 장차 선생님을 목탁으로 삼으려는 것이오."

儀封人 請見曰 君子之至於斯也 吾未嘗不得見也 從者見之
의 봉 인 청 현 왈 군 자 지 지 어 사 야 오 미 상 부 득 현 야 종 자 현 지

出曰 二三子何患於喪乎 天下之無道也久矣 天將以夫子爲木鐸
출 왈 이 삼 자 하 환 어 상 호 천 하 지 무 도 야 구 의 천 장 이 부 자 위 목 탁

부자(夫子)는 대부(大夫)에 대한 높임말이다. 공자는 노나라의 대부였기 때문에 그의 제자들이 공자를 부자라고 불렀다. 이로 인하여 나중에는 스승에 대한 존칭으로 쓰이게 되었다.

지극히 착하고 지극히 아름답다

공자께서 '소'를 평하여 "아름다움을 다하고 또한 훌륭함을 다했도다!"라고 하시고, '무'를 평하여 "아름다움은 다했으나 훌륭함을 다하지는 않았도다!"라고 하셨다.

子謂韶 盡美矣 又盡善也 謂武 盡美矣 未盡善也
자 위 소 진 미 의 우 진 선 야 위 무 진 미 의 미 진 선 야

'소(韶)'는 순(舜) 임금 때의 악곡으로 당시의 태평성세를 구가한 것이다. 공자는 순임금이 덕망에 의하여 요나라 임금으로부터 왕위를 선양받은 것을 높이 평가했기 때문에 그의 음악을 이처럼 극도로 찬양했다.

영국의 낭만파 시인인 바이런은 음악에 대해 이렇게 표현했다.

"갈대의 나부낌에도 음악이 있다. 시냇물의 흐름에도 음악이 있다. 사람들이 귀를 가지고 있다면 모든 사물에서 음악을 들을 수 있다."

동서양을 가르지 않고 시대를 뛰어넘어도 항상 사람들의 마음을 감동시키는 음악은 같을 것이다.

3 팔일(八佾) : 백성을 두려워하라 3-26-0

너그럽고 신중하라

공자께서 말씀하셨다. "높은 자리에 있으면서 너그럽지 않고 예를 행함이 신중하지 않고 상례에 임하여 슬퍼하지 않는다면 무엇을 가지고 관찰하겠는가."

子曰 居上不寬 爲禮不敬 臨喪不哀 吾何以觀之哉
자 왈 거 상 불 관 위 례 불 경 임 상 불 애 오 하 이 관 지 재

높은 자리에 있을 때 아랫사람에게 관대하고, 예를 행할 때는 공경스럽게 하고, 상례에 임해서는 애통한 심정이 되는 것이 예의 근본이다. 그러므로 그렇지 못한 사람은 더 이상 그의 훌륭한 인품을 관찰할 길이 없다는 뜻이다.

『회남자』에 보면 이런 말이 나온다.

틈으로 새어든 빛은 한 구석을 밝히지만, 창문으로 들은 빛은 맞은편 빛을 밝혀주고, 큰 문을 통해 들은 빛은 온 방을 밝혀준다. 하물며 우주의 빛이 비치면, 그 무게가 무엇인들 온 천하에 밝지 않은 것이 있겠는가.

이렇듯 받는 빛이 작으면 알고 보는 것도 천박해지지만, 받는 빛이 크면 알고 보는 바가 넓고 깊게 된다.

–4–

이인
里仁

잠시도 인에서 벗어나지 말라

4 이인(里仁) : 잠시도 인에서 벗어나지 말라 4-01-0

인을 고향으로 삼아라

공자께서 말씀하셨다. "인을 고향으로 삼는 것이 좋다. 인에 처하지 않는 쪽을 선택한다면 어떻게 지혜롭다고 할 수 있겠는가?"

子曰 里仁爲美 擇不處仁 焉得知
자 왈 이 인 위 미 택 불 처 인 언 득 지

리(里)는 거주하다, 또는 원래 '마을'이라는 뜻의 명사이다. 그러나 여기서는 '마을로 삼다'라는 뜻의 동사로 사용되었다.

4 이인(里仁) : 잠시도 인에서 벗어나지 말라 4-02-0

어질고 지혜롭게 살라

공자께서 말씀하셨다. "어질지 못한 사람은 검약한 생활을 오래할 수 없고 편안한 생활도 오래 지속하지 못한다. 어진 사람은 인을 편안히 여겨서 그것을 실천하고 지혜로운 사람은 인을 이롭게 여겨서 그것을 실행한다."

子曰 不仁者 不可以久處約 不可以長處樂 仁者安仁 知者利仁
자 왈 불 인 자 불 가 이 구 처 약 불 가 이 장 처 락 인 자 안 인 지 자 이 인

마음이 어진 사람만이 안빈낙도할 수 있다는 의미이다.

4이인(里仁) : 잠시도 인에서 벗어나지 말라 4-03-0

어진 사람만이 옳고 그름을 판단한다

공자께서 말씀하셨다. "오직 어진 사람만이 좋아해야 할 사람을 좋아하고 미워해야 할 사람을 미워할 수 있다."

子曰 惟仁者 能好人 能惡人
자 왈 유 인 자 능 호 인 능 오 인

오직 인자만이 옳고 그름을 판단할 수 있다는 말이다.

4이인(里仁) : 잠시도 인에서 벗어나지 말라 4-04-0

어질어야 악한 짓을 안 한다

공자께서 말씀하셨다. "참으로 인에 뜻을 둔다면 악한 짓을 하지 않는다."

子曰 苟志於仁矣 無惡也
자 왈 구 지 어 인 의 무 악 야

잠시도 인에서 벗어나지 말라

공자께서 말씀하셨다. "재물과 지위, 이것은 사람들이 원하는 것이지만 합당한 방식으로 얻은 것이 아니면 거기에 연연하여 머물지 않고, 빈곤함과 천박함 이것은 사람들이 싫어하는 것이지만 정당한 사유로 만난 것이 아니면 굳이 박차고 떠나버리지 않는다. 군자가 인을 떠난다면 어디서 명예를 이루겠는가? 군자는 밥 한 끼 먹는 짧은 시간도 인을 어김이 없으니 다급해져도 반드시 인에 처하고, 곤경에 빠져도 반드시 인에 처한다."

子曰 富與貴 是人之所欲也 不以其道得之 不處也
자 왈 부 여 귀 시 인 지 소 욕 야 불 이 기 도 득 지 불 처 야

貧與賤 是人之所惡也 不以其道得之 不去也 君子去仁 惡乎成名
빈 여 천 시 인 지 소 오 야 불 이 기 도 득 지 불 거 야 군 자 거 인 오 호 성 명

君子無終食之間違仁 造次必於是 顚沛必於是
군 자 무 종 식 지 간 위 인 조 차 필 어 시 전 패 필 어 시

군자는 어떤 경우에도 인을 저버려서는 안 된다는 뜻이다.

사람은 누구나 부하고 귀하기를 원하지만, 군자는 정당하지 못한 길을 통해 얻어지는 부나 귀를 원하지 않는다. 가난하고 천하게 사는 것은 누구나가 싫어하지만, 그 빈천은 정당하지 않은 방법으로 밀어닥칠 때가 많다. 군자는 이 부당하게 밀어닥치는 가난과 천대를 굳이 버리려 애쓰지 않는다. 군자는 오직 어질고 옳은 인에만 모든 관심과 노력을 기울인다.

군자는 잠시도 인에서 벗어나서는 안 된다.

최선을 다해 인을 행하라

공자께서 말씀하셨다. "나는 아직 인을 좋아하고 어질지 못한 것을 미워하는 사람을 보지 못했다. 인을 좋아하는 사람은 더할 나위 없이 좋고, 어질지 못한 것을 미워하는 사람은 인을 행함에 있어서 어질지 못한 것이 자신의 몸에 가해지지 못하게 한다. 하루 동안 자신의 힘을 인에다 쓸 수 있는 사람이 있었는가? 나는 힘이 부족해서 인을 다 행하지 못하는 사람을 보지 못했다. 아마 힘이 부족해서 더 이상 인을 행할 수 없을 정도로 최선을 다하여 인을 행하는 그런 사람이 있었을 테지만 나는 아직 보지 못했다."

子曰 我未見好仁者 惡不仁者 好仁者 無以尙之
자 왈 아 미 견 호 인 자 오 불 인 자 호 인 자 무 이 상 지

惡不仁者 其爲仁矣 不使不仁者 加乎其身
오 불 인 자 기 위 인 의 불 사 불 인 자 가 호 기 신

有能一日 用其力於仁矣乎 我未見力不足者 蓋有之矣 我未之見也
유 능 일 일 용 기 력 어 인 의 호 아 미 견 력 부 족 자 개 유 지 의 아 미 지 견 야

4이인(里仁) : 잠시도 인에서 벗어나지 말라 4-07-0

잘못에도 차이가 있다

공자께서 말씀하셨다. "사람의 잘못은 각기 그 부류가 있다. 그 사람이 저지른 잘못을 살펴보면 그 사람됨을 알 수 있다."

子曰 人之過也 各於其黨 觀過 斯知仁矣
자 왈 인 지 과 야 각 어 기 당 관 과 사 지 인 의

4이인(里仁) : 잠시도 인에서 벗어나지 말라 4-08-0

도를 깨우치라

공자께서 말씀하셨다. "아침에 도를 깨치면 저녁에 죽어도 좋다."

子曰 朝聞道 夕死可矣
자 왈 조문도 석사가의

아침에 진리를 듣고 만족했다면 저녁에 죽는다 해도 이견이 없다는 의미이다. 사람이 참된 이치를 깨달으면, 당장 죽어도 여한이 없다는 뜻으로 해석되며, 짧은 인생을 가치있게 살아야 한다는 뜻이다.

학자마다 여러 가지로 해석을 하고 있는데, 일설에 의하면 공자가 죽음을 앞둔 친구에게 한 이야기라고 한다.

특히 주자(朱子)는 공자가 진리를 생명보다 귀하게 여긴 것으로 해석하고 있다.

청나라 학자 유보남은 "논어정의(論語正義)"에서 이렇게 말하고 있다.

"도를 듣고도 갑자기 죽지 않고 곧 습관에 따라 읊어서 장차 덕성의 도움이 되고자 한다. 만일 불행하게도 아침에 도를 듣고 저녁에 죽는다면 비록 이를 중도에 폐할지라도 그 듣는 것이 없음에 현명함이 멀고 심하다. 그러므로 옳다고 말씀하신 것이다."

4이인(里仁) : 잠시도 인에서 벗어나지 말라 4-09-0

진리를 따르라

공자께서 말씀하셨다. "선비가 진리에 뜻을 두고서도 거친 음식과 허름한 옷을 수치스럽게 여긴다면 함께 이야기할 가치가 없다."

子曰 士志於道 而恥惡衣惡食者 未足與議也
자 왈 사 지 어 도 이 치 악 의 악 식 자 미 족 여 의 야

4이인(里仁) : 잠시도 인에서 벗어나지 말라 4-10-0

의로움을 벗삼아라

공자께서 말씀하셨다. "군자가 천하에서 살아감에는 꼭 이래야 한다고 고집하는 것도 없고, 이래서는 안 된다고 고집하는 것도 없으며, 의로움과 친할 뿐이다."

子曰 君子之於天下也 無適也 無莫也 義之與比
자 왈 군 자 지 어 천 하 야 무 적 야 무 막 야 의 지 여 비

가슴에 덕을 품어라

공자께서 말씀하셨다. "군자가 가슴속에 덕으로써 다스릴 생각을 품고 있으면 소인은 가슴속에 길이길이 지금까지 살아온 정든 땅에 머물 생각을 품게 되고, 군자가 가슴속에 형벌로써 다스릴 생각을 품고 있으면 소인은 가슴속에 보다 은혜로운 곳을 찾아 떠날 생각을 품게 된다."

子曰 君子懷德 小人懷土 君子懷刑 小人懷惠
자 왈 군 자 회 덕 소 인 회 토 군 자 회 형 소 인 회 혜

군자(君子)는 백성을 다스리는 사람을 가리키고, 소인(小人)은 군자에 대칭되는 개념으로 통치를 받는 소시민, 즉 일반 백성을 가리킨다.

통치자가 덕으로 다스리려고 하면 백성은 설사 다른 방면에서 약간의 어려움이 있을지라도 자신이 오랫동안 살아온 정든 땅에 눌러 살려고 하지만, 통치자가 형벌로 다스리려고 들면 백성은 설사 정든 땅을 떠나는 고통을 감수하고서라도 보다 은혜로운 곳을 찾아 떠나간다는 말이다.

통치자와 백성에 관해 순자는 이런 말을 했다.

"군주는 배고 백성은 물이다. 물은 배를 띄울 수도 있고 엎을 수도 있다."

통치자들이 절대 잊지 말아야 할 말이다.

4이인(里仁) : 잠시도 인에서 벗어나지 말라 4-12-0

이익만 좇지 말라

공자께서 말씀하셨다. "이익에 따라서 행동하면 원망이 많은 법이다."

子曰 放於利而行 多怨
자 왈 방 어 리 이 행 다 원

군자는 리더다. 그러니 리더는 의를 따르고 이를 멀리해야 한다. 사사로운 이를 멀리하지 못하면 공정성을 잃게 되고 결국 리더로서의 자격을 잃게 될 것이다.

마르쿠스 아우렐리우스는 이런 말을 했다.

"'나'라고 하는 것은 무엇인가? 그것은 다만 보잘것없는 살덩어리와 한 줄기 호흡, 그리고 이것들을 지배하는 이성, 이것이 나의 정체다. 인간의 주인은 이성이다. 이 점을 상기하라. 사리사욕에 이끌려 이성을 노예로 전락시키지 말라. 꼭두각시처럼 비사회적인 행동에 얽매여 조종당해서는 안 된다. 오늘을 불평하고 내일을 한탄함으로써 자신을 운명의 노예로 전락시키지 말라."

예를 바탕으로 다스려라

공자께서 말씀하셨다. "능히 예의 정신을 바탕으로 나라를 다스리면 아무런 어려움이 없을 것이다. 예의 정신을 바탕으로 했는데도 나라를 다스릴 수 없다면 그런 예를 어디에 쓰겠는가."

子曰 能以禮讓爲國乎 何有 不能以禮讓爲國 如禮何
자 왈 능 이 예 양 위 국 호 하 유 불 능 이 례 양 위 국 여 예 하

※ • • • • • •

'예양(禮讓)'의 '양(讓)'은 '사양', '겸손', '겸양'의 의미를 나타낸다.

예의 정신을 정치면에 살리는 것이 무엇보다도 중요한 것이다. 예의 근본정신을 잊고 있는 위정자는 그가 아무리 예의 형식을 갖추고 있더라도 그것은 본래의 예와는 아무런 관계도 없다.

노자의 겸양에 대한 글을 보면 다음과 같다.

"숙련된 투사는 성급해 하지 않는다. 사람을 부리는 것이 능란한 사람은 언제나 겸손하다. 겸손은 무저항의 덕이라고 할 수 있는 것이며, 천명(天命)과 일치함을 의미한다."

이렇듯 예양으로써 한 나라를 다스린다면, 그 나라를 다스림에 과연 무슨 어려움이 있겠는가?

4 이인(里仁) : 잠시도 인에서 벗어나지 말라 4-14-0

자신의 가치를 알려라

공자께서 말씀하셨다. "지위가 없음을 근심하지 말고, 지위를 맡을 자질이 없음을 근심하라. 자신을 알아주는 사람이 없음을 근심하지 말고, 다른 사람들이 자신의 가치를 알 수 있도록 노력하라."

子曰 不患無位 患所以立 不患莫己知 求爲可知也
자 왈 불 환 무 위 환 소 이 립 불 환 막 기 지 구 위 가 지 야

4 이인(里仁) : 잠시도 인에서 벗어나지 말라 4-15-0

정성을 다하는 마음

공자께서 말씀하셨다. "증삼아! 나의 도는 처음부터 끝까지 하나로 일관되어 있다." 증자가 대답하였다. "예!" 공자가 나가시자 문인들이 물었다. "무엇이라고 말씀하셨는지요?" 증자가 말하였다. "선생님의 도는 오직 성심 하나라는 것이다."

子曰 參乎 吾道 一以貫之 曾子曰 唯
자 왈 참 호 오 도 일 이 관 지 증 자 왈 유

子出 門人問曰 何謂也 曾子曰 夫子之道 忠恕而已矣
자 출 문 인 문 왈 하 위 야 증 자 왈 부 자 지 도 충 서 이 이 의

삼(參)은 증자(曾子)의 이름이다.

4이인(里仁) : 잠시도 인에서 벗어나지 말라 4-16-0

정의를 먼저 생각하라

공자께서 말씀하셨다. "군자는 정의에 밝고 소인은 이익에 밝다."

子日 君子喻於義 小人喻於利
자 왈 군 자 유 어 의 소 인 유 어 리

군자는 어떤 일을 대함에 있어서 정의를 먼저 생각하고, 소인은 어떤 일이든지 자신의 이익을 기준으로 삼아 생각한다는 뜻이다.

4이인(里仁) : 잠시도 인에서 벗어나지 말라 4-17-0

모든 사람이 스승이다

공자께서 말씀하셨다. "훌륭한 사람을 보면 그와 같이 되려고 노력하고, 못된 인간을 보면 그를 통해 자신을 반성해야 한다."

子日 見賢思齊焉 見不賢而內自省也
자 왈 견 현 사 제 언 견 불 현 이 내 자 성 야

'세 사람이 함께 길을 가면 거기에는 반드시 나의 스승이 있다.'는 말과 같은 맥락이다.

4 이인(里仁) : 잠시도 인에서 벗어나지 말라 4-18-0

한결같이 부모님을 공경하라

공자께서 말씀하셨다. "부모를 섬김에 있어서는 부모님에게 잘못이 있으면 완곡하게 말씀을 드려야 한다. 받아들여지지 않더라도 또한 공손히 거스르지 말 것이며 힘이 들더라도 원망하지 말아야 한다."

子曰 事父母 幾諫 見志不從 又敬不違 勞而不怨
자 왈 사 부 모 기 간 견 지 부 종 우 경 불 위 노 이 불 원

부모님이 큰 잘못이나 실수를 했을 경우에는 어디까지나 온화한 태도로 부드럽게 간해야 한다. 내 뜻대로 들어 주지 않을 경우라도, 반항을 하거나 불손한 태도로 대해서는 안 된다. 한결같이 공경하고 사랑하는 마음과 태도로 부모님이 마음을 돌이키기를 바라며 기다려야 한다.

장자는 부모를 섬김에 대해 이렇게 말했다.

"부모를 공경하는 효행은 쉬우나, 부모를 사랑하는 효행은 어렵다."

과연 우리의 효행은 어떤 모습일까.

부모님 마음을 편안하게 하라

공자께서 말씀하셨다. "부모님이 생존해 계시면 멀리 나가지 않으며 부득이한 일이 있어서 나가게 되면 반드시 미리 행방을 말씀드려야 한다."

子曰 父母在 不遠遊 遊必有方
자 왈 부 모 재 불 원 유 유 필 유 방

❀ • • • • • •

부모님은 자식이 아무리 장성해 성인이 되었어도 걱정하고 염려한다. 되도록 부모님의 마음을 편하게 해드리는 것이 자식의 도리이다.

중국 송나라의 충신인 사방득(謝枋得)이 엮은 책인 『문장궤범』에 우리 마음을 두드리는 말이 나온다.

"질병으로 많이 아프거나 비참한 경우를 당했을 때 부모의 이름을 부르지 않는 사람은 없다. 잊어버리고 있던 부모를 생각한다. 이것이 인지상정(人之常情)이라는 것이다."

효도는 죽음도 막지 못한다

공자께서 말씀하셨다. "삼년상을 지내는 동안 부친이 가시던 길을 바꾸지 않고 지키는 것이 효도이다."

子曰 三年無改於父之道 可謂孝矣
자 왈 삼 년 무 개 어 부 지 도 가 위 효 의

'부지도'는 아버지의 도, 즉 아버지가 살아계시면서 일을 처리하던 방향이나 원칙을 말한다.

이 글은 아버지의 삶을 공경하고 존중한다는 의미를 담고 있다.

그 어떤 스승보다 훌륭한 스승은 바로 부모님이다.

발포아가 남긴 명언 중에 이런 말이 있다.

"나는 성장하는 과정에서 좋은 스승과 좋은 벗을 많이 만나 큰 도움을 받았다. 그러나 무엇보다도 아버지로부터 받은 사랑과 교훈, 그리고 모범이 가장 훌륭한 교훈이었다."

부모님 나이를 잊지 말라

공자께서 말씀하셨다. "부모님의 나이를 몰라서는 안 된다. 한편으로 기쁘며 한편으로 두렵기 때문이다."

子曰 父母之年 不可不知也 一則以喜 一則以懼
자 왈 부 모 지 년 불 가 부 지 야 일 즉 이 희 일 즉 이 구

부모님의 연세를 알고 있으면 한편으로는 부모님이 장수하심을 알게 되어서 기뻐할 수 있고, 한편으로는 부모님이 늙어가심을 알게 되어서 두려워할 수 있기 때문이다.

그런데 자녀로서 부모님의 연세를 모를 수가 있을까 하는 생각이 든다. 결혼을 하고 핵가족화가 되어 독립하여 따로 살더라도 오히려 부모님의 생일을 챙기는 문화가 더욱 다양해졌고, 또 유교 문화의 잔재로 억제되어 있던 사랑 표현을 훨씬 더 잘하는 시대가 되었기 때문이다.

오늘보다 내일 더 부모님께 잘 하는 자녀가 되어야 한다.

4 이인(里仁) : 잠시도 인에서 벗어나지 말라 4-22-0

실천하지 못함을 부끄러워하라

공자께서 말씀하셨다. "옛날에 사람들이 말을 함부로 하지 않은 것은 몸이 자신의 말을 따르지 못하는 것, 즉 실천하지 못하는 것을 부끄러워했기 때문이다."

子曰 古者言之不出 恥躬之不逮也
자 왈 고 자 언 지 불 출 치 궁 지 불 체 야

실천의 중요성을 강조하는 말이다.

4 이인(里仁) : 잠시도 인에서 벗어나지 말라 4-23-0

절제하고 자제하라

공자께서 말씀하셨다. "자신의 행동을 절제하고 자제함으로써 손해를 보는 사람은 드물다."

子曰 以約失之者鮮矣
자 왈 이 약 실 지 자 선 의

4이인(里仁) : 잠시도 인에서 벗어나지 말라 4-24-0

말보다 행동이다

공자께서 말씀하셨다. "군자는 말은 적게 하고 행동은 민첩하게 해야 한다."

子曰 君子欲訥於言而敏於行
자 왈 군 자 욕 눌 어 언 이 민 어 행

말이 많은 것을 경계하고 있다. 말보다는 실천이 더 귀하다는 의미이다.

4이인(里仁) : 잠시도 인에서 벗어나지 말라 4-25-0

덕있는 사람은 외롭지 않다

공자께서 말씀하셨다. "덕이 있는 사람은 외롭지 않고 반드시 이웃이 있다."

子曰 德不孤 必有隣
자 왈 덕 불 고 필 유 린

인품을 제대로 갖추면 외롭지 않고 반드시 그것을 알아주는 사람이 있다는 뜻이다.

충고도 잦으면 잔소리다

자유가 말하였다. "임금을 섬김에 있어서 간언을 자주 하면 곤욕을 당하게 되고, 친구와 사귐에 있어서 충고를 자주 하면 사이가 소원해지게 된다."

子游曰 事君數 斯辱矣 朋友數 斯疏矣
자 유 왈 사 군 삭 사 욕 의 붕 우 삭 사 소 의

임금과 친구는 혈육으로 정을 나눈 사이가 아니라 의로써 맺어진 관계이다. 혈육은 끈끈한 인륜의 정으로 맺어졌기 때문에 인위적으로 관계를 끊기가 어렵다.

그러나 임금과 친구는 서로 의가 바뀌면 마땅히 돌아서게 된다. 물론 자신의 의가 옳다고 생각하고 간언도 하고 충고도 할 수 있지만 여러번 반복하게 되면 도리어 화를 당하고 사이가 멀어지게 된다.

특히 충고할 때는 서두르지 말고 서서히 해야 효과적이다. 성급하게 서두르면 오히려 실패하기 쉬운 게 충고이다.

올바른 소리도 상황에 맞게 적절히 해야지 지나치면 역효과이니 안 하는 것만 못하다는 뜻이다. 무엇이든지 지나치면 좋지 않다는 뜻이기도 하다.

-5-

공야장
公冶長

썩은 나무는 조각할 수 없다

5 공야장(公冶長) : 썩은 나무는 조각할 수 없다 5-01-1

사위의 조건

공자께서 공야장에 대해 말씀하셨다. "사위로 삼을 만하다. 비록 구속되어 있기는 했지만 그의 죄가 아니다."라고 하시고 자기 딸을 그에게 시집보냈다.

子謂 公冶長 可妻也 雖在縲絏之中 非其罪也 以其子妻之
자 위 공 야 장 가 처 야 수 재 누 설 지 중 비 기 죄 야 이 기 자 처 지

공야장은 공자의 제자로, 노나라(일설에는 제나라) 사람이다. 성은 공야(公冶), 자는 자장(子長)이다. 공자에게는 딸이 하나 있음을 알 수 있다. 또 논어에 나오는 공자의 아들인 백어에 대한 기사를 보면 공자는 최소 1남 1녀의 자녀를 두었다는 것으로 짐작된다.

5 공야장(公冶長) : 썩은 나무는 조각할 수 없다 5-01-2

중심을 갖춘 사람

공자께서 남용에 대해 말씀하셨다. "나라가 잘 다스려질 때에도 버림받지 않고, 나라가 어지러울 때에도 형벌을 받지 않을 사람이다." 그리고 형의 딸을 그에게 시집을 보냈다.

子謂南容 邦有道 不廢 邦無道 免於刑戮 以其兄之子妻之
자 위 남 용 방 유 도 불 폐 방 무 도 면 어 형 륙 이 기 형 지 자 처 지

남용은 노나라 사람으로 공자의 제자이다. 성은 남궁(南宮), 이름은 괄(括), 자는 자용(子容)이며, 나이는 미상이다. 공자의 아버지 숙량흘은 노나라의 시씨에게서 딸 아홉을 얻었고, 다른 부인에게서 아들 맹피를 얻었으며, 노나라의 안징재에게서 공자를 얻었다. 여기서 말하는 형은 그의 이복형인 맹피를 가리키는데, 그는 이때 이미 사망했기 때문에 공자가 조카딸의 혼사를 주관하게 되었다.

군자가 된 자천

공자께서 자천을 평하여 말씀하셨다. "군자로다, 이 사람은. 그러나 노나라에 군자가 없었다면 이 사람이 어떻게 이 사람이 될 수 있었을까."

子謂子賤 君子哉若人 魯無君子者 斯焉取斯
자 위 자 천 군 자 재 약 인 노 무 군 자 자 사 언 취 사

자천은 공자의 제자로 노나라 사람이었는데 공자보다 49세 아래였다고 한다. 자천의 인품을 칭찬하고 나아가 노나라에 군자가 많다는 것, 즉 군자를 배출하기에 좋은 환경이라는 것을 찬양한 것이다.

공자는 하급관리로 경제적으로 힘들었던 조카 공멸에게 질문했다.

"네가 이 자리에서 일하며 얻은 것은 무엇이며 잃은 것은 무엇이냐?"

"얻은 것은 하나도 없고 세 가지를 잃었습니다. 첫째, 일이 너무 많아 공부를 못했습니다. 둘째, 보수가 적어서 친척 대접을 못했습니다. 셋째, 공무가 너무 다급해서 친구와 사이가 멀어졌습니다."

후에 공자는 같은 말단 관리였던 제자 자천에게 똑같은 질문을 하였다.

자천의 대답은 다음과 같다.

"잃은 것은 하나도 없고 세 가지를 얻었습니다. 첫째, 배운 것을 실천하니 내용이 확실해졌습니다. 둘째, 보수를 아껴 친척을 대접하니 더 친해졌습니다. 셋째, 공무의 여가에 친구들과 교제하니 우정이 돈독해졌습니다."

훌륭한 인재가 된 자공

자공이 여쭈었다. "저는 어떤 사람입니까?" 공자께서 말씀하셨다. "너는 그릇이다." 자공이 여쭈었다. "어떤 그릇입니까?" 공자께서 말씀하셨다. "호련이다."

子貢問曰 賜也何如 子曰 女器也 曰 何器也 曰 瑚璉也
자공문왈 사야하여 자왈 여기야 왈 하기야 왈 호련야

사(賜)는 자공(子貢)의 이름이고, 자공은 그의 자이다. 고대 중국어에 있어서는 자기 자신을 지칭할 때 흔히 자신의 이름을 썼다.

호련(瑚璉)은 종묘에서 서직을 담는 제기였는데, 이 구절에서 비롯되어 이후 훌륭한 인재를 비유하는 말로 사용되었다.

훌륭한 인재가 되기 위해서는 몸과 마음을 닦아야 한다.

장자의 말을 빌리면 "마음을 잘 가꾸는 사람은 육체에 대해 생각하지 않고, 몸을 잘 가꾸는 사람은 물질의 득실을 돌보지 않으며, 도(道)를 체득한 사람은 마음까지 잃는다."라고 했다.

5공야장(公冶長) : 썩은 나무는 조각할 수 없다 5-04-0

말재주를 멀리 하라

어떤 사람이 말했다. "염옹은 인은 있지만 말재주가 없다." 공자께서 말씀하셨다. "말재주가 무슨 소용인가. 말재주로 교묘하게 응수한다고 해도 결국 남에게 미움을 사게 된다. 그가 인을 갖추었는지는 모르겠으나 말재주를 어디에 쓰겠는가."

或曰 雍也仁而不佞 子曰 焉用佞 禦人以口給
혹왈 옹야인이불영 자왈 언용영 어인이구급

屢憎於人 不知其仁 焉用佞
누증어인 부지기인 언용영

옹(雍)은 노나라 사람으로 공자의 제자이다. 성은 염(冉), 자는 중궁(仲弓)이며, 옹(雍)은 그의 이름이다. 공자보다 29세 아래였다.

5공야장(公冶長) : 썩은 나무는 조각할 수 없다 5-05-0

자기의 분수를 알라

공자께서 칠조개에게 관직에 나갈 것을 권하시자, 칠조개가 대답해 말하였다. "저는 아직 관직에 대해서 충분한 자신이 없습니다." 공자께서 기뻐하셨다.

子使漆雕開仕 對曰 吾斯之未能信 子說
자사칠조개사 대왈 오사지미능신 자열

칠조개(漆雕開)는 노나라 사람으로 공자의 제자이다. 성은 칠조, 이름은 계(啓), 자는 자개(子開)로, 공자보다 11세 아래였다. 공자가 칠조개에게 벼슬을 구해준 것을 보면 생활이 몹시 궁핍했던 것 같다. 그런데도 자기의 분수를 알아 거절한 것에 대해 공자가 놀라고 기꺼워한 것이다.

5공야장(公冶長) : 썩은 나무는 조각할 수 없다 5-06-0

스승을 뛰어넘는 용기

공자께서 말씀하셨다. "도가 행해지지 않아 뗏목을 타고 바다에 나간다면, 나를 따를 자는 아마도 자로 한 사람이겠지?" 자로가 이 말을 듣고 기뻐하자 공자께서 말씀하셨다. "자로의 용기는 나를 능가한다. 어디서 그런 용기가 나오는지 모르겠다."

子曰 道不行 乘桴浮于海 從我者其由也與 子路聞之喜
자 왈 도 불 행 승 부 부 우 해 종 아 자 기 유 야 여 자 로 문 지 희

子曰 由也好勇過我 無所取材
자 왈 유 야 호 용 과 아 무 소 취 재

유(由)는 공자의 제자인 자로(子路)를 말한다.

5공야장(公冶長) : 썩은 나무는 조각할 수 없다 5-07-1

능력을 넘어서는 것이 어진 성품

맹무백이 물었다. "자로는 어진 사람입니까?" 공자께서 대답하셨다. "모르겠습니다." 거듭 물으니 공자께서 말씀하셨다. "유는 전차 천 대를 동원할 수 있는 나라의 군정을 맡을 수는 있겠지만 그가 어진 사람인지는 모르겠습니다."

孟無伯問 子路仁乎 子曰 不知也
맹 무 백 문 자 로 인 호 자 왈 부 지 야

又問 子曰 由也 千乘之國 可使治其賦也 不知其仁也
우 문 자 왈 유 야 천 승 지 국 가 사 치 기 부 야 부 지 기 인 야

맹무백은 맹의자의 아들이다.

5공야장(公冶長) : 썩은 나무는 조각할 수 없다 5-07-2

성품의 기본은 어진 성격

"염구는 어떠한지요?" 공자께서 말씀하셨다. "염구는 천 호쯤 되는 읍과 전차를 백 대쯤 가진 나라의 집사를 맡을 수 있겠지만 그가 어진 사람인지는 모르겠습니다."

求也 何如 子曰 求也 千室之邑 百乘之家 可使爲之宰也 不知其仁也
구야 하여 자왈 구야 천실지읍 백승지가 가사위지재야 부지기인야

염구는 노나라 사람으로, 성이 염(冉), 자가 자유(子有)이며, 求(구)는 그의 이름이다. 공자의 제자로 공자보다 29세 아래였다.

5공야장(公冶長) : 썩은 나무는 조각할 수 없다 5-07-4

외교를 앞서는 것도 어진 성품

"공소적은 어떠한지요?" 공자께서 말씀하셨다. "적은 예복을 입고 조정에 나가서 외교를 맡을 수는 있겠지만 그가 어진 사람인지는 모르겠습니다."

赤也 何如 子曰 赤也 束帶立於朝 可使與賓客言也 不知其仁也
적야 하여 자왈 적야 속대립어조 가사여빈객언야 부지기인야

적(赤)은 노나라 사람으로, 성이 공서(公西), 자가 자화(子華)로, 적(赤)은 이름이다. 공자의 제자로 공자보다 42세 아래였다.

5공야장(公冶長) : 썩은 나무는 조각할 수 없다 5-08-1

안회만 못하다

공자께서 자공에게 물으셨다. "너와 안회 중에 누가 더 나으냐?" "제가 어찌 감히 안회를 바라보겠는지요. 안회는 하나를 듣고 열을 아는데 저는 하나를 들으면 둘을 알 뿐입니다." 공자께서 말씀하셨다. "안회만 못하다. 너와 나는 그만 못하다."

子謂子貢曰 女與回也孰愈 對曰 賜也 何敢望回
자위자공왈 여여회야숙유 대왈 사야 하감망회

回也 聞一以知十 賜也 聞一以知二 子曰 弗如也 吾與女弗如也
회야 문일이지십 사야 문일이지이 자왈 불여야 오여녀불여야

5공야장(公冶長) : 썩은 나무는 조각할 수 없다 5-09-0

썩은 나무는 조각할 수 없다

재여가 낮잠을 자는 것을 보고 공자께서 말씀하셨다. "썩은 나무는 조각할 수 없고 썩은 흙으로 쌓은 담장은 흙손질을 하지 못한다. 재여는 이제 꾸짖을 가치조차 없다." 공자께서는 다시 말씀하셨다. "처음에 나는 다른 사람에 대하여 그의 말을 듣고 그의 행위를 믿었는데, 지금 나는 다른 사람에 대하여 그의 말을 듣고 또 그의 행위를 관찰한다. 재여로 인하여 방침을 바꾸었다."

宰予晝寢 子曰 朽木 不可雕也 糞土之墻 不可杇也 於予與何誅 子曰
재여주침 자왈 후목 불가조야 분토지장 불가오야 어여여하주 자왈

始吾於人也 聽其言而信其行 今吾於人也
시오어인야 청기언이신기행 금오어인야

聽其言而觀其行 於予與改是
청기언이관기행 어여여개시

재여(宰予)는 공자의 제자로, 자가 자아(子我)이고, 여(予)는 그의 이름이다.

5공야장(公冶長) : 썩은 나무는 조각할 수 없다 5-10-0

욕심을 버려야 강직할 수 있다

공자께서 말씀하셨다. "나는 아직 강직한 사람을 보지 못했다." 어떤 사람이 대답했다. "신정이 그 사람입니다." 공자께서 말씀하셨다. "신정은 욕심이 많거늘 어떻게 강직할 수 있단 말인가."

子曰 吾未見剛者 或對曰 申棖 子曰 棖也慾 焉得剛
자 왈 오 미 견 강 자 혹 대 왈 신 정 자 왈 정 야 욕 언 득 강

신정(申棖)은 공자의 제자로 노나라 사람이다.

5공야장(公冶長) : 썩은 나무는 조각할 수 없다 5-11-0

남에게 폐를 끼치지 말라

자공이 말했다. "저는 남이 저에게 폐를 끼치길 원하지 않는 것처럼 저 또한 남에게 폐를 끼치고 싶지 않습니다." 공자가 말씀하셨다. "자공아, 너의 힘이 미치는 일이 아니다."

子貢曰 我不欲人之加諸我也 吾亦欲無加諸人
자 공 왈 아 불 욕 인 지 가 저 아 야 오 역 욕 무 가 저 인

子曰 賜也 非爾所及也
자 왈 사 야 비 이 소 급 야

5공야장(公冶長) : 썩은 나무는 조각할 수 없다 5-12-0

우주보다 생활이 먼저

자공이 말했다. "선생님의 인생철학에 대한 가르침은 늘 받아왔지만, 선생님의 인간의 본성과 우주론에 대해서는 이제까지 한 번도 들어본 적이 없다."

子貢曰 夫子之文章 可得而聞也 夫子之言性與天道 不可得而聞也
자 공 왈 부 자 지 문 장 가 득 이 문 야 부 자 지 언 성 여 천 도 불 가 득 이 문 야

공자는 관념 철학보다 생활 속에서의 실천 철학을 중시했다는 사실을 뜻하는 말이다.

'문장'은 말이나 글 또는 행동으로 드러나는 가르침으로 보기도 한다. '성여천도'에서 '성'은 타고난 본성으로 성품을 말하고, '천도'는 자연의 이치를 뜻한다. 이것은 현실 속에서 쉽게 검증될 수 없고, 추상적인 논의에 빠지기 쉽기 때문에 공자는 선불리 제자들에게 이런 이야기를 하지 않고 있다.

춘추 전국 시대는 이른바 약육강식의 시대였다. 춘추 시대의 140여 개나 있던 제후국이 전국 시대가 되면 7개만 남게 된다. 이런 상황에서 공자는 추상적이고 형이상학적인 것보다는 생활 속에서 실천가능한 철학을 중시했을 것이다.

5공야장(公冶長) : 썩은 나무는 조각할 수 없다 5-13-0

배우면 실천하라

자로는 가르침을 들은 후, 아직 그것을 실행할 수 없는 동안은 다시 새로운 가르침을 받을까 봐 걱정하였다.

子路有聞 未之能行 唯恐有聞
자 로 유 문 미 지 능 행 유 공 유 문

자로는 중국 춘추 시대 노나라의 유학자이다. 공자의 제자로 십철(十哲. 공자의 제자 중 뛰어난 열 사람으로, 안회, 민자건, 염백우, 염옹, 재아, 자공, 염구, 자로, 자유, 자하를 말한다.)의 한 사람으로 정사에 뛰어났으며, 공자를 제일 잘 섬겼다고 한다.

5공야장(公冶長) : 썩은 나무는 조각할 수 없다 5-14-0

묻는 것을 부끄러워하지 말라

자공이 여쭈었다. "공문자는 어째서 문이라는 시호를 받았는지요?" 공자께서 말씀하셨다. "그는 솔선수범하여 학문을 좋아하였고, 아랫사람에게 묻는 것을 부끄러워하지 않았다. 그런 까닭에 그를 문이라고 이른 것이다."

子貢問曰 孔文子 何以謂之文也
자 공 문 왈 공 문 자 하 이 위 지 문 야

子曰 敏而好學 不恥下問 是以謂之文也
자 왈 민 이 호 학 불 치 하 문 시 이 위 지 문 야

공문자(孔文子)는 위(衛)나라의 대부인 공어(孔圉)를 가리킨다.

5공야장(公冶長) : 썩은 나무는 조각할 수 없다 5-15-0

자비롭고 정의로워라

공자께서 자산에 대해 말씀하셨다. "그는 군자의 덕을 네 가지 지니고 있다. 그 태도가 겸손하고, 군주를 섬길 때는 신중하고, 백성을 다스릴 때는 자비롭고, 백성을 부릴 때에는 의로웠다."

子謂子産 有君子之道四焉 其行己也恭 其事上也敬
자 위 자 산 유 군 자 지 도 사 언 기 행 기 야 공 기 사 상 야 경

其養民也惠 其使民也義
기 양 민 야 혜 기 사 민 야 의

자산(子産)은 정(鄭)나라의 대부인 공손교(公孫僑)의 자(字)이다.

5공야장(公冶長) : 썩은 나무는 조각할 수 없다 5-16-0

오랜 우정에서 나온 존경심

공자께서 말씀하셨다. "안평중은 다른 사람들과 잘 사귄다. 즉 오래 사귄 사람일수록 그를 존경하였다."

子曰 晏平仲 善與人交 久而敬之
자 왈 안 평 중 선 여 인 교 구 이 경 지

안평중(晏平仲)은 공자와 같은 시대 사람으로, 제나라의 대부였던 안영(晏嬰)이다. 그의 언행을 기록한 『안자춘추(晏子春秋)』가 있다.

지혜롭게 살아라

공자께서 말씀하셨다. "장문중이 큰 거북을 기르고 기둥 끝에 산을 새기고 대들보에 물풀 무늬를 그렸으니, 어찌 지혜롭다 하겠는가?"

子曰 臧文仲 居蔡 山節藻梲 何如其知也
자 왈 장 문 중 거 채 산 절 조 절 하 여 기 지 야

장문중(臧文仲)은 노나라의 대부인 장손진(臧孫辰)을 말한다. 문(文)은 시호, 仲(중)은 항렬로, 공자와 동시대 사람이다. 장문중이 몹시 사치스럽고 우매했음을 지적한 말이다.

정약용은 거북에 대해 이렇게 설명한다.

"옛날에는 오직 천자와 제후만이 큰 거북을 둘 수 있었고, 큰 거북은 본래 사당에 두며 따로 집을 만들지 않았다."

노나라의 권력을 쥐고 있던 장문중이 거북을 집에 두고 점을 친 일을 말한 것으로, 그는 엄청나게 큰 원거(爰居)라는 바닷새에게 제사를 지내자고 건의하는 등 점술과 제사를 중시했다. 그의 이런 행위가 당시 노나라 사람에게 지혜롭다는 평가를 받았다고 한다.

그러나 공자는 예를 지키지 않는 장문중을 보면서 지혜롭다고 할 수 없다고 말한 것이다. 자신의 위치에 맞는 처신과 행동이 절실한 때이다.

5공야장(公冶長) : 썩은 나무는 조각할 수 없다 5-18-1

충직과 인자함

자장이 여쭈었다. "초나라의 재상인 자문은 세 번이나 재상에 올랐지만 기쁜 내색을 하지 않았고, 세 번이나 면직되었지만 화난 얼굴을 하지 않았습니다. 재상 직을 떠날 때는 신임자에게 전임이 했던 행정에 대해서 샅샅이 알려주고 사무인계를 했습니다. 이를 어떻게 평가하면 좋겠는지요?" 공자께서 대답하셨다. "충직한 사람이구나." 자장이 다시 여쭈었다. "인자라고 할 수 있겠는지요?" 공자께서 대답하셨다. "모르겠다만 어찌 인자라고 할 수 있겠는가."

子張問曰 令尹子文 三仕爲令尹 無喜色 三已之 無慍色 舊令尹之政
자 장 문 왈 영 윤 자 문 삼 사 위 영 윤 무 희 색 삼 이 지 무 온 색 구 영 윤 지 정
必以告新令尹 何如 子曰 忠矣 曰 仁矣乎 曰 未知 焉得仁
필 이 고 신 영 윤 하 여 자 왈 충 의 왈 인 의 호 왈 미 지 언 득 인

영윤(令尹)은 벼슬 이름으로, 초나라 상경(上卿)으로서 정사를 집행한다. 자문(子文)은 초나라의 대부로, 성은 투(鬪), 이름은 곡(穀), 자는 오토[於菟] 또는 자문(子文)이다. 초나라 귀족인 투백비의 사생아로 어릴 때 들판에 버려졌는데 호랑이가 젖을 먹여서 길렀다고 한다. 초나라 말로 젖을 먹이는 것을 '곡'이라고 하고, 호랑이를 '오토'라고 하기 때문에 초나라 사람들이 그를 이렇게 불렀다.

자문은 분명 사심을 위하여 산 사람은 아니었다. 자문 자신의 말을 인용하면 다음과 같다.

"무릇 정치에 종사한다고 하는 사람은 반드시 백성을 비호하는 것을 급선무로 삼아야 한다. 대부분의 백성들이 빈털터리로 살고 있는데 나 혼자만 부를 취한다면, 이것은 백성을 근면케 일하게 하는 척하면서 나 혼자만의 배를 불리고 앉아 있는 셈이 되는 것이다."

청렴이 인자한 것은 아니다

자장이 다시 여쭈었다. "제나라의 가신인 최자가 그 군주를 시해했을 때 진문자는 40필의 말과 나머지 재산을 모두 버리고 떠났습니다. 그런데 다른 나라에 이르러서는 '여기도 우리나라의 최자와 같은 가신이 있구나.' 하여 그곳을 떠났습니다. 또 다른 나라에 이르러서도 '여기도 우리나라의 최자와 같은 가신이 있구나.' 하고 떠났으니 이를 어떻게 평가하면 되겠는지요?" 공자께서 대답하셨다. "청렴한 사람이다." 자장이 다시 여쭈었다. "인자라고 할 수 있겠는지요?" "모르겠다만 어찌 인자라고 할 수 있겠는가?"

崔子 弑齊君 陳文子 有馬十乘 棄而違之 至於他邦 則曰
최자 시제군 진문자 유마십승 기이위지 지어타방 즉왈

猶吾大夫崔子也 違之 之一邦 則又曰 猶吾大夫崔子也 違之 何如
유오대부최자야 위지 지일방 즉우왈 유오대부최자야 위지 하여

子曰 淸矣 曰 仁矣乎 曰 未知 焉得仁
자왈 청의 왈 인의호 왈 미지 언득인

∙ ∙ ∙ ∙ ∙ ∙

최자(崔子)는 제나라의 대부 최저(崔杼)이다. 그는 제나라의 장공(莊公)이 자기 아내인 강씨와 간통한 데 격분하여 장공을 죽였다.

공자에게 '인'이란 지고의 덕목이다. 그것은 모든 상황에 대처할 수 있는 감수성이며, 어느 한 도덕성의 극단적 일면만으로 도달될 수 없는 것이다. 영윤, 자문은 분명 일반 사람이 따라갈 수 없는 덕성의 소유자이긴 했지만 자기의 주관적 한 가치의 달성에만 갇혀 있는 인물이었다. 그러나 그는 초나라에서 위대한 인물로 후세에 길이길이 기억되고 있음은 분명하다.

생각만 하지 말라

계문자는 무슨 일이나 세 번 생각하고 실행에 옮겼는데, 공자께서 이 말을 듣고 말씀하셨다. "두 번이면 된다."

季文子 三思而後行 子聞之曰 再斯可矣
계 문 자 삼 사 이 후 행 자 문 지 왈 재 사 가 의

⁂ • • • • • •

사려 깊은 것은 좋지만 그것도 지나치면 좋지 않다는 뜻이다. '지나친 것은 못 미치는 것과 같다' 라는 말과 부합하는 말이다.

계문자(季文子)는 노나라의 대부로, 성은 계손, 이름은 행보(行父)이고, 文(문)은 그의 시호이다. 계손씨는 노나라의 정권을 장악한 이른바 삼환(三桓. 노나라 제 16대 제후 환공의 후손인 계손씨, 숙손씨, 맹손씨를 말한다.) 중에서도 세력이 가장 큰 가문이었지만 계문자 자신은 결코 횡포가 심하지 않았다. 그가 죽었을 때 집에 비단옷을 입은 첩이 없고 마구간에 곡식을 먹는 말이 없었으며, 창고에 금과 옥이 없었다고 한다.

이 때문에 공자는 비록 삼환은 싫어했지만 계문자에 대해서는 좋게 본 것이다.

5 공야장(公冶長) : 썩은 나무는 조각할 수 없다 5-20-0

힘들어도 욕심을 버려라

공자께서 말씀하셨다. "영무자는 나라가 태평할 때는 지혜로운 사람으로 통하고, 나라가 어지러울 때는 어리석은 사람으로 보였다. 그의 지혜로움은 따라갈 수 있지만 그의 어리석음은 따라갈 수 없을 것이다."

子曰 甯無子 邦有道則知 邦無道則愚 其知可及也 其愚不可及也
자 왈 영 무 자 방 유 도 즉 지 방 무 도 즉 우 기 지 가 급 야 기 우 불 가 급 야

욕심을 버리는 것이 쉬운 것이 아니라는 교훈을 주는 것으로 보인다. 영무자(甯武子)는 위(衛)나라의 대부인 영유(甯兪)인데, 武(무)는 그의 시호이다.

알렉산더 왕이 이끄는 군대가 페르시아를 쳐부수기 위해 전진하고 있을 때 군인들이 힘없이 행군하고 있는 모습을 본 알렉산더 왕은 그 이유를 재빨리 알아차렸다. 군인들이 여러 전투에서 얻은 노획물들을 몸에 잔뜩 지니고 있었던 것이다.

알렉산더는 행군을 멈추게 하고 노획물들을 모두 모아 불태울 것을 명령했다. 군인들은 불평을 늘어놓았지만 결국 페르시아와의 전투에서 승리할 수 있었다.

욕심을 버리는 것은 결코 쉽지는 않을 것이다. 그러나 욕심을 내리는 순간 희망이 그곳에 자리잡을 것이다.

가르침을 멈추지 말라

공자께서 진나라에 있을 때 말씀하셨다. "돌아가야겠다, 돌아가야겠다. 고향에 두고 온 젊은이들은 포부는 크지만 치밀하지는 못하고, 아름다운 비단을 짜내면서도 그것을 재단하는 방법을 알지 못하고 있다."

子在陳 曰 歸與歸與 吾黨之小子狂簡 斐然成章 不知所以裁之
자재진 왈 귀여귀여 오당지소자광간 비연성장 부지소이재지

진(陳)나라는 주나라 초에 순임금의 후예를 봉해 준 제후국으로, 지금의 하남성 동부 지역 및 안휘성의 일부를 다스렸다.

BC 492년인 노나라 애공 3년, 노나라의 정치를 전횡하던 계간자가 죽고 그 뒤를 이어 공자의 제자인 염구가 등용되었다. 그래서 당시 진나라에 머물고 있던 공자는 새로운 시대에 대한 희망을 안고 고향으로 돌아가 자신의 이상을 제자들에게 전수할 것을 결심하였다. 그래서 애공 11년에 계강자는 염구의 권고로 공자에게 귀국을 정식으로 요청하게 되었고, 비로소 공자는 10여 년에 이르는 유랑 생활을 마쳤다.

5공야장(公冶長) : 썩은 나무는 조각할 수 없다 5-22-0

인연의 결과는 나에게 달려 있다

공자께서 말씀하셨다. "백이와 숙제는 옛 악연을 잊으려고 애썼기 때문에 원망하는 일이 드물었다."

子曰 伯夷叔齊 不念舊惡 怨是用希
자 왈 백이숙제 불념구악 원시용희

백이 숙제는 전설에 의하면, 은나라 말의 고죽군(孤竹君)의 두 아들로 고죽군의 지위를 서로 양보했으며, 주나라 무왕(武王)이 은나라의 주왕(紂王)을 토벌하려 할 때 그 앞에 나가 만류하다가 뜻을 이루지 못하자 주나라의 곡식을 먹지 않겠다고 선언하고 수양산에 들어가 고사리로 연명하다가 굶어 죽었다고 한다.

혜민 스님은 인연에 대해 이렇게 말하고 있다.

"좋은 인연이란 시작이 좋은 인연이 아닌 끝이 좋은 인연이다. 시작은 나와 관계 없이 시작되었어도 인연을 어떻게 마무리하는가는 나 자신에게 달렸기 때문이다."

친절을 가장하지 말라

공자께서 말씀하셨다. "누가 미생고를 정직하다고 하는가? 어떤 사람이 식초를 얻으러 오자 그는 자기 집에 식초가 없다는 사실을 말하기 싫어서 이웃집에 가서 얻어다 주지 않았는가."

子曰 孰謂微生高直 或乞醯焉 乞諸其隣而與之
자 왈 숙 위 미 생 고 직 혹 걸 혜 언 걸 저 기 린 이 여 지

・・・・・・

식초는 중국의 식료품 중에서 가장 기초적인 것이기 때문에 어느 집에나 다 갖추고 있다. 식초가 떨어졌으면 떨어졌다고 말할 수 있어야 하는데, 체면이나 지나친 친절로 인해 이웃집에서 얻어다 주는 과잉 행동을 정직하다고는 할 수 없다는 뜻이다.

미생고(微生高)는 노나라 사람으로, 성이 微生(미생), 이름이 高(고)이다. 그는 한 여자와 다리 밑에서 만나기로 약속했는데 여자가 오기 전에 비가 내려 물이 불어나자 다리 기둥을 안고 죽었다고 한다.

5공야장(公冶長) : 썩은 나무는 조각할 수 없다 5-24-0

표리부동한 행동을 삼가하라

공자께서 말씀하셨다. "그럴듯하게 말을 잘 꾸미고 낯빛을 부드럽게 하고 지나치게 공손한 태도를 좌구명이 부끄럽게 여겼거니와 나도 그것을 수치로 여긴다. 또 적의를 감추고서 친한 척하는 것을 좌구명이 수치로 여겼으며 나 또한 그것을 부끄럽게 여긴다."

子曰 巧言令色足恭 左丘明恥之 丘亦恥之
자 왈 교언영색주공 좌구명치지 구역치지

匿怨而友其人 左丘明恥之 丘亦恥之
익원이우기인 좌구명치지 구역치지

사람의 표리부동한 행동을 경계한 말이다. 좌구명(左丘明)은 공자의 제자로, 『춘추좌전(春秋左傳)』의 저자라는 설과 별개의 인물이라는 설의 두 가지가 있다.

칼릴 지브란의 양심에 대한 말을 살펴보면 다음과 같다.

"박해는 의로운 사람이 고통받도록 만들지 않고, 만일 진실의 옳은 쪽에서 있다면 압박이 그를 파괴하지도 못한다. 소크라테스는 독약을 들며 미소를 지었고, 스데반은 돌에 맞아죽으며 미소를 지었다. 진실로 아픔을 주는 것은 양심으로써, 우리들이 그것을 거역하면 양심은 괴로워하고, 우리들이 그것을 배반하면 양심은 죽어버린다."

양심에 거리낌이 없다면 표리부동한 행동을 하지 않을 것이다.

5공야장(公冶長) : 썩은 나무는 조각할 수 없다 5-25-1

진정한 친구는?

안연과 자로가 공자와 함께 한 자리에 앉아 있을 때, 공자께서 말씀하셨다. "너희들의 소망하는 바를 각자 말해 보지 않겠느냐?" 자로가 말했다. "저는 타고 다니는 거마와 의복을 친구와 같이 쓰다가 망가지거나 해져도 전혀 아깝지 않을 교제를 해보고 싶습니다."

顔淵 季路侍 子曰 盍各言爾志
안 연 계 로 시 자 왈 합 각 언 이 지

子路曰 願車馬衣輕裘 與朋友共 敝之而無憾
자 로 왈 원 거 마 의 경 구 여 붕 우 공 폐 지 이 무 감

안연(顔淵)은 공자의 제자 안회(顔回)로, 연(淵)은 그의 자이다. 계로(季路)는 공자의 제자 자로(子路)로, 50세가 되면 백(伯)·중(仲)·숙(叔)·계(季)의 항렬과 자(字)를 사용하는 옛날의 예법에 따른 호칭이다.

이태백의 친구에 관한 글을 보면 과연 나는 친구에게 어떤 친구일까 생각해 보지 않을 수 없다.

"고난과 불행이 찾아올 때 비로소 친구가 친구임을 안다."

5공야장(公冶長) : 썩은 나무는 조각할 수 없다 5-25-2

자랑하지 말고 과장하지 말라

안연이 말했다. "저는 잘하는 것을 자랑하지 않고 공로를 과장하지 않기를 바랍니다." 자로가 말했다. "선생님의 생각을 듣고 싶습니다."라고 하자, 공자께서 말씀하셨다. "노인들을 편안하게 해주고 친구는 서로 믿게 하며 젊은이들은 보살펴 주고 싶구나."

顔淵曰 願無伐善 無施勞
안 연 왈 원 무 벌 선 무 시 로

子路曰 願聞子之志 子曰 老者安之 朋友信之 少者懷之
자 로 왈 원 문 자 지 지 자 왈 노 자 안 지 붕 우 신 지 소 자 회 지

5공야장(公冶長) : 썩은 나무는 조각할 수 없다 5-26-0

스스로 반성하라

공자께서 말씀하셨다. "그만두자. 나는 자기의 잘못을 깨닫고 스스로를 반성하는 사람을 아직 보지 못했다."

子曰 已矣乎 吾未見能見其過而 內自訟者也
자 왈 이 의 호 오 미 견 능 견 기 과 이 내 자 송 자 야

5공야장(公冶長) : 썩은 나무는 조각할 수 없다 5-27-0

학문을 놓지 말라

공자께서 말씀하셨다. "단지 집 열 채 정도 모여 사는 작은 마을에도 분명 나처럼 충성과 신의가 있는 사람이 있을 것이지만, 나처럼 학문을 좋아하는 사람은 없을 것이다."

子曰 十室之邑 必有忠信 如丘者焉 不如丘之好學也
자 왈 십 실 지 읍 필 유 충 신 여 구 자 언 불 여 구 지 호 학 야

무엇보다도 인격 수양에 있어서의 학문의 중요성을 강조한 말이다.

배우는 길은 이제 그만하자고 끝을 맺을 때가 없다. 평생 배워야 하는 것이 학문이다.

조선시대 학자인 이이는 학문에 대해 이런 말을 했다.

"학문의 길로 들어가는 데는 이치를 궁구하는 것을 맨 먼저 해야 하고, 이치를 궁구하는 데는 책을 읽는 것을 맨 먼저 해야 한다. 왜냐하면 선인과 현인이 마음을 쓴 자취가, 본받을 만하고 경계할 만한 선과 악이 다 책에 있기 때문이다."

–6–

옹야
雍也

길이 아니면 가지 말라

6옹야(雍也) : 길이 아니면 가지 말라 6-01-1

대범한 성격을 유지하라

공자께서 말씀하셨다. "염옹이라면 한 나라를 다스리게 해도 좋을 만큼 훌륭한 인품과 자질을 갖추었다." 중궁이 자상백자에 대해 여쭈어보자, 공자께서 말씀하셨다. "괜찮다. 그는 대범하다." 중궁이 말했다. "몸가짐이 경건하면서 그 행하는 바가 대범하여서 그것을 백성들에게 펼친다면 좋다고 할 수 있겠습니다만, 몸가짐도 행하는 바도 줄곧 스스럼없기만 하다면 대범한 것도 정도가 지나친 것 아니겠습니까?" 공자께서 말씀하셨다. "옹의 말이 맞다."

子曰 雍也 可使南面 仲弓問子桑伯子 子曰 可也簡
자 왈 옹 야 가 사 남 면 중 궁 문 자 상 백 자 자 왈 가 야 간

仲弓曰 居敬而行簡 以臨其民 不亦可乎
중 궁 왈 거 경 이 행 간 이 임 기 민 불 역 가 호

居簡而行簡 無乃大簡乎 子曰 雍之言然
거 간 이 행 간 무 내 태 간 호 자 왈 옹 지 언 연

옹(雍)은 노나라 사람으로, 공자의 제자다. 성은 염(冉), 자는 중궁(仲弓), 옹(雍)은 그의 이름이다. 공자보다 29세 아래였다. 자상백자(子桑伯子)는 노나라 사람으로, 그의 생애에 관하여는 미상이다.

'남면'은 임금 노릇하는 것을 말한다. 임금은 북쪽에서 남쪽을 향하여 앉기 때문이다.

옹은 마음이 넓고 관대중후하므로 집정할 지위에 앉을 만하다고 공자가 칭찬하였다.

고대 그리스의 철학자인 플라톤이 인간의 행복에 대한 말을 하면서 이런 말을 남겼다.

"다른 사람에게 친절하고 관대한 것이 마음의 평화를 유지하는 길이다. 남을 행복하게 할 수 있는 사람만이 행복을 얻을 수 있다."

6옹야(雍也) : 길이 아니면 가지 말라 6-02-0

학문을 가까이 하라

애공이 물었다. "제자들 중에 누가 학문을 좋아합니까?" 공자께서 대답하셨다. "안회라는 제자가 학문을 좋아했습니다. 언짢은 일을 당해도 스스로 소화하여 남이 느끼게 하지 않았고 같은 잘못을 두 번 반복하지 않았습니다. 불행히도 명이 짧아서 지금은 세상에 없습니다. 이후 그만큼 학문을 좋아하는 사람을 지금까지 본 적이 없습니다."

哀公問 弟子孰爲好學 孔子對曰 有顔回者好學
애 공 문 제 자 숙 위 호 학 공 자 대 왈 유 안 회 자 호 학

不遷怒 不貳過 不幸短命死矣 今也則亡 未聞好學者也
불 천 노 불 이 과 불 행 단 명 사 의 금 야 즉 무 미 문 호 학 자 야

6옹야(雍也) : 길이 아니면 가지 말라 6-03-1

적절한 도움의 기준

자화가 제나라에 사신으로 가게 되자, 염자가 공서화의 모친을 위하여 공자에게 곡식을 줄 것을 청했다. 공자께서 말씀하셨다. "여섯 말 넉 되를 주어라." 염자가 좀 더 줄 것을 요청하였다. "열여섯 말을 주어라." 염자는 그래도 너무 적다고 생각하여 독단으로 그에게 팔십 석을 주었다.

子華使於齊 冉子爲其母請粟 子曰 與之釜 請益
자 화 사 어 제 염 자 위 기 모 청 속 자 왈 여 지 부 청 익

曰 與之庾 冉子與之粟五秉
왈 여 지 유 염 자 여 지 속 오 병

자화(子華)는 공자의 제자인 공서적(公西赤)의 자(字)이다. 염자는 공자의 제자 염구를 가리키는데 높여 부른 것을 보면, 염구의 제자에 의해서 기록되었을 가능성이 높은 것 같다.

6옹야(雍也) : 길이 아니면 가지 말라 6-03-2

어려운 사람을 도와라

공자께서 말씀하셨다. "공서적이 제나라에 갈 때 살찐 말 네 필로 마차를 끌게 하고 호화로운 모피옷을 입고 갔다. 내가 듣건대 남의 위에 있는 자는 단지 다른 사람이 어려울 때 도울 뿐 부자에게 보태주지는 않는다고 했다."

子曰 赤之適齊也 乘肥馬 衣輕裘 吾聞之也 君子周急不繼富
자 왈 적 지 적 제 야 승 비 마 의 경 구 오 문 지 야 군 자 주 급 불 계 부

경제적으로 어려운 사람을 도와주어야 도움의 의미가 있지, 부유한 사람에게 더 보태주는 것은 불필요한 일이라는 말이다.

살찐 말은 요즘으로 치면 고급 승용차이고, 호화로운 모피옷은 명품 브랜드 옷일 것이다.

공자의 도움의 원칙은 첫째 급한 사람이다. 급하게 도움이 필요한 사람을 도와주라는 뜻이다. 부자는 그냥 두어도 부자가 되기 때문에 굳이 도와주지 않아도 되는 것이다. 예나 지금이나 춥고 배고픈 사람을 도와야지, 있는 사람에게 더 보태줄 필요가 있을까 하는 생각이 드는 글이다.

이웃에게 나누어라

원헌이 공자의 집사가 되었을 때 그에게 곡물 구백 석을 주시자, 원헌이 너무 많다고 사양하였다. 그러자 공자께서 말씀하셨다. "사양하지 말아라. 많다고 생각되거든 너의 이웃과 마을사람에게 나누어 주어라."

原思爲之宰 與之粟九百 辭 子曰 毋 以與爾隣里鄕黨乎
원사위지재 여지속구백 사 자왈 무 이여이린리향당호

🙞 • • • • • •

원사(原思)는 노나라 사람으로, 공자의 제자이다. 이름은 헌(憲), 자는 자사(子思)이다. 공자보다 36세 아래였다.

봉록은 직위의 고하에 따라 정해지기 때문에 빈부의 정도에 의하여 증감될 수는 없으니 원칙대로 받고, 일단 받아서 어떻게 쓰느냐 하는 문제는 자신의 덕망에 달렸으니 이웃과 나누어 쓰라는 뜻이다.

6 옹야(雍也) : 길이 아니면 가지 말라 6-04-0

출신보다 중요한 현재의 능력

공자께서 염옹에 대해 말씀하셨다. "얼룩소의 새끼가 털빛이 붉고 또 뿔이 제대로 났다면, 사람이 비록 제물로 쓰지 않으려고 해도 제사를 받는 산천이 어찌 그냥 내버려두겠는가."

子謂仲弓曰 犁牛之子騂且角 雖欲勿用 山川其舍諸
자 위 중 궁 왈 이 우 지 자 성 차 각 수 욕 물 용 산 천 기 사 저

염옹은 뛰어난 재능도 있고 수양도 열심히 해서 공자의 인정을 받았다. 그런데 아버지가 출신이 천박한데다가 악행을 많이 저질렀다. 그래서 공자께서 비록 출신성분이 나쁘다고 하더라도 네 자신이 바르고 유능하니 틀림없이 크게 잘 쓰일 수 있을 것이라고, 비유로 염옹을 위로한 말로 보인다.

우리 속담 중에 개천에서 용 난다는 말이 있다. 태어난 곳은 누추하고 출신이 미미해도 노력에 의해 얼마든지 성공할 수 있다는 뜻이다.

얼룩소의 새끼가 만약에 색이 붉고 뿔이 잘생긴 황소를 낳았다면 그 황소는 황소일까? 얼룩소일까? 부모는 비록 얼룩소라도 그 얼룩소의 새끼가 황소라면 황소로 인정되어야 한다는 것이다.

태어난 배경이나 환경보다 그 사람의 현재의 능력과 모습을 더욱 중요시하는 것으로, 출신과 부모의 배경만으로 사람을 평가하는 세상은 더 이상 희망이 없는 세상임이 분명하다.

6옹야(雍也) : 길이 아니면 가지 말라 6-05-0

인을 중요시하라

공자께서 말씀하셨다. "안회는 그 마음이 석 달 동안 인에서 떠나지 않지만, 그 나머지는 하루 또는 기껏해야 한 달 동안 인에 생각이 미칠 뿐이다."

子曰 回也 其心三月不違仁 其餘則日月至焉而已矣
자 왈 회 야 기 심 삼 월 불 위 인 기 여 즉 일 월 지 언 이 이 의

기여(其餘)는 안회를 제외한 다른 제자들로 풀이하는 경우가 많다.

6옹야(雍也) : 길이 아니면 가지 말라 6-06-0

결단력이 있고 사리에 밝아야 정치를 한다

계강자가 물었다. "중유(자로)에게 정치를 맡겨도 되겠는지요?" 공자께서 말씀하셨다. "중유는 결단력이 있으니 그에게 정치를 맡겨도 아무런 문제가 없을 것입니다." "사(자공)에게 정치를 맡겨도 되겠는지요?" 공자께서 말씀하셨다. "사는 사리에 밝으니 그에게 정치를 맡겨도 아무런 문제가 없을 것입니다." "구(염유)에게 정치를 맡겨도 되겠는지요?" 공자께서 말씀하셨다. "구는 다재다능하니 그에게 정치를 맡겨도 아무런 문제가 없을 것입니다."

季康子問 仲由可使從政也與 子曰 由也果 於從政乎何有
계 강 자 문 중 유 가 사 종 정 야 여 자 왈 유 야 과 어 종 정 호 하 유

曰 賜也 可使從政也與 曰 賜也達 於從政乎何有
왈 사 야 가 사 종 정 야 여 왈 사 야 달 어 종 정 호 하 유

曰 求也 可使從政也與 曰 求也藝 於從政乎何有
왈 구 야 가 사 종 정 야 여 왈 구 야 예 어 종 정 호 하 유

길이 아니면 가지 말라

계씨가 민자건을 자신의 식읍인 비읍의 장관으로 임명하려고 하자 민자건이 찾아온 사신에게 말했다. "나를 대신해서 좋게 거절해 주십시오. 만약 나를 다시 찾아온다면 나는 틀림없이 노나라를 떠나서 문수의 북쪽(제나라)으로 가 있을 것입니다."

季氏使閔子騫 爲費宰 閔子騫曰 善爲我辭焉
계 씨 사 민 자 건 위 비 재 민 자 건 왈 선 위 아 사 언

如有復我者 則吾必在汶上矣
여 유 부 아 자 즉 오 필 재 문 상 의

민자건(閔子騫)은 공자의 제자로, 비교적 나이가 많아 15세 아래였다. 공자의 초창기 제자로 볼 수 있는데, 제자 가운데서 덕행으로는 안회 다음이었다고 한다. 불의한 인물인 계씨 아래에서 벼슬하기를 거절한 민자건의 의로움을 말한 것이다.

문수는 노나라와 제나라의 경계를 흐르는 강이다. 문수를 넘어가 버린다는 것은 제나라로 망명해 버리겠다는 뜻이다.

민자건이 벼슬자리를 거절한 이유는 권세가인 계씨의 밑에서 일하는 것을 의롭지 못하다고 생각했기 때문일 것이다. 윗사람을 거스르는 자를 주인으로 삼게 되면 그 무도한 일을 돕거나 묵인해야 하는데 차라리 그런 벼슬은 안하는 것이 낫다고 생각한 것이다.

사마천은 사기 「중니제자열전」에서 "대부를 섬기지 않고, 더러운 주인의 녹을 먹지 않았다."고 민자건에게 찬사를 보낸다.

중병에 걸린 제자

백우가 중병에 걸려서 공자께서 문병을 가셨다. 창 안으로 손을 넣어 그의 손을 잡고 한참을 계시다가 말씀하셨다. "소생하기 어렵겠구나. 이것이 운명이란 말인가. 이렇게 훌륭한 사람인데 이런 병에 걸리다니! 이렇게 훌륭한 사람인데 이런 병에 걸리다니!"

伯牛有疾 子問之 自牖執其手曰 亡之 命矣夫
백우유질 자문지 자유집기수왈 망지 명의부

斯人也而有斯疾也 斯人也而有斯疾也
사인야이유사질야 사인야이유사질야

백우는 공자의 제자인 염경인데, 백우는 그의 자이다. 그 덕행이 바로 민자건 다음 같았다고 한다. 덕행으로 안회와 민자건, 백우를 꼽았다고 한다. 그는 당시 나병에 걸려 있었다고 한다. 그래서 다른 사람을 만나지 않으려고 했기 때문에 공자가 창문 밖에서 그의 손을 잡았던 것이다.

황간(皇侃)이 주를 달았는데 다음과 같다.

"군자는 병에 걸리면 북쪽 벽 아래에서 머리는 동쪽으로 한다. 그런데 공자가 문병한다고 하니 남쪽 창가로 옮긴 것이다. 그래야 공자가 남쪽을 바라보며 문병하게 되는 것이다. 하지만 공자는 남면(南面)은 임금이 하는 것이기 때문에 방에 들어가지 않고 창문 너머로 손을 잡은 것이다."

6옹야(雍也) : 길이 아니면 가지 말라 6-09-0

즐거움은 마음에서 비롯된다

공자께서 말씀하셨다. "훌륭하다, 회는! 찬밥에 냉수를 마시며 누추한 집에 살고 있구나. 다른 사람이라면 그 근심을 견디지 못할 것이거늘 안회는 그 즐거움을 바꾸지 않는구나."

子曰 賢哉回也 一簞食一瓢飮 在陋巷 人不堪其憂
자왈 현재회야 일단사일표음 재누항 인불감기우
回也 不改其樂 賢哉 回也
회야 불개기락 현재 회야

6옹야(雍也) : 길이 아니면 가지 말라 6-10-0

미리 예단하지 말라

염구가 말했다. "저는 선생님의 도를 좋아하지 않는 것은 아니지만 힘이 부족해 따라가기 어렵습니다." 공자께서 말씀하셨다. "정말 힘이 부족한 사람이라면 일단 따라가다가 도중에 낙오하는 법인데, 너는 지금 아예 못 한다고 선을 그어 놓고 있다."

冉求曰 非不說子之道 力不足也 子曰 力不足者 中道而廢 今女畫
염구왈 비불열자지도 역부족야 자왈 역부족자 중도이폐 금녀획

6옹야(雍也) : 길이 아니면 가지 말라 6-11-0

군자다운 선비가 되라

공자께서 자하에게 말씀하셨다. "너는 군자다운 선비가 되고, 소인다운 선비가 되지 말아라."

子謂子夏曰 女爲君子儒 無爲小人儒
자 위 자 하 왈 여 위 군 자 유 무 위 소 인 유

자하(子夏)는 위나라 사람으로, 공자의 제자인 복상의 자(字)이다.

6옹야(雍也) : 길이 아니면 가지 말라 6-12-0

인재는 누구일까

자유가 무성읍의 수장이 되었을 때, 공자께서 말씀하셨다. "너는 거기서 어떤 인재를 얻었느냐?" 자유가 말했다. "담대멸명이라는 사람이 있는데 정도를 벗어나 지름길로 빠져나가는 일은 하지 않습니다. 공무 이외의 일로 제 방에 온 적도 없습니다."

子游爲武城宰 子曰 女得人焉爾乎
자 유 위 무 성 재 자 왈 여 득 인 언 이 호

曰 有澹臺滅明者 行不由徑 非公事 未嘗至於偃之室也
왈 유담대멸명자 행불유경 비공사 미상지어언지실야

자유(子游)는 오나라 사람으로, 공자의 제자인 언언(言偃)의 자이다. 담대멸명(澹臺滅明)은 노나라 무성 사람으로, 담대가 성이고, 멸명이 이름이며, 자는 자우(子羽)이다. 공자의 제자로, 공자보다 39세 아래였다.

6옹야(雍也) : 길이 아니면 가지 말라 6-13-0

자랑하지 않아도 진심은 드러난다

공자께서 말씀하셨다. "맹지반은 자랑을 하지 않는다. 전쟁에서 패배하여 달아나면서 군대를 보호하면서 뒤처졌다. 성문에 거의 이르렀을 때 말을 채찍질하며 외치기를, 자신이 일부러 후위를 지킨 것이 아니라 말이 느렸기 때문이라고 말했다."

子曰 孟之反 不伐 奔而殿 將入門 策其馬曰 非敢後也 馬不進也
자 왈 맹 지 반 불 벌 분 이 전 장 입 문 책 기 마 왈 비 감 후 야 마 부 진 야

맹지반은 노나라의 대부로, 이름이 측(側)이고, 지반(之反)은 그의 자이다. 기원전 484년, 노나라는 성문 밖에 있었던 제나라와의 전투에서 크게 패했다. 그때 후퇴해서 성 안으로 들어갔는데, 퇴각하는 군대의 후위를 지키면서 군대가 안전하게 퇴각할 수 있도록 지키고, 자신은 맨 마지막에 들어갔다고 한다.

6옹야(雍也) : 길이 아니면 가지 말라 6-14-0

난세를 뛰어넘는 뛰어난 언변

공자께서 말씀하셨다. "축타와 같이 뛰어난 언변이 없이 송조처럼 아름다운 외모만 있다면 오늘날 같은 난세에서 화를 피하기 어렵다."

子曰 不有祝鮀之佞 而有宋朝之美 難乎免於今之世矣
자 왈 불 유 축 타 지 영 이 유 송 조 지 미 난 호 면 어 금 지 세 의

축타는 위나라의 대부로 언변이 좋았다고 한다. 제후들이 회합을 했을 때 채나라를 위나라보다도 상석에 앉히려는 움직임이 있자 축타가 나서서 논쟁을 벌여서 위나라를 채나라 상석에 두는 데 성공했다고 한다. 공자는 축타의 능력을 높이 평가하였다.
당시 위나라의 군주는 영공이었는데, 그가 무도한 행동을 많이 했지만 군주의 지위를 잃지 않았던 데는 축타 같은 사람이 있었기 때문이라고 공자는 평가했다.

6옹야(雍也) : 길이 아니면 가지 말라 6-15-0

가야 할 길을 거스르지 말라

공자께서 말씀하셨다. "누가 밖으로 나갈 때 능히 문을 통하지 않고 출입할 수 있겠는가? 그런데 어찌하여 이 길을 걸으려는 사람은 없단 말인가?"

子曰 誰能出不由戶 何莫由斯道也
자 왈 수 능 출 불 유 호 하 막 유 사 도 야

공자는 사람들이 당연히 가야 할 길을 가지 않는 것, 즉 공자 자신의 도를 실천하지 않음에 대하여 한탄한 것이다.

세상으로 나갈 때 통하는 길을 공자는 '도'라고 했다.

중용에 "군자의 길은 먼 데로 가려면 반드시 가까운 데서부터 시작하고, 높은 데로 올라가려면 반드시 낮은 데서 시작하는 바와도 같으니라."라는 말이 있다.

세상으로 통하는 문이 있는데, 우리는 시작도 하지 않고 다른 문을 찾고 있는 것은 아닐까.

6옹야(雍也) : 길이 아니면 가지 말라 6-16-0

균형을 갖춰 조화를 이루라

공자께서 말씀하셨다. "바탕, 즉 실질적인 내용이 겉모양보다 뛰어나면 너무 투박하고, 겉모양이 실질적인 내용보다 뛰어나면 너무 부화(浮華. 실속이 없고 겉만 화려함)하다. 문채와 실질이 적절히 조화된 뒤라야 군자라고 할 수 있다."

子曰 質勝文則野 文勝質則史 文質彬彬 然後君子
자 왈 질승문즉야 문승질즉사 문질빈빈 연후군자

⁂ • • • • • •

보통 한 나라가 1백여 년 동안 태평한 후에는 나라의 형편이 점점 쇠약해지고 예술문화가 특히 발달한다. 바로 예술문화가 발달한 시대는 사회가 쇠퇴로 향하고 있다는 것이다.

마치 로마 전성기 때 건축과 예술, 노래, 춤 등이 점점 발달하여 절정에 이르면 국운은 쇠약으로 돌아선다.

그래서 모름지기 군자는 문화적인 면과 본질적인 면이 균형 있게 발전시켜야 한다.

6옹야(雍也) : 길이 아니면 가지 말라 6-17-0

사람이 살아가는 힘은 정직이다

공자께서 말씀하셨다. "사람이 살아가는 힘은 정직이다. 그것이 없이 살아가는 것은 운 좋게 화를 면한 것뿐이다."

子曰 人之生也直 罔之生也幸而免
자 왈 인 지 생 야 직 망 지 생 야 행 이 면

세상을 살아가는 방법을 처세술이라고 한다. 항상 즐겁고 행복한 일만 생기는 것이 인생이 아니다.

수많은 고통과 어려움을 만나게 되고 이를 극복하면서 즐거움과 행복도 만나게 된다.

세상을 살아가는 처세의 방법에는 여러 가지가 있다. 수많은 방법들 중에 최고이자 가장 기본인 처세술이 바로 정직이다.

세르반테스는 "정직함은 진실을 사랑하는 마음에서 나온다. 정직함은 최고의 처세술이다."라고 했다.

6옹야(雍也) : 길이 아니면 가지 말라 6-18-0

즐거움을 찾아라

공자께서 말씀하셨다. "뭔가를 아는 사람은 좋아하는 사람만 못하고, 좋아하는 사람은 즐기는 사람만 못하다."

子曰 知之者 不如好之者 好之者 不如樂之者
자 왈 지 지 자 불 여 호 지 자 호 지 자 불 여 락 지 자

학문의 경지를 세 단계로 나누어 설명한 것이다. 학문도 즐기며 하는 사람이 가장 좋다는 의미이다.

이 말은 굳이 학문만이 아니라 인생에도 적용되는 말이다.

자신의 일이나 인생을 그저 알고, 좋아하는 것에서 그치지 말고 즐기라는 것이다. 아무리 잘하고 좋아하는 일을 하더라도 그 속에서 즐거움을 찾지 못한다면 과연 행복한 인생일까?

많은 사람들은 자신이 좋아하는 일과 상관없이 안정적이고 수입이 많은 직업을 선택하고 자녀들에게도 그런 길을 가도록 권한다. 그러나 자신이 그 일을 즐기지 않으면 결국 오래 가지 못하고 성공도 따르지 못한다.

요즘같이 너무 힘든 어려운 시대를 살고 있지만 젊은이들에게 하고 싶은 말은, 힘들더라도 본인이 잘하고 좋아하는 일을 찾고, 그 속에서 즐거움을 찾는 것이 인생을 성공적으로 살 수 있는 길이라는 것이다.

6옹야(雍也) : 길이 아니면 가지 말라 6-19-0

맞춤형으로 가르쳐라

공자께서 말씀하셨다. "보통 이상의 사람이라면 수준 높은 이야기를 해주어도 좋지만 보통 이하의 사람에게는 수준 높은 이야기를 해줄 수 없다."

子曰 中人以上 可以語上也 中人以下 不可以語上也
자 왈 중인이상 가이어상야 중인이하 불가이어상야

중인이상(中人以上)은 중등 수준인 사람 이상을 말하는데, 사회적 신분의 고하를 말하는 것이 아니라 학문과 인격 도야의 정도를 말하고 있다. 피교육자의 수준에 맞추어 맞춤 교육을 실시해야 한다는 뜻이다.

사람마다 지적 능력, 도덕적 능력이 똑같지 않다. 각자의 수준과 능력에 맞는 말을 하지 못할 때에는 이해를 못하는 경우가 생긴다.

대화를 하거나 사람을 가르칠 때 상대방의 재능이나 지적 수준에 맞춘다면 그 효과는 훨씬 뛰어날 것이다.

6옹야(雍也) : 길이 아니면 가지 말라 6-20-0

인자함은 대가를 바라지 않는다

번지가 지혜로움에 대해 여쭈어보자 공자께서 말씀하셨다. "백성들이 의롭다고 생각하는 일을 행하는 데 힘쓰라. 귀신에 관한 일은 신중하게 다루되 깊이 들어가지 마라. 그것이 지혜로운 일이다." 번지가 다시 인자함에 대해 여쭈어보자 공자께서 말씀하셨다. "인자함은 어려운 일을 솔선해서 처리하지만 대가를 바라지는 않는다. 그것이 인자한 처신이라고 할 수 있다."

樊遲問知 子曰 務民之義 敬鬼神而遠之 可謂知矣
번지문지 자왈 무민지의 경귀신이원지 가위지의

問仁 曰 仁者先難而後獲 可謂仁矣
문인 왈 인자선난이후획 가위인의

번지(樊遲)는 제(齊)나라 사람으로, 공자의 제자인 번수(樊須)이다. 자가 자지(子遲)이며, 공자보다 36세 아래였다.

6옹야(雍也) : 길이 아니면 가지 말라 6-21-0

지혜로운 사람과 어진 사람

공자께서 말씀하셨다. "지혜로운 사람은 물을 좋아하고 어진 사람은 산을 좋아하며, 지혜로운 사람은 동적이고 어진 사람은 정적이며, 지혜로운 사람은 인생을 즐겁게 살고 어진 사람은 인생을 길게 산다."

子曰 知者樂水 仁者樂山 知者動 仁者靜 知者樂 仁者壽
자왈 지자요수 인자요산 지자동 인자정 지자낙 인자수

왕도정치를 하라

공자께서 말씀하셨다. "제나라가 한 번 변하면 노나라의 수준에 이르고, 노나라가 한 번 변하면 왕도정치를 할 수 있다."

子曰 齊一變 至於魯 魯一變 至於道
자 왈 제 일 변 지 어 로 노 일 변 지 어 도

노나라의 정치와 교육이 주나라의 그것을 부흥시킬 것을 염원한 말이다.

강태공 여망(呂望)을 봉한 나라가 제나라이고, 주공(周公)을 봉한 나라가 노나라이다.

그러므로 두 나라는 모두 선왕의 유풍을 지니고 있었지만, 노나라는 주나라의 예의와 제도를 잘 계승하여 공자의 이상에 매우 접근한 나라였고, 제나라는 자연 조건이 좋아 백성이 부유하고 국력이 강성하여 환공 같은 사람이 관중을 등용하여 한때 패도 정치를 실시하는 등 노나라보다는 한 단계 아래인 나라였음을 말한다.

6옹야(雍也) : 길이 아니면 가지 말라 6-23-0

모난 그릇은 모난 대로 보라

공자께서 말씀하셨다. "모난 술그릇인 고가 모서리가 없어져 버렸다면 고라고 하겠는가. 고라고 하겠는가."

子曰 觚不觚 觚哉觚哉
자 왈 고 불 고 고 재 고 재

고(觚)는 그릇의 제례용 술잔의 이름이다. 위가 둥글고 아래에 네 개의 모서리가 있는 술잔으로, 이런 모양을 만들어 내기가 쉽지 않아서 실제로는 원형 술잔에 가깝게 된 것이 많았다고 한다.
공자께서 당시 사물의 이름과 실제가 일치하지 않음을 개탄한 것이다.

6옹야(雍也) : 길이 아니면 가지 말라 6-24-0

미혹에 빠지지 말라

재아가 여쭈었다. "인자라면 그에게 지금 우물에 사람이 빠졌다고 알려주면 그는 따라 내려가겠지요." 공자께서 말씀하셨다. "어찌 그럴 리가 있겠느냐. 덕을 지닌 사람이라면 우물까지 가게 할 수 있지만 그를 우물에 빠뜨릴 수는 없다. 잠깐은 속일 수 있어도 끝까지 우롱할 수는 없다."

宰我問日 仁者雖告之日 井有仁焉 其從之也
재 아 문 왈 인 자 수 고 지 왈 정 유 인 언 기 종 지 야

子曰 何爲其然也 君子可逝也 不可陷也 可欺也 不可罔也
자 왈 하 위 기 연 야 군 자 가 서 야 불 가 함 야 가 기 야 불 가 망 야

재아(宰我)는 공자의 제자로, 이름은 여(予), 자는 자아(子我)이다.

6옹야(雍也) : 길이 아니면 가지 말라 6-25-0

정도에서 벗어나지 말라

공자께서 말씀하셨다. "군자가 널리 문물제도를 배우고 예로써 자신의 행동을 절제할 수 있다면, 또한 정도에서 벗어나지 않았다고 할 수 있다."

子曰 君子博學於文 約之以禮 亦可以弗畔矣夫
자 왈 군자박학어문 약지이례 역가이불반의부

6옹야(雍也) : 길이 아니면 가지 말라 6-26-0

하늘에게 떳떳하라

공자께서 남자를 만나러 가시자 자로가 기뻐하지 않았다. 공자께서 이에 맹세하며 말씀하셨다. "내가 떳떳하지 못한 짓을 하지 않았다는 것은 하늘이 안다."

子見南子 子路不說 夫子矢之曰 予所否者 天厭之天厭之
자견남자 자로불열 부자시지왈 여소비자 천염지천염지

남자(南子)는 위나라 영공의 부인으로, 당시 위나라 정권을 실질적으로 남자가 장악하고 있었다. 그런데 정당치 못한 행동이 종종 있어서 그 당시 평판이 좋지 않았다. 그런데도 남자가 집요하게 공자에게 회견을 요청하니 공자는 할 수 없이 만났다고 전해진다.

6옹야(雍也) : 길이 아니면 가지 말라 6-27-0

한쪽으로 치우치지 말라

공자께서 말씀하셨다. "중용이라는 덕은 지극의 덕이지만 사람들이 중용의 덕을 잃은 지 오래되었다."

子曰 中庸之爲德也 其至矣乎 民鮮久矣
자왈 중용지위덕야 기지의호 민선구의

· · · · · ·

중용(中庸)은 지나치지도 않고 모자라지도 않으며 어느 한쪽으로 치우치지도 않는 이상적인 상태를 말한다.

정이는 중용에 대해 이런 말을 했다.

"일을 하는데 있어서 어느 쪽으로도 치우치지 않는 것을 중용이라 한다. 중을 행하는 것은 바로 천하의 도이다. 중용은 한쪽으로 치우침이 없이 적당한 것을 선택하는 것을 가리킨다."

중용은 나라를 다스릴 때 뿐만 아니라 인생을 살아가는 데도 없어서는 안 될 중요한 이치다.

자신을 통제할 수 있는 사람만이 지나침과 모자람 없이 행동하고 감정과 욕망을 적절하게 다스릴 수 있다.

6옹야(雍也) : 길이 아니면 가지 말라 6-28-1

어진 사람과 성인

자공이 여쭈었다. "널리 백성에게 은혜를 베풀고 중생을 제도할 수 있다면 어떻겠는지요? 어진 사람이라고 할 수 있는지요?" 공자께서 말씀하셨다. "어찌 어진 사람 정도에 그치겠는가. 반드시 성인이라고 해야 할 것이다. 요순 같은 성군도 그렇게 하기는 어려웠다."

子貢曰 如有博施於民而能濟衆 何如 可謂仁乎
자 공 왈 여 유 박 시 어 민 이 능 제 중 하 여 가 위 인 호

子曰 何事於仁 必也聖乎 堯舜其猶病諸
자 왈 하 사 어 인 필 야 성 호 요 순 기 유 병 제

6옹야(雍也) : 길이 아니면 가지 말라 6-28-2

남의 입장을 이해하라

"어진 사람은 자신이 일어서려고 할 때 남을 먼저 세워주고, 자신이 도달하려고 할 때 남을 먼저 도달하게 해준다. 가까이에 있는 것을 보고 남의 입장을 이해하여 실행할 수 있다면 그것이 인을 실천하는 방법이라고 할 수 있다."

夫仁者 己欲立而立人 己欲達而達人 能近取譬 可謂仁之方也已
부 인 자 기 욕 립 이 립 인 기 욕 달 이 달 인 능 근 취 비 가 위 인 지 방 야 이

-7-

술이
述而

호기심은 학문의 시작이다

7술이(述而) : 호기심은 학문의 시작이다 7-01-0

선인의 말씀을 잊지 말라

공자께서 말씀하셨다. "나의 목적은 선인의 말씀을 전하는 데 있지 새로운 것을 창작하는 데 있지 않다. 신뢰하는 태도로 고대의 문화를 좋아하고 나 자신을 은근히 우리 노팽에 견주어 본다."

子曰 述而不作 信而好古 竊比於我老彭
자 왈 술 이 부 작 신 이 호 고 절 비 어 아 노 팽

노팽(老彭)은 은나라의 대부로 옛날일을 즐겨 이야기했다는 설도 있고, 노자와 팽조, 두 사람을 합해서 노팽이라고 했다는 설도 있다. 공자의 조상이 은나라의 후예가 세운 송나라 사람이라는 사실과 '아로팽(我老彭)', 즉 '우리 노팽'이 지니는 친근한 어감을 고려할 때 은나라 대부인 노팽일 가능성이 크다.

술이부작에서 '술'은 기술, 편찬, 서술이고, '작'은 새로운 것을 지어내는 창작이다. 심지어 '작'은 없는 것을 지어낸다는 뜻이기도 하다.

공자는 선인들의 사상과 문화를 존중하고 이를 그대로 전할 뿐이지 새로이 창작하지 않았음을 강조한 것이다.

7술이(述而) : 호기심은 학문의 시작이다 7-02-0

묵묵히 할 일을 하라

공자께서 말씀하셨다. "묵묵히 마음속에 새기며, 열심히 배우며 싫증 내지 않고, 남을 가르침에 지치지 않는 것은 나에게 있어서 무슨 어려움이 있겠는가."

子曰 默而識之 學而不厭 誨人不倦 何有於我哉
자 왈 묵 이 지 지 학 이 불 염 회 인 불 권 하 유 어 아 재

가르치는 것을 좋아하는 스스로의 성품을 드러낸 말로, 공자의 겸허한 교학 태도를 엿볼 수 있는 말이다.

칸트는 스승에 대해 이런 말을 했다.

"인간은 이런 스승을 원한다. 제자에게 처음에는 판단을 가르치고, 그 다음에는 지혜를 가르치고, 마지막으로 학문을 가르치는 스승을 원한다."

시대와 공간을 뛰어넘어 누군가를 가르치는 스승은 모든 오감을 열고 귀 기울여 배우는 데서 시작한다.

7술이(述而) : 호기심은 학문의 시작이다 7-03-0

행동하지 않음을 경계하라

공자께서 말씀하셨다. "덕이 닦이지 않는 것, 학문이 탐구되지 않는 것, 의로운 행위를 알면서도 실천에 옮기지 못하는 것, 선하지 않은 점을 고치지 못하는 것, 이것이 나의 우려하는 바이다."

子曰 德之不修 學之不講 聞義不能徙 不善不能改 是吾憂也
자 왈 덕 지 불 수 학 지 불 강 문 의 불 능 사 불 선 불 능 개 시 오 우 야

7술이(述而) : 호기심은 학문의 시작이다 7-04-0

여유로운 삶을 살라

공자께서 집에 한가로이 계실 때면 평화롭고 즐거운 표정이셨다

子之燕居 申申如也 夭夭如也
자 지 연 거 신 신 여 야 요 요 여 야

7술이(述而) : 호기심은 학문의 시작이다 7-05-0

시간은 모두에게 공평하다

공자께서 말씀하셨다. "심하도다. 나의 노쇠함이여. 오래되었구나. 내가 다시 꿈에 주공을 뵙지 못한 것이……."

子曰 甚矣 吾衰也 久矣 吾不復夢見周公
자 왈 심 의 오 쇠 야 구 의 오 불 부 몽 견 주 공

주공(周公)은 주나라 문왕의 아들이요 무왕의 동생으로, 무왕(武王)과 성왕(成王)을 보필하여 주나라의 예의와 제도를 확정하여 주나라의 정치적 기반을 다진 사람이며 동시에 노나라의 시조이기도 하다. 공자는 그를 이상적인 인물로 추앙하여 성인의 한 사람으로 추앙하였다.

7술이(述而) : 호기심은 학문의 시작이다 7-06-0

이상적인 생활

공자께서 말씀하셨다. "군자의 이상적인 생활이란 도에다 뜻을 두고 덕을 닦으며, 인을 의지하며 예에서 생활할 것이다."

子曰 志於道 據於德 依於仁 游於藝
자 왈 지 어 도 거 어 덕 의 어 인 유 어 예

'유어예(游於藝)'는 '6예에 노닐다'라는 뜻인데, 6예는 옛날 선비들이 반드시 배워야 할 여섯 가지의 일을 가리킨다. 즉 禮(예 : 예법)·樂(악 : 음악)·射(사 : 활쏘기)·御(어 : 마차 운전)·書(서 : 서예)·數(수 : 수학) 등이다.

7술이(述而) : 호기심은 학문의 시작이다 7-07-0

가르침에 차별이 없다

공자께서 말씀하셨다. "속수의 예를 행하여 제자로 받아들인 다음에는 내가 직접 가르치지 않은 적이 없다."

子日 自行束脩以上 吾未嘗無誨焉
자 왈 자 행 속 수 이 상 오 미 상 무 회 언

· · · · · ·

속수(束脩)는 고대의 예법 중 하나이다.

처음 만나는 사람을 찾아갈 때는 자신의 신분에 걸맞은 예물을 가져가게 되어 있었는데, 예컨대 제후는 옥, 경(卿)은 염소, 대부는 기러기, 사(士)는 꿩을 예물로 가져갔다. 속수는 육포 묶음으로 이러한 예물 가운데 등급이 가장 낮은 것이다. 그러므로 '속수의 예'는 결국 '최소한의 예를 갖춘', 즉 '누구에게나 다'라는 뜻이 된다.

뒷날 유학이 번성해서 이름난 스승에게는 제자가 수천 명으로 불어나서, 스승이 직접 가르치는 것이 불가능하게 되었지만, 공자 시대에는 이런 서열이 없었고 스승이 직접 가르쳤다. 피교육자를 신분에 따라 차별하지 않고 고루 교육의 기회를 부여했다는 뜻이다.

7술이(述而) : 호기심은 학문의 시작이다 7-08-0

호기심은 학문의 시작이다

공자께서 말씀하셨다. "마음속에 궁금한 것이 가득 차서 갈급해 하는 그런 상태가 아니라면 나는 계도해 주지 않는다. 고민하지 않고서는 앞으로 나아가지 못한다. 네 귀퉁이의 하나를 가르쳐 주었는데 남은 세 귀퉁이를 미루어 알지 못하면 다시 가르쳐 주지 않는다."

子曰 不憤不啓 不悱不發 擧一隅 不以三隅反 則不復也
자 왈 불 분 불 계 불 비 불 발 거 일 우 불 이 삼 우 반 즉 불 부 야

학문에 대한 정열이 없는 사람은 진보하지 못한다는 뜻이다. 네 모퉁이 중에서 스승이 한 모퉁이를 들어 보이면 나머지 세 모퉁이는 학생이 스스로 탐구하고 유추해서 알아내야 한다는 뜻이다.

랠프 왈도 에머슨은 "그 어떤 위대한 일도 열정 없이 이뤄진 것은 없다." 라는 말을 했다.

학문도 마찬가지다. 호기심과 정열이 없으면 아무리 가르쳐줘도 그것을 왜 배워야 하는지 모르기 때문에 앞으로 나아갈 수 없는 것이다.

7술이(述而) : 호기심은 학문의 시작이다 7-09-0

예를 갖춰라

공자께서는 초상집에서 식사하실 때는 배부르게 드시지 않았고, 초상날에 곡을 하셨다면 그날은 노래하지 않으셨다.

子食於有喪者之側 未嘗飽也 子於是日 哭則不歌
자 식 어 유 상 자 지 측 미 상 포 야 자 어 시 일 곡 즉 불 가

7술이(述而) : 호기심은 학문의 시작이다 7-10-1

나아갈 때와 물러날 때

공자께서 안연에게 말씀하셨다. "쓰인다면 나아가고 쓰이지 않는다면 물러나 소리도 내지 않는다. 이는 너와 나만이 할 수 있는 일이다."

子 謂顔淵曰 用之則行 舍之則藏 惟我與爾 有是夫
자 위 안 연 왈 용 지 즉 행 사 지 즉 장 유 아 여 이 유 시 부

공자가 안연에게 이 말을 하자 제자인 자로가 샘을 냈다.

7술이(述而) : 호기심은 학문의 시작이다 7-10-2

죽음도 막지 못하는 사이

자로가 말했다. "공자께서 만일 3군의 대장이 되어 출정하신다면 누구와 함께하시겠는지요?" 공자께서 말씀하셨다. "맨손으로 호랑이와 격투하거나 황하를 헤엄쳐 건너다가 죽어도 후회가 없다는 사람은 나는 함께 하지 않을 것이다. 반드시 실행하기 전에 신중하게 생각하고 만반의 계획을 세워 성공할 사람에게 맡길 것이다."

子路曰 子行三軍則誰與
자로왈 자행삼군즉수여

子曰 暴虎馮河 死而無悔者 吾不與也 必也臨事而懼 好謀而成者也
자왈 포호빙하 사이무회자 오불여야 필야임사이구 호모이성자야

7술이(述而) : 호기심은 학문의 시작이다 7-11-0

좋아하는 것인지 확인하라

공자께서 말씀하셨다. "부가 추구할 만한 것이라면 채찍을 잡고 일하는 천한 사람이라도 될 것이고, 부가 추구할 만한 것이 아니라면 내가 좋아하는 것을 따르겠다."

子曰 富而可求也 雖執鞭之士 吾亦爲之 如不可求 從吾所好
자왈 부이가구야 수집편지사 오역위지 여불가구 종오소호

집편지사(執鞭之士)는 채찍을 잡는 사람, 즉 천박한 일에 종사하는 사람이라는 뜻이다. 시장에서 경비를 보는 사람이라는 설, 왕후가 행차할 때 앞에서 길을 트는 사람이라는 설, 마부라는 설 등 여러 가지 설이 있다.

7술이(述而) : 호기심은 학문의 시작이다 7-12-0

조심할 것 세 가지

공자께서 조심하신 것은 제사 지내기 전에 재계하는 일, 전쟁, 그리고 질병이었다.

子之所愼 齊戰疾
자 지 소 신 제 전 질

제(齊)는 재계(齋戒), 즉 제사를 지내기 전에 몸과 마음을 깨끗이 하고 부정한 것을 멀리하는 일을 말하는데, 齋(제)와 같다.

7술이(述而) : 호기심은 학문의 시작이다 7-13-0

음악이 주는 환희

공자께서 제 나라에 있을 때에 소 음악을 들으시고 오랫동안 고기 맛을 잊고 지내시더니 말씀하셨다. "음악이 이런 경지에 도달할 줄은 생각지 못하였다."

子 在齊聞韶 三月 不知肉味 曰 不圖爲樂之至於斯也
자 재제문소 삼월 부지육미 왈 부도위락지지어사야

'소(韶)'는 당시의 태평성세를 구가한 순(舜) 임금 때의 악곡이다. 순임금 후예의 나라인 진나라의 공자인 완이 제나라로 망명하였기 때문에 제나라에 '소'가 보존될 수 있었다고 한다.

7술이(述而) : 호기심은 학문의 시작이다 7-14-0

인의가 없으면 돕지 말라

염유가 자공에게 물었다. "선생님께서 위나라의 임금 편이 되어 주실까?" 자공이 말했다. "그래, 내가 선생님께 여쭈어 보지." 자공이 안에 들어가 공자께 여쭈었다. "백이와 숙제는 어떤 사람인지요?" 공자께서 말씀하셨다. "옛날의 현인이었다." 자공이 다시 여쭈었다. "끝내는 원망하지 않았을까요?" 공자께서 말씀하셨다. "그들이 인을 구하여 그것을 실천했으니 무슨 불만이 있겠느냐." 자공이 물러나와 염유에게 말했다. "선생님께서는 위나라의 군주를 도울 생각이 없으시다."

冉有曰 夫子 爲衛君乎 子貢曰 諾 吾將問之 入曰 伯夷叔齊 何人也 曰
염유왈 부자 위위군호 자공왈 낙 오장문지 입왈 백이숙제 하인야 왈
古之賢人也 曰 怨乎 曰 求仁而得仁 又何怨 出曰 夫子不爲也
고지현인야 왈 원호 왈 구인이득인 우하원 출왈 부자불위야

❀ • • • • • •

백이와 숙제는 본래 은나라 고죽국의 왕자였는데, 아버지가 죽은 뒤 서로 후계자가 되기를 사양하다가 끝내 두 사람 모두 나라를 떠났고 가운데 아들이 왕위를 이었다. 그 무렵 주나라 무왕(武王)이 은나라의 주왕(紂王)을 토멸하여 주왕조를 세우자, 두 사람은 무왕의 행위가 인의(仁義)에 위배되는 것이라 하여 주나라의 곡식을 먹기를 거부하고, 수양산에 들어가 몸을 숨기고 고사리를 캐어먹고 지내다가 굶어죽었다.

유가(儒家)에서는 이들을 청절지사(淸節之士)로 크게 존경하였다.

공자는 인의를 중시한 사람이므로 인의를 갖추지 않은 위나라 출공을 도울 리가 없다는 의미이다.

7술이(述而) : 호기심은 학문의 시작이다 7-15-0

의로움 안에 즐거움이 있다

공자께서 말씀하셨다. "거친 밥을 먹고 물 마신 뒤, 팔을 베고 잠을 자도 즐거움이 그 안에 있다. 의롭지 못한 짓을 해서 얻은 부와 지위는 나에게는 뜬구름과도 같다."

子曰 飯疏食飮水 曲肱而枕之 樂亦在其中矣
자 왈 반 소 사 음 수 곡 굉 이 침 지 낙 역 재 기 중 의

不義而富且貴 於我如浮雲
불 의 이 부 차 귀 어 아 여 부 운

소사(疏食)는 거친 밥으로, 보리밥이나 잡곡밥 따위의 맛도 없고 영양가도 없는 밥을 가리킨다.

7술이(述而) : 호기심은 학문의 시작이다 7-16-0

배움의 즐거움

공자께서 말씀하셨다. "내가 앞으로 몇 년을 더 살아서 나이 오십에 역경을 배운다면 일생을 큰 실수 없이 지낼 수 있을 것이다."

子曰 加我數年 五十以學易 可以無大過矣
자 왈 가 아 수 년 오 십 이 학 역 가 이 무 대 과 의

공자가 살던 시대에는 『역경』은 유교 경전이 아니었던 듯하다. 공자는 만년에 이르러 비로소 『역경』을 공부하기 시작했는데 재미있기도 하고 어렵기도 하여 책을 맨 가죽끈이 세 번이나 끊어질 정도로 여러 차례 반복하여 읽었다고 한다. 이것이 이른바 위편삼절(韋編三絕)이다.

7술이(述而) : 호기심은 학문의 시작이다 7-17-0

고전을 존중하라

공자께서 평소에 늘 말씀하시던 것은 『시경』과 『서경』 및 집례에 관한 이야기였다. 이것들은 모두 평소에 늘 말씀하셨다.

子所雅言 詩書執禮 皆雅言也
자 소 아 언 시 서 집 례 개 아 언 야

7술이(述而) : 호기심은 학문의 시작이다 7-18-0

즐거움은 근심을 쫓는다

섭공이 자로에게 공자에 대해 물었는데 자로가 대답을 하지 못했다. 이에 공자께서 말씀하셨다. "너는 왜 대답을 하지 않았는가? 그 사람은 학문의 열정이 타오를 때는 밥 먹는 것도 잊고 학문의 즐거움을 알고서는 모든 근심을 잊어버리며, 이제 곧 노년이 다가오는 것도 모르는 사람이라고 말이다."

葉公問孔子於子路 子路不對
섭 공 문 공 자 어 자 로 자 로 부 대

子曰 女奚不曰 其爲人也 發憤忘食 樂以忘憂 不知老之將至云爾
자 왈 여 해 불 왈 기 위 인 야 발 분 망 식 낙 이 망 우 부 지 노 지 장 지 운 이

섭공(葉公)은 지금의 하남성 섭현(葉縣) 남쪽 지역으로 당시 초나라에 속했던 섭 지방의 우두머리이다. 당시 초나라의 현자였다고 전해진다.

7술이(述而) : 호기심은 학문의 시작이다 7-19-0

부지런히 지식을 탐구하라

공자께서 말씀하셨다. "나는 태어나면서부터 지식이 있었던 것은 아니다. 옛 문화를 좋아하여 부지런히 지식을 탐구한 결과이다."

子曰 我非生而知之者 好古 敏以求之者也
자 왈 아 비 생 이 지 지 자 호 고 민 이 구 지 자 야

7술이(述而) : 호기심은 학문의 시작이다 7-20-0

상도에서 벗어난 것을 멀리하라

공자께서는 과(기괴한 일), 력(힘을 쓰는 일), 란(문란한 일), 신(귀신에 관한 일)을 화제로 삼지 않으셨다.

子不語怪力亂神
자 불 어 괴 력 란 신

7술이(述而) : 호기심은 학문의 시작이다 7-21-0

도처에 스승이 있다

공자께서 말씀하셨다. "세 사람이 함께 일을 하게 되면 그 중에는 반드시 본받을 만한 사람이 있다. 나는 그 장점을 취하여 배우고 그 단점은 가려내어 바로잡을 것이다."

子曰 三人行 必有我師焉 擇其善者而從之 其不善者而改之
자왈 삼인행 필유아사언 택기선자이종지 기불선자이개지

‧ ‧ ‧ ‧ ‧ ‧

다시 말하자면 도처에 스승이 있다는 뜻이다.

즉 우리가 여러 사람과 어울리게 되면 그중에는 내가 본받을 만한 행동과 말이 있다는 것이다.

탈무드에 이런 말이 있다.

"나는 나의 스승들에게서 많은 것을 배웠다. 그리고 내가 벗삼은 친구들에게서 더 많은 것을 배웠다. 그러나 내 제자들에게선 훨씬 더 많은 것을 배웠다."

덕을 아니 두려움이 사라진다

공자께서 말씀하셨다. "하늘이 나에게 덕을 주셨는데, 환퇴 따위가 나에게 무슨 해를 끼칠 수 있겠는가?"

子曰 天生德於予 桓魋 其如予何
자왈 천생덕어여 환퇴 기여여하

환퇴는 송나라의 군정을 맡은 사마라는 관직에 있던 상퇴를 가리킨다. 송나라 환공의 후예였기 때문에 환퇴라고 불렀다.

그는 공자가 제자들과 함께 송나라의 큰 나무 아래에서 예를 연습하고 있을 때 그 나무를 뽑아 공자를 죽이려고 했다.

빨리 피하기를 권하는 제자들의 말에 공자가 이렇게 대답했다.

공자가 송나라에 있을 때 사마 환퇴가 석곽을 만드는 데 3년이 지나도록 완성되지 않는 것을 보고 낭비가 심하다고 비판한 적이 있다.

7술이(述而) : 호기심은 학문의 시작이다 7-23-0

숨김이 없으니 당당하다

공자께서 말씀하셨다. "너희들은 내가 숨기는 것이 있다고 생각하느냐? 나는 너희들과 함께하지 않은 일이 없다. 이것이 바로 나 공구라는 사람이다."

子曰 二三子 以我爲隱乎 吾無隱乎爾 吾無行而
자 왈 이삼자 이아위은호 오무은호이 오무행이

不與二三子者 是丘也
불여이삼자자 시구야

7술이(述而) : 호기심은 학문의 시작이다 7-24-0

네 가지 교육 목표

공자께서는 네 가지를 가르치셨다. 경전과 덕행과 충성, 그리고 신의이다.

子以四敎 文行忠信
자이사교 문행충신

7술이(述而) : 호기심은 학문의 시작이다 7-25-0

지조 있는 사람이라도 만나기를……

공자께서 말씀하셨다. "성인은 내가 만나볼 수 없을 테니 군자다운 사람이라도 만날 수 있으면 좋겠다." 공자께서 또 말씀하셨다. "지극히 선한 사람은 만나기 힘들겠지만 지조 있는 사람이라도 만날 수 있으면 좋겠다. 실체가 없는 것을 있다고 속이고, 내용이 공허한 것을 가득 찼다고 속이고, 빈약한 것을 풍부한 것처럼 보이게 하는 사람은 지조를 지키기가 어렵다."

子曰 聖人 吾不得而見之矣 得見君子者 斯可矣
자 왈 성 인 오 부 득 이 견 지 의 득 견 군 자 자 사 가 의

子曰 善人 吾不得而見之矣 得見有恒者 斯可矣
자 왈 선 인 오 부 득 이 견 지 의 득 견 유 항 자 사 가 의

亡而爲有 虛而爲盈 約而爲泰 難乎有恒矣
무 이 위 유 허 이 위 영 약 이 위 태 난 호 유 항 의

7술이(述而) : 호기심은 학문의 시작이다 7-26-0

지나침은 모자람만 못하다

공자께서는 물고기를 잡기 위해 낚시질은 하되 그물을 쓰지는 않으셨다. 활을 쏘아 새는 잡되 잠자는 새를 쏘지는 않으셨다.

子釣而不綱 弋不射宿
자 조 이 불 강 익 불 석 숙

공자가 낚시질을 하기는 하되 주낙으로 마구 잡지는 않았다. 부모님의 봉양이나 제사를 위하여 꼭 필요한 경우에 고기를 잡기는 잡되 무차별적으로 마구 잡지는 않았다는 뜻이다.

7술이(述而) : 호기심은 학문의 시작이다 7-27-0

많이 듣고 골라 새겨두라

공자께서 말씀하셨다. "잘 알지도 못하면서 새로운 이론을 지어내는 사람이 있는 모양인데 나는 그런 일이 없다. 많이 듣고 그 가운데서 좋은 것을 골라 받아들이고 많이 보고 그것을 가슴에 새겨둔다. 지식 함양에 있어서 태어나면서부터 아는 것에 버금가는 좋은 방법이다."

子日 蓋有不知而作之者 我無是也
자 왈 개 유 부 지 이 작 지 자 아 무 시 야

多聞 擇其善者而從之 多見而識之 知之次也
다 문 택 기 선 자 이 종 지 다 견 이 지 지 지 지 차 야

7술이(述而) : 호기심은 학문의 시작이다 7-28-0

교육은 모두에게 평등하다

호향이라는 마을은 주민의 기질이 거칠기로 유명하여 아무도 그 마을 사람들을 상대하려 하지 않았다. 그런데 그 마을의 한 아이가 공자의 문하에 들어오기 위해 찾아오니 제자들이 당혹스러워했다. 공자께서 말씀하셨다. "나는 그의 진보를 바라고 그의 퇴보를 바라지 않는데, 어찌 지나치게 심하게 대하겠느냐? 사람이 자기 자신을 깨끗이 하고 진보하려고 할 때 그의 깨끗한 면을 받아들이는 것이 그의 과거가 모두 옳았다고 보증하는 것은 아니다."

互鄕 難與言 童子見 門人惑
호 향 난 여 언 동 자 현 문 인 혹

子日 與其進也 不與其退也 唯何甚 人潔己以進 與其潔也 不保其往也
자 왈 여 기 진 야 불 여 기 퇴 야 유 하 심 인 결 기 이 진 여 기 결 야 불 보 기 왕 야

호향(互鄕)은 지명인데 어느 곳인지 분명하지 않다. 여기서는 호향 사람이라는 뜻이다. 교육을 받고자 하는 사람이면 그 누구라도 출신 성분이나 과거의 경력에 관계없이 평등하게 기회를 주겠다는 뜻이다.

7술이(述而) : 호기심은 학문의 시작이다 7-29-0

인은 바로 내 안에 있다

공자께서 말씀하셨다. "인이 멀리 있는가? 내가 인을 바라면 인은 바로 나에게 다가온다."

子曰 仁遠乎哉 我欲仁 斯仁至矣
자 왈 인원호재 아욕인 사인지의

❀ · · · · · ·

인(仁)을 따르고자 하는 마음이 없어서 멀리 있는 것이지 마음만 먹으면 길은 있다는 의미이다.

무릇 자기가 서고 싶으면 남을 먼저 세워주고, 자기가 이루고 싶으면 남을 먼저 이루게 해주는 것이 인(仁)이다.

즉, 인(仁)은 나와 동떨어져서 존재하는 것이 아니다. 외부의 영향이 아니라 내 안에서 스스로 발현되어 나오는 성격을 갖고 있다.

공자가 말하는 인(仁)이나 도(道)는 모두 나의 내면에 있는 가치를 드러내는 것이다.

예를 아는가

진나라의 사패가 공자께 물었다. "노나라의 소공은 예를 아는 사람인지요?" 공자께서 대답하셨다. "네, 예를 아십니다." 공자께서 물러나자 사패가 무마기에게 읍을 하고 그를 가까이 불러들여 말했다. "나는 교양이 높은 사람은 편들지 않는다고 들었는데 그런 사람도 편을 드는지요? 노나라의 소공은 오나라에서 부인을 맞이했는데 두 나라는 성이 같습니다. 따라서 부인은 보통이라면 맹희라고 해야 할 것을 희자를 피해서 오맹자라고 부른답니다. 소공이 예를 아는 사람이라고 한다면 누가 예를 모르겠는지요?"

陳司敗問 昭公知禮乎 孔子曰 知禮
진 사 패 문 소 공 지 례 호 공 자 왈 지 례

孔子退 揖巫馬期而進之 曰 吾聞君子不黨 君子亦黨乎
공 자 퇴 읍 무 마 기 이 진 지 왈 오 문 군 자 부 당 군 자 역 당 호

君取於吳 爲同姓 謂之吳孟子 君而知禮 孰不知禮
군 취 어 오 위 동 성 위 지 오 맹 자 군 이 지 례 숙 부 지 례

사패(司敗)는 진나라의 관직 이름인데, 법의 집행을 담당한 관리로 다른 나라의 사구(司寇. 형벌과 경찰 일을 맡아보던 벼슬)에 해당한다.

노나라의 소공은 예를 잘 아는 군주로 알려져 있었다. 문제는 아내로 맞아들인 사람이 소공과 성이 같았다. 둘 다 희씨인데, 그 당시 통념상 동성의 배우자를 맞는 것은 예에 어긋나는 짓으로 알려져 있었다. 그래서 이를 위장하기 위하여 아내의 이름을 달리하여 오맹자라고 불렀기 때문에 진나라의 사패가 공자에게 이를 물어본 것이다.

이에 대하여 공자는 자기 나라의 임금을 악평하는 것이 도리가 아니라고 생각하여 예를 안다고 대답했는데, 사패는 공자의 이러한 태도를 비꼰 것이다.

7술이(述而) : 호기심은 학문의 시작이다 7-30-2

행복한 사람

무마기가 이를 고하자 공자께서 말씀하셨다. "나는 행복한 사람이다. 내게 잘못이 있을 때 알려주는 사람이 있구나."

巫馬期以告 子曰 丘也幸 苟有過 人必知之
무마기이고 자왈 구야행 구유과 인필지지

7술이(述而) : 호기심은 학문의 시작이다 7-31-0

음악에도 도가 있다

공자께서는 사람들과 함께 노래할 때, 상대방이 노래를 잘하면 반드시 다시 부르기를 청하고 그런 다음에 따라 부르셨다.

子與人歌而善 必使反之 而後和之
자여인가이선 필사반지 이후화지

7술이(述而) : 호기심은 학문의 시작이다 7-32-0

인의의 실천은 끝이 없다

공자께서 말씀하셨다. "학문 쪽에 있어서 노력이라고 하면 나도 이제 남들만큼 해왔다. 그러나 인의를 실천하는 군자답게 행동하는 데에는 나도 아직 이르지 못했다."

子曰 文莫吾猶人也 躬行君子 則吾未之有得
자 왈 문막오유인야 궁행군자 즉오미지유득

7술이(述而) : 호기심은 학문의 시작이다 7-33-0

배움을 게을리하지 말라

공자께서 말씀하셨다. "내가 어찌 감히 성인이나 인자가 될 수 있겠느냐. 그러나 스스로 배우는 데 싫증내지 않고 가르치는 데 게을리하지 않았다고 말할 수는 있을 것이다." 공서화가 말했다. "참으로 그렇습니다. 이 점이 바로 저희 제자들이 따라하지 못하는 것입니다."

子曰 若聖與仁 則吾豈敢 抑爲之不厭 誨人不倦 則可謂云爾已矣
자 왈 약성여인 즉오개감 억위지불염 회인불권 즉가위운이이의

公西華曰 正唯弟子不能學也
공서화왈 정유제자불능학야

공서화(公西華)는 노나라 사람으로, 공자의 제자인 공서적(公西赤)인데, 자가 자화(子華)이다.

7술이(述而) : 호기심은 학문의 시작이다 7-34-0

기도의 종류

공자께서 병이 위중해지자 자로가 기도를 드리고 싶다고 청했다. 공자께서 말씀하셨다. "그런 선례가 있느냐?" 자로가 대답했다. "있었습니다. 기도문에 이르기를, 그대를 위하여 천신과 지신에게 기도한다고 했습니다." 그러자 공자께서 말씀하셨다. "그런 기도라면 내 자신이 오래전부터 해 왔다."

子疾病 子路請禱 子曰 有諸 子路對曰 有之
자 질 병 자 로 청 도 자 왈 유 저 자 로 대 왈 유 지

誄曰 禱爾于上下神祇 子曰 丘之禱久矣
뇌 왈 도 이 우 상 하 신 기 자 왈 구 지 도 구 의

공자는 귀신을 믿지 않았기 때문에 귀신에게 기도를 드릴 마음은 없었다. 다만 자신이 지금까지 살아온 길이 귀신에게 떳떳하다고 생각했기 때문에 기도를 드려온 지가 오래되었다고 말한 것이다. 이런 말로 자로의 제의를 완곡하게 거절하였다

7술이(述而) : 호기심은 학문의 시작이다 7-35-0

교만하지 말라

공자께서 말씀하셨다. "사치스러우면 교만하고 검소하면 고루하다. 교만한 것보다는 고루한 것이 낫다."

子曰 奢則不孫 儉則固 與其不孫也 寧固
자 왈 사 즉 불 손 검 즉 고 여 기 불 손 야 영 고

7술이(述而) : 호기심은 학문의 시작이다 7-36-0

욕심을 버리고 마음을 평온하게 하라

공자께서 말씀하셨다. "군자는 욕심이 없어 마음이 평온하고 소인은 마음이 항상 근심으로 조마조마하다."

子曰 君子坦蕩蕩 小人長戚戚
자 왈 군자탄탕탕 소인장척척

탕탕(蕩蕩)은 넓고 광대한 모양을 나타내는 말이고, 척척(戚戚)은 근심하는 모양을 나타낸다.

7술이(述而) : 호기심은 학문의 시작이다 7-37-0

온화하면서도 준엄하라

공자께서는 온화하면서도 준엄하시고, 위엄이 있으면서도 거칠지 않으시며, 정중하면서도 대하기에 편안하셨다.

子 溫而厲 威而不猛 恭而安
자 온이려 위이불맹 공이안

-8-

태백
泰伯

백성을 따르게 하라

8 태백(泰伯) : 백성을 따르게 하라 8-01-0

덕을 지닌 지도자

공자께서 말씀하셨다. "주나라의 태백은 지극한 덕을 지닌 사람이라고 할 것이다. 천하를 동생에게 세 번이나 양보했는데 그 양보가 너무나도 은밀해서 백성들이 그 덕을 칭송할 길도 없을 정도였다."

子曰 泰伯其可謂至德也已矣 三以天下讓 民無得而稱焉
자 왈 태 백 기 가 위 지 덕 야 이 의 삼 이 천 하 양 민 무 득 이 칭 언

태백(泰伯)은 주나라 문왕의 백부로, 太白(태백)으로도 쓴다. 주나라의 조상인 태왕, 즉 고공단보(古公亶父)에게는 태백, 중옹, 계력 등의 세 아들이 있었다.

태백은 장남이었기 때문에 주나라의 왕위 계승권을 가지고 있었으나 고공단보는 막내아들 계력의 아들 창(뒤의 문왕)이 천하를 평정할 뛰어난 인물임을 알고 계력에게 왕위를 전하고 싶어했다.

이것을 눈치챈 태백이 동생 중옹과 함께 남방으로 도망침으로써 왕위를 양보했다.

태백이 실제로 사양한 나라는 은나라의 제후국인 주나라였지만 나중에 무왕이 은나라를 타도하고 천자국인 주나라를 세웠기 때문에 천하를 사양했다고 한 것이다.

8태백(泰伯) : 백성을 따르게 하라 8-02-0

예는 기본이다

공자께서 말씀하셨다. "공손함이 있어도 예를 모르면 헛수고로 끝나고, 신중한 사람이 예를 모르면 소심해지고 만다. 용맹스러운 사람이 예를 모르면 난폭해져 주위에 폐를 끼치게 되고, 강직한 사람이 예를 모르면 각박해진다. 윗자리에 있는 사람이 친족에게 정이 두터우면 일반 백성들도 어진 인이 일어나게 되고, 옛 친구를 잊지 않고 계속 가깝게 지낸다면 백성들의 인심이 넉넉해질 것이다."

子曰 恭而無禮則勞 愼而無禮則葸 勇而無禮則亂 直而無禮則絞
자 왈 공이무례즉로 신이무례즉사 용이무례즉난 직이무례즉교

君子篤於親 則民興於仁 故舊不遺 則民不偸
군자독어친 즉민흥어인 고구불유 즉민불투

8태백(泰伯) : 백성을 따르게 하라 8-03-0

몸가짐은 살얼음을 걸을 때처럼 하라

증자께서 병이 깊어지자 제자들을 불러 모아 말했다. "내 발을 보고 내 손을 보아라. 『시경』에 몸을 소중히 하려면 늘 두려워하기를 깊은 연못을 굽어볼 때처럼 하고, 살얼음 위를 걸을 때처럼 하라는 말이 있다. 제자들아, 이제야 나는 이런 것에서 해방되었음을 알겠구나."

曾子有疾 召門弟子曰 啓予足 啓予手
증자유질 소문제자왈 계여족 계여수

詩云 戰戰兢兢 如臨深淵 如履薄氷 而今而後 吾知免夫 小子
시운 전전긍긍 여림심연 여리박빙 이금이후 오지면부 소자

증자(曾子)는 공자의 제자인 증삼(曾參)을 말한다. 증자라는 호칭을 쓴 것을 보면 이 글이 그의 제자에 의하여 씌어졌음을 알 수 있다.

8 태백(泰伯) : 백성을 따르게 하라 8-04-0

새는 죽을 때 우는 소리가 슬프다

증자께서 병이 깊어지자 맹경자가 문병을 왔다. 이에 증자가 말했다. "새는 죽을 때 우는 소리가 슬프고 사람은 죽을 때 말하는 것이 정직하다는 속담이 있습니다. 군자가 도를 실천함에 있어서 존중해야 할 세 가지 덕을 말씀드리겠습니다. 비록 충격을 받았을 때라도 난폭하고 오만한 행동을 하지 마십시오. 정색을 하고 말한 것에 대해서는 끝까지 책임을 지십시오. 토론을 할 때에는 야비하고 상스러운 말을 쓰지 않도록 신중하십시오. 사소하고 전문적인 일들은 실무 담당자들에게 맡기십시오."

曾子有疾 孟敬子問之 曾子言曰 鳥之將死 其鳴也哀 人之將死 其言也善
증자유질 맹경자문지 증자언왈 조지장사 기명야애 인지장사 기언야선

君子所貴乎道者三 動容貌 斯遠暴慢矣 正顔色 斯近信矣
군자소귀호도자삼 동용모 사원포만의 정안색 사근신의

出辭氣 斯遠鄙倍矣 籩豆之事 則有司存
출사기 사원비배의 변두지사 즉유사존

맹경자(孟敬子)는 노나라의 대부인 중손첩(仲孫捷)으로, 맹무백(孟武伯)의 아들이다. 경(敬)은 그의 시호이다.

8 태백(泰伯) : 백성을 따르게 하라 8-05-0

자만심을 버려라

증자가 말했다. "능력이 있어도 능력 없는 사람에게 묻고, 학식이 많아도 학식이 적은 사람에게 물으며, 재능이 있어도 드러내지 않고, 지식이 가득해도 텅빈 것처럼 하고, 시비를 걸어와도 따지지 않는다. 지난날 나는 친구들과 더불어 이런 이상을 품고 수양에 힘썼었다."

曾子曰 以能問於不能 以多問於寡 有若無 實若虛 犯而不校
증자왈 이능문어불능 이다문어과 유약무 실약허 범이불교

昔者吾友嘗從事於斯矣
석자오우상종사어사의

오우(吾友)는 일반적으로 제자인 안연(顔淵)을 가리킨다고 본다.

8태백(泰伯) : 백성을 따르게 하라 8-06-0

신념을 바꾸지 말라

증자가 말했다. "어린 군주를 안심하고 맡길 수 있고, 한 나라의 명운을 맡길 수 있으며, 중차대한 갈림길에 섰을 때도 평소의 신념을 바꾸지 않는다면 군자다운 사람인가? 아무렴, 군자다운 사람이다."

曾子日 可以託六尺之孤 可以寄百里之命
증 자 왈 가 이 탁 육 척 지 고 가 이 기 백 리 지 명

臨大節而不可奪也 君子人與 君子人也
임 대 절 이 불 가 탈 야 군 자 인 여 군 자 인 야

도량형의 단위는 시대에 따라 조금씩 차이가 있는데 당시의 여섯 자(6척)는 대략 138cm에 해당한다. 그런데 공자 당시에 '척'은 그 이후보다 좀 짧았다. 한 척이 20cm가 좀 넘어서, 그 당시의 길이를 보면 지금의 138cm 정도였다고 한다. 따라서 6척이면 어른이 못된 소년 정도를 가리키는데, 여기서는 어려서 부왕을 여읜 어린 군주를 뜻한다.

영국의 사상가 존 스튜어트 밀은 신념에 대해 이렇게 말하고 있다.

"신념을 갖고 있는 한 명의 힘은 관심만 가지고 있는 사람 아흔아홉 명의 힘과 같다."

인간의 신념이 얼마나 강하고 위대한 것인지 잘 말해주고 있다.

신념은 의지보다도 강한 마음을 말하며 어떠한 주위 환경이나 사람에 의해서 바뀌지 않는 강한 마력을 지닌 정신적인 힘이다.

지도자는 강인한 의지를 가져야 한다

증자가 말했다. "지도자는 강인한 의지가 없으면 안 된다. 임무는 막중하고 갈 길은 멀기 때문이다. 인의 실현을 자신의 임무로 삼았으니 그 책임이 막중하지 않겠는가. 죽은 뒤에야 그 일이 끝나니 이 또한 멀지 않은가?"

曾子日 士不可以不弘毅 任重而道遠
증 자 왈 사 불 가 이 불 홍 의 임 중 이 도 원

仁以爲己任 不亦重乎 死而後已 不亦遠乎
인 이 위 기 임 불 역 중 호 사 이 후 이 불 역 원 호

사(士)는 기본적으로는 남자를 뜻했으나, 의미가 조금씩 변해서 무기를 들고 전쟁에 참여할 권리와 의무를 지닌 지배계층 남자를 가리키는 말이 되었다.

장자 역시 지도자에 대해, "지도자가 될 만한 사람은 역경에도 불만을 품지 않고, 영달해도 기뻐하지 않고, 실패에도 좌절하지 않고, 성공해도 자만하지 않는다."라고 말했다.

나라가 위험에 처했을 때는 위험에서 구해야 하고 평화로울 때는 앞으로 닥칠 위험을 예상하기를 게을리해서는 안 된다.

시, 예, 악을 통해 완성하라

공자께서 말씀하셨다. "나는 시를 통하여 학문을 일으키고 예를 통하여 수양을 확립하고 음악을 통하여 완성했다."

子曰 興於詩 立於禮 成於樂
자 왈 흥 어 시 입 어 례 성 어 악

공자의 수양과 학문의 세 가지 단계를 설명한 말이다. 즉, 시에서 시작하고, 예로 서고, 악으로 완성된다는 단계를 설명한 것이다.

시를 읽으면 감성의 눈을 뜨게 되고, 예를 몸에 지니고 행해야 사람답게 서고 다른 사람과의 관계도 바로 서며, 아름다운 소리를 제대로 들을 줄 알아야 성품이 완성되고 하나의 인격체로 자리잡는 것이다.

그러므로 공자는 사람이 되려면 반드시 시를 알고, 예의를 알며, 음악을 들을 줄 알아야 한다고 강조한 것이다.

백성을 따르게 하라

공자께서 말씀하셨다. "백성들이란 따르게 할 수는 있어도, 정치의 이치를 다 알게 하기는 어렵다."

子曰 民可使由之 不可使知之
자 왈 민 가 사 유 지 불 가 사 지 지

여기에서 민(民)은 사(士)와 대조적인 개념으로 피지배자로서의 무지한 민중을 가리킨다. 하나의 정책을 실시함에 있어서 생각이 다양한 민중들로 하여금 그 이치를 일일이 다 알게 할 수는 없는 만큼 위정자가 인의에 부합하게 민중을 이끎으로써 그들로 하여금 믿고 따를 수 있게 해야 한다는 뜻이다.

이 구절에 대한 두 학자의 해설을 보면 다음과 같다.

북송의 정자는 우민정치와 구별하고 있다.

"일부러 백성이 모르도록 한다면 이는 후세의 조삼모사 속임수이니 성인의 가르침이 아니다."

청나라 정치가인 캉유웨이는 공자를 민주화시키는 해석을 하였다.

"'민가, 사유지, 불가, 사지지' 즉 쓸만한 백성은 따르게 하고, 그렇지 못한 백성은 알게 한다."

8태백(泰伯) : 백성을 따르게 하라 8-10-0

난동을 부리는 이유

공자께서 말씀하셨다. "용맹스러운 기질의 사람이 가난을 견딜 수 없게 되면 자포자기하여 난동을 부리게 된다. 사람이 어질지 못하다고 해서 미워함이 지나치면 난동을 부릴 것이다."

子曰 好勇疾貧 亂也 人而不仁 疾之已甚 亂也
자 왈 호용질빈 난야 인이불인 질지이심 난야

8태백(泰伯) : 백성을 따르게 하라 8-11-0

교만하고 인색하지 말라

공자께서 말씀하셨다. "주공만큼 뛰어난 재능을 지니고 있는 사람이라 하더라도 교만하고 인색하다면 그 나머지는 더 볼 것도 없다."

子曰 如有周公之才之美 使驕且吝 其餘不足觀也已
자 왈 여유주공지재지미 사교차인 기여부족관야이

8 태백(泰伯) : 백성을 따르게 하라 8-12-0

안빈낙도하라

공자께서 말씀하셨다. "3년 동안 학문을 계속하면서도 벼슬길에 나아가 관직을 얻으려는 생각을 하지 않는 사람은 찾아보기 어렵다."

子曰 三年學 不至於穀 不易得也
자 왈 삼 년 학 부 지 어 곡 불 이 득 야

삼년학(三年學)은 삼 년 동안을 공부하는 것, 즉 여러 해 동안 학업에 전념하는 것을 말한다. 명리를 탐내지 않고 안빈낙도하기는 쉬운 일이 아니다는 뜻이다.

『예기』에 보면 이런 말이 나온다.

"인생의 낙은 과욕에서보다 절욕에서 찾아야 한다. 올바른 마음을 가지고 욕심을 제어하면, 그 속에 절로 낙이 있으며 또한 봉변을 면하게 되리라. 허욕을 버리면 심신이 상쾌해진다."

8태백(泰伯) : 백성을 따르게 하라 8-13-0

순리대로 살라

공자께서 말씀하셨다. "굳은 믿음으로 배우기를 좋아하고, 목숨을 걸고 삶의 원칙을 지키며, 위험한 나라에는 들어가지 않고, 어지러운 나라에서는 살지 않는다. 세상이 순리대로 잘 다스려질 때에는 나가서 일을 하고 세상이 어지러워지면 은거한다. 정의가 행해지는 나라에 살면서 빈천한 것은 부끄러운 일이다. 그러나 불의가 횡행하는 나라에서 부귀를 누리는 것은 더욱 부끄러운 일이다."

子曰 篤信好學 守死善道 危邦不入 亂邦不居 天下有道則見
자 왈 독 신 호 학 수 사 선 도 위 방 불 입 난 방 불 거 천 하 유 도 즉 현

無道則隱 邦有道 貧且賤焉 恥也 邦無道 富且貴焉 恥也
무 도 즉 은 방 유 도 빈 차 천 언 치 야 방 무 도 부 차 귀 언 치 야

8태백(泰伯) : 백성을 따르게 하라 8-14-0

주제넘게 참견하지 말라

공자께서 말씀하셨다. "그 일을 처리해야 하는 직위에 있지 않다면, 옆에서 주제넘게 참견해서는 안 된다."

子曰 不在其位 不謀其政
자 왈 부 재 기 위 불 모 기 정

일상생활에서 많이 사용되는 명언 중 하나로, '논어 제14편(헌문) 27장'에 다시 수록되어 있다.

8 태백(泰伯) : 백성을 따르게 하라 8-15-0

음악에 빠지다

공자께서 말씀하셨다. "악관의 우두머리인 태사지가 처음 부임했을 때 「관저」의 마지막 장이 감미롭게 넘실넘실 내 귀를 채웠도다!"

子曰 師摯之始 關雎之亂 洋洋乎盈耳哉
자 왈 사 지 지 시 관 저 지 난 양 양 호 영 이 재

사지(師摯)는 노나라의 태사지를 말하는데, 지(摯)는 그의 이름이다. 태사는 옛날 악관의 우두머리로서 시각장애자를 썼다. 정악인 「관저」의 아름다움을 찬양함으로써 넌지시 음란한 음악인 「정풍」이나 「위풍」을 폄하하는 듯 보인다.

8 태백(泰伯) : 백성을 따르게 하라 8-16-0

상식을 벗어나지 말라

공자께서 말씀하셨다. "고지식하면서도 정직하지 않고, 미련스러우면서 성실하지 않고, 어리석으면서도 미덥지 않은 사람은 나도 어떻게 해야 할지 모르겠다."

子曰 狂而不直 侗而不愿 悾悾而不信 吾不知之矣
자 왈 광 이 부 직 동 이 불 원 공 공 이 불 신 오 부 지 지 의

보통 고지식하면 정직하게 마련이고, 미련하면 성실하게 마련이고, 어리석으면 미덥게 마련인데, 그렇지 않다는 것은 상식 밖의 일이라는 뜻이다.

8 태백(泰伯) : 백성을 따르게 하라 8-17-0

열심히 배우라

공자께서 말씀하셨다. "배울 때에는 마치 힘이 미치지 않는 듯이 열심히 배우고, 그렇게 하여 배운 것은 잃어버리면 어쩌나, 두려워하며 소중하게 간직해야 한다.

子曰 學如不及 猶恐失之
자 왈 학 여 불 급 유 공 실 지

학여불급(學如不及)은 배우는 것이 마치 힘이 미치지 않는 듯, 늘 부족하다는 마음을 가지고 열심히 배운다는 뜻이다. 인생에서 성공한 사람과 실패한 사람을 살펴보면 배움이 얼마나 중요한지 알 수 있다.

칼럼리스트인 시드니 해리스는 배움에 대해 이런 말을 했다.

"승리하는 사람은 주변 사람들에게서 전문가로 인정받을 때에도 얼마나 더 배워야 하는지 알고 있다. 실패하는 사람은 자신의 미약한 지식 수준을 인지하기도 전에 주변 사람들로부터 전문가로 인정받기를 원한다."

성군의 위대함

공자께서 말씀하셨다. "숭고하구나. 순(舜)임금과 우(禹)임금이 천하를 얻고도 전혀 정사에 관여하지 않았음은!"

子曰 巍巍乎 舜禹之有天下也而不與焉
자 왈 외 외 호 순 우 지 유 천 하 야 이 불 여 언

순임금은 요임금의 아들이 아니었지만 그로부터 왕위를 물려받았고, 우임금은 순임금의 아들이 아니었지만 순임금으로부터 왕위를 물려받았다. 뿐만 아니라 그들은 자신들이 직접 천하를 다스리지 않고 덕행과 능력이 뛰어난 인재를 등용하여 그들에게 정사를 맡겼다.

임금의 자리를 차지하는 것도 무력이 아니라 덕과 능력에 따라 선위하는 것이다.

강태공의 말을 통해 다시 한 번 생각해 보자.

"천하를 이롭게 하는 자는 천하가 그 길을 열어 주고, 천하를 해치는 자는 천하가 이를 막는다. 천하는 한 사람의 천하가 아니며, 천하 만민의 천하인 것이다."

8태백(泰伯) : 백성을 따르게 하라 8-19-0

군주로서의 됨됨이

공자께서 말씀하셨다. "위대하도다, 요임금의 군주로서의 됨됨이여! 모든 숭고한 것 중에서 오직 하늘만이 위대한데, 요임금만이 하늘을 본받을 수 있었구나. 그의 덕이 너무나 크고 넓어 백성은 형용할 말을 알지 못한다. 숭고하도다, 그가 이룬 업적이여! 빛나도다, 그가 만든 문물제도여!"

子曰 大哉 堯之爲君也 巍巍乎 唯天爲大 唯堯則之
자 왈 대 재 요 지 위 군 야 외 외 호 유 천 위 대 유 요 칙 지

蕩蕩乎 民無能名焉 巍巍乎其有成功也 煥乎其有文章
탕 탕 호 민 무 능 명 언 외 외 호 기 유 성 공 야 환 호 기 유 문 장

8태백(泰伯) : 백성을 따르게 하라 8-20-0

인재는 얻기 어렵다

순 임금에게는 다섯 명의 현명한 신하가 있어서 천하가 잘 다스려졌다. 주나라의 무왕은 나에게 훌륭한 신하 열 명이 있다고 말했다. 이에 대해 공자께서 말씀하셨다. "인재는 얻기 어렵다고 하는데 참으로 그렇지 않은가? 요순시대 이후는 이때가 가장 전성기였다. 그러나 열 명의 인재 중 한 사람은 내조의 공을 다한 부인이었으니 실제 정치가는 아홉 명뿐이었다. 천하의 3분의 2를 차지하고서도 은나라를 섬겼으니 주나라의 덕은 지극했다고 할 수 있을 것이다."

舜 有臣五人而天下治 武王曰 予有亂臣十人
순 유 신 오 인 이 천 하 치 무 왕 왈 여 유 난 신 십 인

孔子曰 才亂 不其然乎 唐虞之際 於斯爲盛 有婦人焉 九人而已
공 자 왈 재 난 불 기 연 호 당 우 지 제 어 사 위 성 유 부 인 언 구 인 이 이

三分天下有其二 以服事殷 周之德 其可謂至德也已矣
삼 분 천 하 유 기 이 이 복 사 은 주 지 덕 기 가 위 지 덕 야 이 의

신오인(臣五人)은 우(禹), 직(稷, 주나라의 조상), 설(契, 은나라의 조상), 고요(皐陶), 백익(伯益) 등 다섯 명신을 가리킨다. 무왕은 문왕의 아들로, 포악한 은나라의 마지막 임금 주(紂)를 토벌하고 주나라를 세웠다.

8 태백(泰伯) : 백성을 따르게 하라 8-21-0

스스로를 높이지 말라

공자께서 말씀하셨다. "우임금은 흠잡을 데가 없다. 자신의 식사는 변변찮게 하면서 조상에게 드리는 제사는 성대하게 치렀다. 자신의 의복은 허름하게 입으면서도 제사 때 쓰는 예복과 예모는 가장 고급으로 화려하게 했다. 자신의 궁실은 누추하게 하면서도 백성의 농사에 필요한 수리사업에는 온 힘을 다 기울였다. 우임금은 내가 흠잡을 데가 없다."

子曰 禹 吾無間然矣 菲飮食而致孝乎鬼神 惡衣服而致美乎黻冕
자 왈 우 오무간연의 비음식이치효호귀신 악의복이치미호불면
卑宮室而盡力乎溝洫 禹 吾無間然矣
비궁실이진력호구혁 우 오무간연의

우임금은 하나라를 세웠다. '요순시대'의 태평성대를 이룬 순임금의 어진 신하 5명(우, 직, 설, 고요, 백익) 중 한 사람으로 덕행이 뛰어나고 황화의 범람을 막는 치수를 잘한 공으로 후계자가 되어 왕위를 물려받아 중국 고대 역사상 최조의 왕조인 하나라를 세운 것이다.

즉위한 다음 우임금은 잠시 동안 무기 생산을 멈추기도 하고 백성들을 위하여 궁전 증축을 미루었다. 여러 세금을 면제해 주고, 지방에 도시를 만들었고 번잡한 제도를 폐지해 행정을 간소화했다. 우임금은 검약 정책을 취했고 스스로 솔선수범하였다.

– 9 –

자한
子罕

용기있는 사람은 두려워하지 않는다

이익을 논하지 말라

공자께서 이익에 대해 말하는 경우는 매우 드물었다. 그럴 때라도 반드시 천명에 관련되거나 인의 도에 관련된 경우에 한하셨다.

子罕言利與命與仁
자 한 언 리 여 명 여 인

공자는 공리주의와 운명론을 싫어했기 때문에 이를 자주 언급하지 않았고, 인(仁)이란 구체적으로 꼬집어서 말하기 어려운 것이기 때문에 이에 관하여 설명하기를 꺼렸다.

이익을 추구하게 되면 의(義)를 해친다고 하였다. '천명'이란 은밀해서 인간이 마음대로 할 수 없으며, 인(仁)은 그 뜻이 너무나 넓고 커서 드물게 말한 것이라는 뜻이다.

나옹선사의 「보제존자어록」에, "명예를 탐내고 이익을 욕심내어 허덕이던 자, 그 마음 채우지 못하고 헛되이 백발일세."라는 말이 나온다.

9자한(子罕) : 용기있는 사람은 두려워하지 않는다 9-02-0

명예욕을 탐하지 말라

달항 고을에 사는 어떤 사람이 말했다. "공자는 참으로 위대하시다. 그런데 저렇게 박학한데도 명성을 이루지 못하셨구나." 공자께서 그 말을 들으시고 제자들에게 말씀하셨다. "마차를 타고 사냥을 나갈 때 사수가 되겠는가, 마부가 되겠는가를 묻는다면 나는 마부를 택할 것이다."

達巷黨人曰 大哉孔子 博學而無所成名
달 항 당 인 왈 대 재 공 자 박 학 이 무 소 성 명

子聞之 謂門弟子曰 吾何執 執御乎 執射乎 吾執御矣
자 문 지 위 문 제 자 왈 오 하 집 집 어 호 집 사 호 오 집 어 의

✤ • • • • • •

당(黨)은 500호 규모의 마을이다. 앞에 나서지 않고 뒤에 숨어서 일하지만 없어서는 안 될 그런 일꾼 노릇을 하며 지내겠다는 말이기도 하고, 동시에 마부라는 건 결국은 마차를 어느 쪽으로 몰고 가야 할 것을 결정하고 이끌어 나가는 사람으로 상징적으로 본다면, 사회가 어떤 방향으로 나아갈 것인가에 대해서 뒤에서 방향을 조종하는 사람으로 지내겠다는 그런 의지를 나타낸 것으로 볼 수도 있다.

9자한(子罕) : 용기있는 사람은 두려워하지 않는다 9-03-0

대세에 흔들리지 말라

공자께서 말씀하셨다. "삼실로 짠 관을 머리에 쓰는 것이 옛 예인데, 지금은 명주로 짠 관을 쓴다. 이것은 검소한 것이므로 나는 대세에 따르고 싶다. 군주에게는 먼저 당 아래서 절하고 당 위에 올라가 다시 절하는 것이 옛 예인데, 지금은 모두들 당 아래서 절하는 것을 생략하고 당 위에서만 절한다. 이것은 교만한 행동이므로 대세를 거스르는 행동이라 해도 나는 먼저 당 아래서 절하는 방법을 따른다."

子曰 麻冕禮也 今也純 儉 吾從衆
자왈 마면예야 금야순 검 오종중

拜下 禮也 今拜乎上 泰也 雖違衆 吾從下
배하 예야 금배호상 태야 수위중 오종하

배하(拜下)는 대청 아래에서 절하는 것을 말한다. 신하가 임금에게 예를 행할 때 먼저 대청 아래에서 절을 하고 대청 위에 올라가서 다시 절을 하는 것이 옛날의 예법이었다.

9자한(子罕) : 용기있는 사람은 두려워하지 않는다 9-04-0

절대로 하지 말아야 할 네 가지

공자께서는 절대로 하지 않으신 네 가지가 있다. 근거 없이 마음대로 결정하지 않으셨고, 어떤 일에 틀림없이 그렇다고 단언하지 않으셨고, 완고하지 않으셨으며, 아집에 빠지지 않으셨다.

子絕四 毋意 毋必 毋固 毋我
자절사 무의 무필 무고 무아

9자한(子罕) : 용기있는 사람은 두려워하지 않는다 9-05-0

하늘의 뜻에 맡겨라

공자께서 광읍에서 구금되어 있을 때 말씀하셨다. "문왕이 돌아가신 이후 그 문화의 전통은 내게 전해져 있지 않는가? 하늘이 이 문화를 없애려 한다면 나를 이곳에서 죽게 하여 후세 사람들이 문화가 무엇인지 알지 못하게 할 것이다. 그러나 하늘이 이 문화를 없애려 하지 않는다면 여기 광읍 사람들이 나를 어찌하겠는가!"

子畏於匡 曰 文王旣沒 文不在玆乎
자 외 어 광 왈 문 왕 기 몰 문 부 재 자 호
天之將喪斯文也 後死者不得與於斯文也
천 지 장 상 사 문 야 후 사 자 부 득 여 어 사 문 야
天之未喪斯文也 匡人其如予何
천 지 미 상 사 문 야 광 인 기 여 여 하

광(匡)은 읍의 이름이다. 공자는 광읍에서 그곳 사람들에게 양호(陽虎)로 오인되어 포위당한 적이 있었는데 그 이야기는 다음과 같다.

노나라의 장수 양호가 광읍을 침공했을 때 그곳 사람들에게 포악한 짓을 많이 하여 그곳 사람들이 그에 대하여 매우 나쁜 감정을 가지고 있었다.

그때 마침 공자가 광읍을 지나가게 되었고, 공교롭게도 양호가 침공할 때 그를 수행했던 공자의 제자인 안각(顔刻)이 이번에는 공자를 모시고 다니면서 그때의 상황을 설명하고 있었기 때문에 그곳 사람들에게 오해를 받았던 것이다. 그러나 다행스럽게도 이 오해는 금방 풀렸다고 한다.

이 말은 이때 공자가 제자들에게 한 말이다. 칼날을 들이대도 눈 하나 깜짝하지 않는 무인이 아니라 유약한 문인이었던 만큼 공자도 이러한 상황에서는 속으로 두려운 마음이 없지 않았을 것이다. 그러므로 제자들을 안심시키고 아울러 스스로도 위로를 받기 위해 이런 말을 했을 것으로 보인다.

9자한(子罕) : 용기있는 사람은 두려워하지 않는다 9-06-1

하늘에서 내린 성인

태재가 자공에게 물었다. "공자께서는 성인이십니까? 어찌 그토록 다재 다능하신지요?" 자공이 말했다. "분명히 하늘이 공자께 성인의 일을 하게 하려는 것입니다. 그러기 위해서는 당연히 다재다능하셔야만 하겠지요."

大宰問於子貢曰 夫子聖者與 何其多能也
태재문어자공왈 부자성자여 하기다능야

子貢曰 固天縱之將聖 又多能也
자공왈 고천종지장성 우다능야

태재(大宰)는 국정을 총괄하는 관직의 이름이다. 太宰(태재)와 같다. 구체적으로 누구를 가리키는지 분명하지 않은데 노나라 애공 7년에 자공이 노나라의 사신으로서 오나라에 간 적이 있는 것으로 미루어, 오나라의 태재인 백비(伯嚭)를 가리키는 듯하다.

간디는 운명에 대해 이런 말을 했다.

"네 믿음은 네 생각이 된다. 네 생각은 네 말이 된다. 네 말은 네 행동이 된다. 네 행동은 네 습관이 된다. 네 습관은 네 가치가 된다. 네 가치는 네 운명이 된다."

공자처럼 하늘이 내린 성인이 아니더라도 우리 모두 각자의 운명이 있는 것이다.

재주 많은 지도자는 군자가 아니다

공자께서 그 말을 듣고 말씀하셨다. "태재는 모르겠지만 나는 젊었을 때 비천했기 때문에 비천한 일이라도 무엇이든 잘할 수 있게 되었다. 군자가 잘하는 일이 많은가? 그렇지 않을 것이다." 금뢰가 말했다. "공자께서 말씀하시기를, 내가 관직에 등용되지 않았기 때문에 재주가 있다."고 하셨다.

子聞之曰 大宰知我乎 吾少也賤 故多能鄙事 君子多乎哉 不多也
자 문 지 왈 태 재 지 아 호 오 소 야 천 고 다 능 비 사 군 자 다 호 재 부 다 야

牢曰 子云 吾不試 故藝
뇌 왈 자 운 오 불 시 고 예

태재와 자공이 다재다능하다는 것을 이유로 공자를 성인이라고 치켜세운 데 대하여, 군자는 중대한 일을 알지 특정 분야의 전문적인 일을 많이 알지 않는 법이라고 여기고 공자 자신은 비천한 일을 많이 알고 있는 자기가 결코 군자가 못 된다고 여겼다.

군자는 관직에 등용되어 백성을 인도하고 정치의 중요한 방향을 결정하는 일을 하는 법인데, 자신은 군자가 못 되기 때문에 관직에 등용되지 못했고 따라서 여러 가지 잔재주가 있다는 겸손의 말이다.

9자한(子罕) : 용기있는 사람은 두려워하지 않는다 9-07-0

양쪽을 잘 살펴라

공자께서 말씀하셨다. "내가 아는 것이 있겠는가? 아는 것이 없다. 그러나 한 시골 촌부가 내게 모르는 것을 물어온다면, 아는 것이 아무것도 없더라도 그 문제를 완전히 파악한 후 가르쳐 주는 데 온 힘을 다할 따름이다."

子曰 吾有知乎哉 無知也 有鄙夫問於我
자 왈 오 유 지 호 재 무 지 야 유 비 부 문 어 아

空空如也 我叩其兩端而竭焉
공 공 여 야 아 고 기 양 단 이 갈 언

우리는 이분법적 사고방식에 빠져서 답을 찾지 못하고 고통에 빠진 적이 많다.

'고기양단(叩其兩端)'은 두 끝을 살핀다는 뜻으로 사물을 인식할 때 어느 한쪽에 치우치지 않고 양쪽을 다 살핀 후에 파악해야 한다는 중용의 의미가 담겨 있다.

이 말은 단순히 묻고 답하는 것에만 한정된 것이 아니다. 사회 곳곳에서 벌어지는 갈등을 어떻게 해결해 나가느냐 할 때도 적용이 되는 글이다. 일방적인 자기 주장보다는 상대방의 말에 귀기울여 갈등의 원인을 파악하고 균형있게 문제를 풀어갈 수 있는 능력을 갖춰야 한다.

갈등은 없을 수 없기 때문에 갈등을 잘 풀 수 있는 사회적 문화가 정착되는 것이다.

태평성세는 오지 않는가

공자께서 말씀하셨다. "봉황새도 날아오지 않고, 하도도 나오지 않으니 나도 절망이구나."

子曰 鳳鳥不至 河不出圖 吾已矣夫
자 왈 봉 조 부 지 하 불 출 도 오 이 의 부

자신의 도를 펼칠 기회가 없음을 탄식하고 있다.

봉조부지(鳳鳥不至)는 봉황이 오지 않다, 태평성세에 대한 기대가 무망함을 뜻한다. 봉황은 순임금 때 날아온 적이 있고 문왕 때 기산에서 울었다고 전하는 신령스러운 새로서 태평성세의 상징이다.

하불출도(河不出圖)는 황하에서 그림이 나오지 않다는 말이다. 전설에 의하면 복희(伏羲) 때 황하에서 커다란 용마가 등에 팔괘의 기원이 된 그림을 지고 나온 적이 있는데 이것을 하도라고 한다. 하도는 성왕(聖王)의 출현을 상징한다.

9자한(子罕) : 용기있는 사람은 두려워하지 않는다 9-09-0

사람을 가리지 말라

공자께서는 상복을 입은 상주나, 예복을 입은 관리 및 시각장애인을 만났을 때는 상대방이 자신보다 연하일지라도 반드시 자리에서 일어나 인사하셨다. 이 사람들의 앞을 지나가실 때에는 반드시 종종걸음으로 빨리 지나가셨다.

子見齊衰者 冕衣裳者與瞽者 見之 雖少必作 過之必趨
자 견 자 최 자 면 의 상 자 여 고 자 견 지 수 소 필 작 과 지 필 추

면의상자(冕衣裳者)는 예모와 예복을 착용한 고급 관료를 가리킨다.

9자한(子罕) : 용기있는 사람은 두려워하지 않는다 9-10-0

최선을 다해 스승을 따르라

안연이 길게 탄식하며 말했다. "옛말에 우러러보면 볼수록 더욱 높아지고, 뚫으면 뚫을수록 더욱 단단해지며, 눈앞에 있는가 했는데 어느새 뒤에 있다고 했다. 선생님께서는 차근차근 우리를 인도하셔서 옛 전적과 현인의 말씀으로 나의 견문을 넓혀주셨고, 예로써 나의 행동을 절제해 주셨으니, 그만두려고 해도 그만둘 수 없어서 마침내 힘닿는 한 공부를 하게 되었다. 선생님께서는 높은 곳에 우뚝 서 계신 것 같아서 따르려 해도 따라갈 길이 없다."

顔淵喟然歎曰 仰之彌高 鑽之彌堅 瞻之在前 忽焉在後
안 연 위 연 탄 왈 앙 지 미 고 찬 지 미 견 첨 지 재 전 홀 언 재 후

夫子循循然善誘人 博我以文 約我以禮
부 자 순 순 연 선 유 인 박 아 이 문 약 아 이 례

欲罷不能 旣竭吾才 如有所立卓爾 雖欲從之 末由也已
욕 파 불 능 기 갈 오 재 여 유 소 립 탁 이 수 욕 종 지 말 유 야 이

9자한(子罕) : 용기있는 사람은 두려워하지 않는다 9-11-0

어떻게 살았느냐가 중요하다

공자께서 병이 위독해지자, 자로가 자신의 제자들에게 장례를 치를 모임을 조직하게 했다. 병세가 호전되었을 때 공자께서 말씀하셨다. "오래되었도다. 또 자로가 잔꾀를 부려 나를 속였구나. 나는 본래 사람들을 불러 장례 모임을 조직해서는 안 되는데도 오히려 사람들을 시켜 장례 모임 준비를 조직하다니 내가 누구를 속이겠느냐. 하늘을 속이겠느냐. 내가 상 치를 사람들 손에 죽느니 차라리 너희들 손에 죽는 것이 낫지 않겠느냐. 비록 화려하게 상을 치르지는 못할지라도 내가 길바닥에서 죽기야 하겠느냐."

子疾病 子路使門人爲臣
자 질 병 자 로 사 문 인 위 신

病間 曰 久矣哉由之行詐也 無臣而爲有臣 吾誰欺 欺天乎
병 간 왈 구 의 재 유 지 행 사 야 무 신 이 위 유 신 오 수 기 기 천 호

且予與其死於臣之手也 無寧死於二三子之手乎
차 여 여 기 사 어 신 지 수 야 무 녕 사 어 이 삼 자 지 수 호

且予縱不得大葬 予死於道路乎
차 여 종 부 득 대 장 여 사 어 도 로 호

• • • • • •

중국 고대에는 제후가 죽게 되면 장례 치를 사람들을 조직한다. 장례치를 사람들을 신(臣)이라 불렀다. 당시의 예법에 의하면 현직 대부라야 비로소 가신으로 하여금 장례를 치르게 할 수 있었는데 충직한 자로가 공자가 한때 노나라의 대부였다는 사실을 빙자하여 공자의 문인을 가신으로 삼아 장례 준비를 했던 것이다.

9자한(子罕) : 용기있는 사람은 두려워하지 않는다 9-12-0

재능을 널리 알려라

자공이 말했다. "여기 아름다운 옥구슬이 있다면 그것을 상자에 넣어 감추어 놓을까요, 아니면 물건을 볼 줄 아는 상인을 찾아가서 팔까요?" 공자께서 말씀하셨다. "팔아야지, 팔아야지! 나는 물건을 볼 줄 아는 그 상인을 기다리고 있다."

子貢曰 有美玉於斯 韞櫝而藏諸 求善賈而沽諸
자 공 왈 유 미 옥 어 사 온 독 이 장 제 구 선 가 이 고 제
子曰 沽之哉 沽之哉 我待賈者也
자 왈 고 지 재 고 지 재 아 대 가 자 야

재능이나 학식이나 지식은 감추어 둘 것이 아니라, 세상을 위해 활용되어야 한다는 의미이다.

공자는 단순히 학문을 위한 학문을 닦는 것이 아니라 하늘의 뜻을 실천하는 방법이기 때문에 학문의 즐거움에서 멈추는 것이 아니라 등용이 되고 정치적으로 실천하는 것이 가장 바람직한 것이다.

비록 여건이 성립되지 않아서 등용되지 않고 있지만 언젠가 덕망 있는 지도자를 만나게 될 것이라고 믿고 있는 것이다.

9자한(子罕) : 용기있는 사람은 두려워하지 않는다 9-13-0

군자가 있는 곳이 이상사회다

공자께서 동방의 여러 오랑캐의 나라로 가서 살고 싶다고 하자 어떤 사람이 말했다. "그곳은 누추할 텐데 어쩌려고 그러시는지요?" 공자께서 말씀하셨다. "군자가 살았는데 무슨 누추함이 있겠는가?"

子欲居九夷 或曰 陋 如之何 子曰 君子居之 何陋之有
자 욕 거 구 이 혹 왈 누 여 지 하 자 왈 군 자 거 지 하 루 지 유

이(夷)는 중국의 동쪽에 있는 오랑캐의 나라이다. 공자가 중국에서 자신의 이상을 실현할 가망성이 없자, 동이국으로 가서 실현해 보고 싶은 염원을 말한 것이다.

9자한(子罕) : 용기있는 사람은 두려워하지 않는다 9-14-0

음악을 정립하다

공자께서 말씀하셨다. "내가 위나라에서 노나라로 돌아온 후 음악이 정립되고 아와 송이 각각 제자리를 잡았다."

子曰 吾自衛反魯 然後樂正 雅頌 各得其所
자 왈 오 자 위 반 노 연 후 악 정 아 송 각 득 기 소

아송은 『시경』의 중요한 내용으로, 보통 풍아송(風雅頌)이라고 한다. 아는 다시 대아, 소아로 나누어진다. 그래서 이것을 보고 시경의 편찬에 직접 관여했다는 사실을 알 수 있다. 공자가 『시경』의 편찬에 관여한 사실을 스스로 말하고 있다.

9자한(子罕) : 용기있는 사람은 두려워하지 않는다 9-15-0

겸손하면 어려움이 없다

공자께서 말씀하셨다. "조정에 나가면 고관을 섬기고, 집에서는 부형을 섬기며, 상갓집에 가서는 가능한 한 수고를 다하고, 술을 과음하여 잘못을 저지르지 않는다. 이런 일이라면 나에게 무슨 어려움이 있겠는가."

子日 出則事公卿 入則事父兄 喪事不敢不勉 不爲酒困 何有於我哉
자 왈 출 즉 사 공 경 입 즉 사 부 형 상 사 불 감 불 면 불 위 주 곤 하 유 어 아 재

공자의 겸손함이 드러난 말이다. 자신이 중요시한 덕목들에 대하여 스스로 그 요구 수준에 미치지 못한다는 자성을 담고 있다.

9자한(子罕) : 용기있는 사람은 두려워하지 않는다 9-16-0

세월의 무상함을 탓하지 말라

공자께서 냇가에서 말씀하셨다. "세월이 흘러가는 것이 이와 같구나. 밤낮을 가리지 않고 흐르는구나."

子在川上 日 逝者如斯夫 不舍晝夜
자 재 천 상 왈 서 자 여 사 부 불 사 주 야

공자께서 어느 날 냇가에서 흐르는 물을 보면서, 세월을 그저 보고만 있으며 인생도 기회도 다 놓치게 된다고 비유한 말씀이다.

9 자한(子罕) : 용기있는 사람은 두려워하지 않는다 9-17-0

수양에 힘쓰라

공자께서 말씀하셨다. "나는 아직 여색을 좋아하는 만큼 수양에 힘쓰는 사람을 보지 못했다."

子曰 吾未見好德如好色者也
자 왈 오 미 견 호 덕 여 호 색 자 야

9 자한(子罕) : 용기있는 사람은 두려워하지 않는다 9-18-0

산을 만들고 평지를 메우는 일

공자께서 말씀하셨다. "학문은 비유하자면 산을 만드는 것과 같다. 마지막 한 삼태기의 흙으로 완성할 수 있는데도 거기서 멈춘다면, 그것은 내가 스스로 그만두는 것이다. 학문은 또한 평지를 메우는 것과 같다. 한 삼태기의 흙을 부었을지라도 진전했다면 내가 진보한 것이다."

子曰 譬如爲山 未成一簣 止 吾止也 譬如平地 雖覆一簣 進吾往也
자 왈 비 여 위 산 미 성 일 궤 지 오 지 야 비 여 평 지 수 복 일 궤 진 오 왕 야

9자한(子罕) : 용기있는 사람은 두려워하지 않는다 9-19-0

끝없이 정진하는 제자

공자께서 말씀하셨다. "배우는 동안 조금도 게으름을 피우지 않는 사람은 안회이다."

子曰 語之而不惰者 其回也與
자 왈 어 지 이 불 타 자 기 회 야 여

9자한(子罕) : 용기있는 사람은 두려워하지 않는다 9-20-0

사랑하는 제자의 죽음

공자께서 안연에 대해 말씀하셨다. "애석하구나. 나는 그가 나아가는 것을 보았을 뿐, 멈추는 것을 보지 못했다."

子謂顔淵曰 惜乎 吾見其進也 未見其止也
자 위 안 연 왈 석 호 오 견 기 진 야 미 견 기 지 야

부지런히, 부단히 정진하던 애제자 안회가 죽고 없음을 안타까워한 공자의 탄식이다.

9자한(子罕) : 용기있는 사람은 두려워하지 않는다 9-21-0

결과에 연연하지 말라

공자께서 말씀하셨다. "싹이 터서 자라도 꽃이 피지 않는 것도 있고, 꽃이 피었어도 열매를 맺지 못하는 것도 있다."

子曰 苗而不秀者有矣夫 秀而不實者有矣夫
자 왈 묘 이 불 수 자 유 의 부 수 이 불 실 자 유 의 부

❀ • • • • • •

배우는 중에 결과물이 빨리 나오지 않더라도, 중도에 그만두지 말고 끝까지 노력할 것을 비유적으로 역설한 것이다.

인생에서 중도에 포기하고 좌절하는 일은 무수히 많다. 그래도 우리는 인생의 성공을 위해 다시 일어서고 또 시도하면서 끊임없이 노력하고 있는 것이다.

제임스 볼드윈은 재능보다 훈련, 열정, 행운이 우선이라고 하면서 그러나 이보다 더 위대한 것은 바로 '인내심' 이라고 했다.

9자한(子罕) : 용기있는 사람은 두려워하지 않는다 9-22-0

후배들을 두려워하라

공자께서 말씀하셨다. "후배들을 두려워해야 한다. 장래의 그들이 오늘날의 우리만 못할 줄로 아는가? 그러나 사오십 세가 되어도 명성이 없다면 이 역시 두려워할 게 못 된다."

子曰 後生可畏 焉知來者之不如今也
자 왈 후 생 가 외 언 지 래 자 지 불 여 금 야

四十五十而無聞焉 斯亦不足畏也已
사 십 오 십 이 무 문 언 사 역 부 족 외 야 이

9자한(子罕) : 용기있는 사람은 두려워하지 않는다 9-23-0

귀감이 되는 말을 따르라

공자께서 말씀하셨다. "귀감이 될 만한 좋은 말을 따르지 않을 수 있겠는가. 진정으로 그 말에 따라 잘못을 고치는 것이 중요하다. 귀에 달게 칭찬하는 말을 좋아하지 않을 수 있겠는가. 그러나 그냥 좋아하기만 해서는 안 되고 그 속에 담긴 뜻을 찾아내는 것이 중요하다. 좋아하기만 하고 속뜻은 찾지 않고 말로만 따르고 잘못을 고치지 않는다면 나는 그 사람을 어떻게 할 수가 없다."

子曰 法語之言 能無從乎 改之爲貴 巽與之言 能無說乎 繹之爲貴
자 왈 법 어 지 언 능 무 종 호 개 지 위 귀 손 여 지 언 능 무 열 호 역 지 위 귀

說而不繹 從而不改 吾末如之何也已矣
열 이 불 역 종 이 불 개 오 말 여 지 하 야 이 의

법어(法語)는 귀감이 될 만한 훌륭한 말을 가리킨다.

9자한(子罕) : 용기있는 사람은 두려워하지 않는다 9-24-0

잘못이 있으면 기꺼이 고쳐라

공자께서 말씀하셨다. "충성과 신의를 주로 하고 자기만 못한 자와 벗하지 말며, 잘못이 있으면 고치는 것을 꺼려서는 안 된다."

子日 主忠信 無友不如己者 過則勿憚改
자 왈 주 충 신 무 우 불 여 기 자 과 즉 물 탄 개

9자한(子罕) : 용기있는 사람은 두려워하지 않는다 9-25-0

마음을 빼앗을 수는 없다

공자께서 말씀하셨다. "한나라의 군대의 대장을 사로잡을 수 있을지는 모르지만 필부라도 그 마음을 빼앗을 수는 없다."

子日 三軍可奪帥也 匹夫不可奪志也
자 왈 삼 군 가 탈 수 야 필 부 불 가 탈 지 야

삼군(三軍)은 큰 제후국이 보유할 수 있는 군대의 규모이다. 1군은 12,500명인데 당시의 군제에 의하면 천자는 6군, 제후는 나라의 크기에 따라 각각 3군, 2군, 1군을 보유할 수 있었다.

9자한(子罕) : 용기있는 사람은 두려워하지 않는다 9-26-0

가난을 부끄러워하지 말라

공자께서 말씀하셨다. "닳아서 해어진 솜옷을 입고도, 여우와 담비의 모피로 만든 외투를 입은 사람과 함께 서 있어도 아무렇지 않을 수 있는 사람은 아마도 자로일 것이다. [시경]에서 말한 대로, 남을 해치지 않고 남의 것을 탐내지 않으니 어찌 훌륭하지 않은가!" 자로가 그 말을 듣고는 항상 그 두 구절을 외우고 다녔다. 공자께서 말씀하셨다. "이 도리가 그토록 훌륭하다고 할 만한가?"

子曰 衣敝縕袍 與衣狐貉者立 而不恥者
자 왈 의 폐 온 포 여 의 호 학 자 입 이 불 치 자

其由也與 不忮不求 何用不臧
기 유 야 여 불 기 불 구 하 용 부 장

子路終身誦之 子曰 是道也 何足以臧
자 로 종 신 송 지 자 왈 시 도 야 하 족 이 장

유(由)는 공자의 제자인 중유(仲由)이다. 자는 자로(子路). 공자보다 9세 아래였으며, 성격이 우직하고 용맹스러웠다. 가난을 부끄럽게 여기지 않는 자로의 의연함을 칭찬함과 동시에 그의 자만심을 경계한 것이다.

인도의 성인 석가모니는 이런 말을 했다.

"족함을 모르는 사람은 부유하더라도 가난하고, 족함을 아는 사람은 가난하더라도 부유하다."

9자한(子罕) : 용기있는 사람은 두려워하지 않는다 9-27-0

시련 속에서 피어난 의지

공자께서 말씀하셨다. "날씨가 추워진 후에야 소나무와 잣나무가 가장 늦게 잎이 떨어진다는 것을 알게 된다."

子曰 歲寒 然後知松栢之後彫也
자 왈 세 한 연 후 지 송 백 지 후 조 야

세한(歲寒)은 한 해 중의 추운 때, 즉 겨울을 가리킨다. 시련이 닥쳐야 역경에서도 꿋꿋이 자신의 의지를 꺾지 않는 사람이 누구인지 알아볼 수 있다는 의미이다.

9자한(子罕) : 용기있는 사람은 두려워하지 않는다 9-28-0

용기있는 사람은 두려워하지 않는다

공자께서 말씀하셨다. "지혜로운 사람은 미혹되지 않고, 어진 사람은 근심하지 않고, 용기있는 사람은 두려워하지 않는다."

子曰 知者不惑 仁者不憂 勇者不懼
자 왈 지 자 불 혹 인 자 불 우 용 자 불 구

함께 한다고 같은 운명이 아니다

공자께서 말씀하셨다. "함께 공부해도 그것만으로는 같은 길을 함께 간다고는 할 수 없다. 같은 길을 함께 가도 그것만으로는 함께 일한다고는 할 수 없다. 함께 일한다고 하더라도 그것만으로 운명을 함께할 수 있다고는 할 수 없다."

子曰 可與共學 未可與適道 可與適道 未可與立 可與立 未可與權
자왈 가여공학 미가여적도 가여적도 미가여립 가여립 미가여권

학문의 단계를 설명한 것이다. 공자가 최상으로 여긴 변통의 단계는 곧 자신의 지식을 응용하여 자유자재로 융통할 수 있는 독창성의 단계를 말한다.

함께 학문을 할 수는 있어도 같은 도덕의 길을 걸어가게 된다고는 말하기 어렵고, 함께 도를 지켜 나간다고 해도 하나의 사명을 성립시킬 수는 없다는 뜻을 담고 있다.

사람은 각자 타고난 재질과 성품, 그리고 능력이 다르기 때문에 같은 학문을 해도 결과가 같을 수는 없는 것이다. 그러므로 모두의 운명은 다 제각각인 것이다.

절실함이 있는가

'앵두나무 꽃잎 하늘하늘 흔들리네. 어찌 그대가 그립지 않을까만 그대의 집이 너무 멀다오.' 라는 시에 대하여 공자께서 말씀하셨다. "진정 그립다면 멀다는 이유로 못 갈 이유가 없다."

唐棣之華 偏其反而 豈不爾思 室是遠而 子曰 未之思也 夫何遠之有
당 체 지 화 편 기 반 이 기 불 이 사 실 시 원 이 자 왈 미 지 사 야 부 하 원 지 유

마음만 먹으면 인(仁)이 결코 멀리 있는 것이 아닌데 사람들이 자기와는 거리가 먼 것으로 여기는 당시의 현실을 비유적으로 지적한 것이다.

사람들은 인을 실천하는 일에 거리를 두고 어렵게만 생각하는데, 인은 결코 그렇게 추상적으로 멀리 있는 것이 아니다. 다만 인의 실천을 바라는 마음이 절실하지 않을 뿐이다.

-10-

향당
鄕黨

공적인 자리와 개인적인 만남

10향당(鄕黨) : 공적인 자리와 개인적인 만남 10-01-0

장소에 맞게 말씀하라

공자께서 마을의 모임에서 말씀하시는 것을 보면, 공손하고 조심스러워서 마치 말을 할 줄 모르시는 것 같았다. 그런데 조정의 제사나 정치의 자리에 계실 때는 분명하고 유창하게, 그러나 아주 정중히 말씀하셨다.

孔子於鄕黨 恂恂如也 似不能言者 其在宗廟朝廷 便便言 唯謹爾
공자어향당 순순여야 사불능언자 기재종묘조정 편편언 유근이

향당(鄕黨)은 원래 12,500호가 향(鄕), 500호가 당(黨)이지만 여기서는 합쳐서 마을이라는 뜻이다. 또 다른 뜻으로 고향, 향리라는 의미가 있는데, 여기서는 고향을 뜻한다.

공자는 고향과 같은 사적인 자리에서는 겸손하고 공손하였지만, 공적인 자리인 종묘나 조정 같은 곳에서나 맡은 일이 있는 자리에서는 단호하고 정중하게 의사표현을 하였던 것이다.

10향당(鄕黨) : 공적인 자리와 개인적인 만남 10-02-0

사람에 맞게 대화하라

공자께서는 조정에 나아가 하대부와 말씀하실 때는 유쾌하게 하시고, 상대부와 말씀하실 때는 공손하면서도 정직하시고, 군주 앞에서는 신중하면서도 점잖게 말씀하셨다.

朝與下大夫言 侃侃如也 與上大夫言 誾誾如也
조여하대부언 간간여야 여상대부언 은은여야

君在 踧踖如也 與與如也
군재 축적여야 여여여야

공자는 노나라에서 하대부가 담당하는 사구(司寇)라는 벼슬을 지낸 적이 있기 때문에, 자신과 같은 신분인 하대부와는 거리감 없이 유쾌하게 이야기를 나누었다는 말이다.

10향당(鄕黨) : 공적인 자리와 개인적인 만남 10-03-1

때로는 정색하고 때로는 경쾌하게

공자께서 군주의 명을 받아 귀빈을 접대할 때는 정색을 하고 발걸음을 빨리하셨다. 함께 서 있는 동료와 인사할 때는 왼쪽에 서 있는 사람에게는 손을 왼쪽으로 돌려서 읍하고, 오른쪽에 서 있는 사람에게는 손을 오른쪽으로 돌려서 읍하는데, 옷자락이 앞뒤로 흔들리는 것이 흐트러지지 않고 반듯했다. 종종걸음으로 걸을 때에는 날개를 펼친 듯이 경쾌하게 걸으셨다. 귀빈이 돌아가면 반드시 손님이 돌아보지 않을 때까지 배웅했다고 말씀하셨다.

君召使擯 色勃如也 足躩如也 揖所與立 左右手 衣前後 襜如也
군소사빈 색발여야 족곽여야 읍소여립 좌우수 의전후 첨여야

趨進 翼如也 賓退 必復命曰 賓不顧矣
추진 익여야 빈퇴 필복명왈 빈불고의

익여(翼如)는 새가 날개를 편 것처럼 균형이 잡힌 모양을 가리킨다.

10향당(鄕黨) : 공적인 자리와 개인적인 만남 10-04-1

굽힐 때는 굽혀라

공자께서는 궁전의 정문을 들어설 때는 마치 자신의 자리가 아닌 듯 몸을 굽히셨고, 멈추어 서실 때는 문 가운데 멈춰 서지 않고, 문지방을 넘을 때는 발로 밟지 않으셨다.

入公門 鞠躬如也 如不容 立不中門 行不履閾
입공문 국궁여야 여불용 입부중문 행불리역

10향당(鄕黨) : 공적인 자리와 개인적인 만남 10-04-2

최대한 정중하라

임금의 자리를 지나가실 때는 정색을 한 채 발걸음이 빨라지셨다. 말을 할 때는 더듬는 것 같으셨다. 옷자락을 걷어 올리고 계단에서 당을 오르실 때는 몸을 굽히셨고 숨을 죽여 마치 숨쉬지 않는 것 같았다.

過位 色勃如也 足躩如也 其言 似不足者
과위 색발여야 족곽여야 기언 사부족자

攝齊升堂 鞠躬如也 屛氣似不息者
섭자승당 국궁여야 병기사불식자

위(位)는 임금이 앉도록 정해져 있는 자리를 가리키며, 현재 임금이 앉아 있다는 뜻은 아니다.

10향당(鄕黨) : 공적인 자리와 개인적인 만남 10-04-3

여유 있으면서도 겸손하라

당에서 내려갈 때는 한 계단 내려갈 때마다 안색이 밝아지면서 여유 있는 모습이 되셨다. 계단을 다 내려와 종종걸음을 하실 때는 날개라도 달린 듯 경쾌하게 걸으셨고 자신의 자리에 되돌아와서는 여유 있으면서도 공손하셨다.

出降一等 逞顔色 怡怡如也 沒階 趨進 翼如也 復其位 踧踖如也
출강일등 영안색 이이여야 몰계 추진 익여야 복기위 축적여야

10향당(鄕黨) : 공적인 자리와 개인적인 만남 10-05-0

공적인 자리와 개인적인 만남

옥으로 만든 홀을 들 때는 마치 무거워서 못 들겠다는 듯이 허리를 굽히셨다. 높이 들 때는 이마까지 높였고 낮출 때는 허리 높이까지로 낮추었다. 얼굴은 긴장하여 떨리는 듯했고 발은 피하듯이 움츠러들었다. 공식연회에서는 점잖고 온화한 모습이셨고 개인적인 만남에서는 격의 없이 쾌활하셨다.

執圭 鞠躬如也 如不勝 上如揖 下如授 勃如戰色 足蹜蹜如有循
집규 국궁여야 여불승 상여읍 하여수 발여전색 족축축여유순

享禮 有容色 私覿 愉愉如也
향례 유용색 사적 유유여야

규(圭)는 옥으로 만든 홀(笏)로, 위는 삼각형에 가까운 반타원형이고 아래는 모가 난 길쭉한 옥기(玉器)인데, 제후가 천자를 만나거나 제후끼리 회동할 때 또는 사신이 다른 나라의 제후를 만날 때 손에 들던 패이다.

10향당(鄕黨) : 공적인 자리와 개인적인 만남 10-06-1

장소에 맞는 옷차림

군자는 의복에 제약이 있어서 이를 지켰다. 감색이나 검붉은 색으로 테를 두르지 않았고, 홍색이나 자색은 평상복에는 사용하지 않았다. 여름에는 홑겹의 베옷을 입는데 외출할 때는 반드시 겉옷을 입고 나가셨다. 검은 옷에는 검은 염소 가죽으로 만든 모피 옷을 입고, 흰 옷에는 흰 사슴 가죽으로 만든 모피 옷을 입고, 누런 옷에는 누런 여우 가죽으로 만든 모피 옷을 입으셨다. 평상복은 조금 길게 하되 일할 때 편리하도록 오른쪽 소매를 짧게 하셨다.

君子不以紺緅飾 紅紫不以爲褻服 當暑袗絺綌 必表而出之
군 자 불 이 감 추 식 홍 자 불 이 위 설 복 당 서 진 치 격 필 표 이 출 지

緇衣 羔裘 素衣 麑裘 黃衣 狐裘 褻裘長 短右袂
치 의 고 구 소 의 예 구 황 의 호 구 설 구 장 단 우 메

여기서 군자는 공자를 가리킨다. 감(紺)은 제사를 지내기 위하여 목욕재계한 뒤에 입는 옷의 색깔이고, 추(緅)는 상복의 가장자리 선으로 쓰는 색깔이기 때문에 피한 것이다.

10향당(鄕黨) : 공적인 자리와 개인적인 만남 10-06-2

경우에 맞는 옷 색깔

잠잘 때는 반드시 잠옷을 입는데 키보다 반쯤 길게 하였다. 여우나 담비같이 털이 많은 가죽으로 만든 깔개는 휴식할 때 사용했다. 상복을 입은 때가 아니면 장신구를 달아도 된다. 제복이 아니면 주름을 잡지 않았다. 염소 가죽으로 만든 검정색 모피 옷을 입거나 검은 갓을 쓰고는 조문을 가지 않았다. 매월 초하룻날에는 반드시 조복을 입고 임금님을 뵈었다.

必有寢衣 長一身有半 狐貉之厚以居 去喪 無所不佩 非帷裳 必殺之
필 유 침 의 장 일 신 유 반 호 맥 지 후 이 거 거 상 무 소 불 패 비 유 상 필 쇄 지

羔裘玄冠 不以弔 吉月 必朝服而朝
고 구 현 관 불 이 조 길 월 필 조 복 이 조

구(裘)는 짐승의 모피로 만든 옷이다. 유상(帷裳)은 조회에 나가거나 제사를 지낼 때 입는 예복을 말한다.

10향당(鄕黨) : 공적인 자리와 개인적인 만남 10-07-0

제사 지낼 때는 목욕재계하라

제사를 위해 재계할 때는 반드시 깨끗한 명의로 갈아입으셨는데 칡베로 만든 것이었다. 목욕재계할 때는 반드시 특별한 음식으로 바꾸셨고, 휴식할 때는 반드시 자리를 다른 곳으로 옮기셨다.

齊 必有明衣 布 齊必變食 居必遷坐
재 필유명의 포 재필변식 거필천좌

명의(明衣)는 목욕을 하고 나서 입는 깨끗한 새 옷을 말한다. 포(布)는 칡베 또는 삼베를 말하는데, 당시는 아직 무명은 없었다.

10향당(鄕黨) : 공적인 자리와 개인적인 만남 10-08-1

과음 과식하지 말라

쌀은 희게 도정할수록 좋고 회는 가늘게 뜰수록 좋아하셨다. 밥이 쉬어 맛이 변하고 생선이 상하고 고기가 오래된 것은 드시지 않으셨다. 색이 변한 것과 냄새가 나는 것은 먹지 않으셨다. 잘못 삶은 것은 먹지 않으셨고, 철이 지난 것은 먹지 않으셨다. 자른 모양이 반듯하지 않은 것은 드시지 않으셨고, 그 음식에 맞는 간장이 아니면 드시지 않으셨다. 고기는 많아도 밥보다 많이 드시지는 않으셨다. 술은 제한하지 않으셨지만 만취하지는 않으셨다.

食不厭精 膾不厭細 食饐而餲 魚餒而肉敗 不食 色惡 不食
사불염정 회불염세 사의이애 어뇌이육패 불식 색악 불식
臭惡 不食 失飪 不食 不時 不食 割不正 不食
취악 불식 실임 불식 불시 불식 할부정 불식
不得其醬 不食 肉雖多 不使勝食氣 唯酒無量 不及亂
부득기장 불식 육수다 불사승식기 유주무량 불급란

사의이애(食饐而餲)는 밥이 쉬어서 냄새가 나고 맛이 변한 것을 말한다.

10향당(鄕黨) : 공적인 자리와 개인적인 만남 10-08-2

제사 음식은 나누라

시장에서 파는 술이나 고기포는 드시지 않으셨다. 생강을 곁들여 드셨으나 과식은 하지 않으셨다. 나라의 종묘의 제사 때 분배받은 고기는 그날 중에 처분하셨고, 집안의 제사 때 쓴 고기도 사흘 안에 처분하고 사흘이 지난 것은 드시지 않으셨다.

沽酒市脯 不食 不撤薑食 不多食
고 주 시 포 불 식 불 철 강 식 부 다 식

祭於公 不宿肉 祭肉不出三日 出三日 不食之矣
제 어 공 불 숙 육 제 육 불 출 삼 일 출 삼 일 불 식 지 의

10향당(鄕黨) : 공적인 자리와 개인적인 만남 10-08-3

거친 밥과 나물국에 감사하라

식사 때는 말씀을 많이 하지 않으셨고, 잠자리에 들면 말씀을 하지 않으셨다. 비록 거친 밥과 나물국일지라도 감사의 제사를 드리셨으며 그 자태가 반드시 엄숙하고 경건하셨다.

食不語 寢不言 雖疏食菜羹 瓜祭 必齊如也
식 불 어 침 불 언 수 소 사 채 갱 과 제 필 제 여 야

옛날 중국 사람들은 식사를 하기 전에 항상 먼저 각종 음식을 조금씩 덜어서 식탁의 한 곳에 모아놓고 음식을 먹을 수 있게 해준 조상에게 간단하게 감사의 제사를 드렸다. 옛날 사람들이 첫물의 오이를 먹기 전에 먼저 그것을 먹을 수 있게 해준 조상에게 드리는 감사의 제사. 일종의 고수레라고 할 수 있다. 여기서는 그처럼 간단하게 감사의 제사를 드린다는 뜻의 동사로 쓰였다.

10향당(鄕黨) : 공적인 자리와 개인적인 만남 10-09-0

정좌를 해야 생각이 바르다

자리가 반듯하지 않으면 앉지 않으셨다.

席不正 不坐
석 부 정 부 좌

비록 사소한 일일지라도 바르지 않은 것을 용납하지 못하는 공자의 엄격한 태도를 엿보게 하는 말이다.

10향당(鄕黨) : 공적인 자리와 개인적인 만남 10-10-0

연장자를 대접하라

마을에서 연회가 있을 때는 지팡이를 짚은 노인이 돌아가는 것을 기다렸다가 그다음에야 나가셨다. 마을의 행사로 나례를 거행할 때는 예복을 갖추어 입고 입구 계단에 서서 기다리셨다.

鄕人飮酒 杖者出 斯出矣 鄕人儺 朝服而立於阼階
향 인 음 주 장 자 출 사 출 의 향 인 나 조 복 이 립 어 조 계

'향음주례'란 마을 사람들이 한데 모여 술을 마시는 의례로 여러 가지 경우가 있는데, 여기서는 마을, 즉 당(黨)의 수령이 주관하여 매년 섣달의 납일(臘日)에 모든 신에게 지내는 제사인 납제(臘祭) 때의 향음주례를 가리킨다. 향인나(鄕人儺)는 '마을 사람들이 나례를 거행하다.'로, 나례란 전염병을 퍼뜨리는 역귀를 쫓아내기 위하여 연말에 거행하던 행사이다. 방상시(方相氏)의 가면을 쓰고 무서운 동작을 하여 역귀를 쫓아내는 시늉을 했다. 오늘날도 중국의 남방에는 이것이 발전한 나희(儺戲)라는 연극이 성행하고 있다.

10향당(鄕黨) : 공적인 자리와 개인적인 만남 10-11-0

먹기 전에 신중하라

사람을 타국에 보내 사람을 방문하게 할 때는 두 번 절한 후에 보내셨다. 계강자가 약을 보내오자 절을 받고 나서 말씀하셨다. "제가 알지 못하니 감히 먹을 수가 없구나."

問人於他邦 再拜而送之 康子饋藥 拜而受之曰 丘未達 不敢嘗
문 인 어 타 방 재 배 이 송 지 강 자 궤 약 배 이 수 지 왈 구 미 달 불 감 상

두 번 절하고 보낸 이유는 문안 받는 상대방을 경애했기 때문이다. 강자(康子)는 노나라의 대부인 계강자(季康子)를 말한다. 보내 온 약을 즉시 먹지 못한 것으로 보아, 공자의 신중한 태도를 엿볼 수 있다.

10향당(鄕黨) : 공적인 자리와 개인적인 만남 10-12-0

생명을 중시하라

마구간에 불이 났는데 공자께서 퇴근하여 말씀하셨다. "다친 사람은 없느냐?" 그리고 그뿐 말에 대해서는 묻지 않으셨다.

廏焚 子退朝曰 傷人乎 不問馬
구 분 자 퇴 조 왈 상 인 호 불 문 마

그 당시에는 말이 상당한 재산이 됐는데도 사람만 물으시는 것으로 미루어 공자의 인애성신이 돋보인다. 사람의 생명을 중시한 것이다.

임금의 부름에 즉각 응하라

임금이 음식을 내려주시면 반드시 똑바로 앉아 먼저 맛을 보셨고, 임금이 날고기를 내려주시면 반드시 익혀서 조상의 영전에 제물로 올리고, 임금이 산짐승을 내려주시면 반드시 기르셨다. 임금을 모시고 식사할 때에 임금이 감사의 제사를 드리는 동안 먼저 시식을 하셨다. 병이 들었을 때에 임금이 보러 납시면 동쪽으로 머리를 두고, 조복을 덮은 뒤, 띠를 늘어뜨려 놓으셨다. 임금이 부르면 수레에 멍에를 얹는 것도 기다리지 않고 먼저 가셨다.

君賜食 必正席先嘗之 君賜腥 必熟而薦之 君賜生 必畜之
군사식 필정석선상지 군사성 필숙이천지 군사생 필휵지

侍食於君 君祭先飯 疾君視之 東首 加朝服 拖紳 君命召 不俟駕行矣
시식어군 군제선반 질군시지 동수 가조복 타신 군명소 불사가행의

ꕥ • • • • • •

신(紳)은 벼슬아치가 조복 위에 매는 기다란 띠로, 매고 남는 부분은 늘어뜨려서 끌게 되어 있었다.

임금이 부르시면 지체 없이 가셨는데, 임금의 부름에 즉각 응하는 것이 신하의 도리이기 때문이었다.

임금과 신하의 관계를 생각하게 하는 글이다.

왕량은 임금과 신하의 관계를 아버지와 아들의 관계로 생각해 보았다.

"그 임금을 알려거든 먼저 그 신하를 보고, 그 사람을 알려거든 먼저 그 벗을 보며, 그 아버지를 알려거든 그 아들을 보라. 임금이 거룩하면 그 신하가 충성스럽고, 아버지가 인자하면 그 아들이 효성스러운 법이다."

10향당(鄕黨) : 공적인 자리와 개인적인 만남 10-14-0

물을 땐 꼼꼼하게

태묘에 들어가서는 모든 일을 하나하나 자세히 물으셨다

入太廟 每事問
입 태 묘 매 사 문

10향당(鄕黨) : 공적인 자리와 개인적인 만남 10-15-0

친구의 죽음

친구가 죽었는데 가까운 친척이 없을 때는 "내가 장례를 치러주겠다"고 하셨다. 친구가 보내온 선물은 수레나 말과 같이 귀한 것이라도 절하지 않으셨지만, 제사 때 쓴 고기를 나누어 받을 때는 절하고 받으셨다.

朋友死 無所歸 曰 於我殯 朋友之饋 雖車馬 非祭肉 不拜
붕 우 사 무 소 귀 왈 어 아 빈 붕 우 지 궤 수 차 마 비 제 육 불 배

10향당(鄕黨) : 공적인 자리와 개인적인 만남 10-16-1

집에서는 편안하게 하라

주무실 때에는 시체처럼 반듯하게 누워 주무시지 않았고, 집에 있을 때에는 모양을 내지 않았다. 상복을 입은 사람을 보면 비록 친한 사이라도 반드시 얼굴빛을 정색하셨고, 관을 쓴 사람과 시각장애자를 보면 비록 자주 보는 사이라도 반드시 예의를 갖추었다.

寢不尸 居不容 見齊衰者 雖狎 必變 見冕者與瞽者 雖褻 必以貌
침불시 거불용 견자최자 수압 필변 견면자여고자 수설 필이모

10향당(鄕黨) : 공적인 자리와 개인적인 만남 10-16-2

예의를 갖춰 마음을 표현하라

상복을 입은 사람에게는 수레의 손잡이를 잡은 채로 예의를 갖추셨고, 국가의 호적을 짊어진 사람에게도 몸을 굽혀 절하셨다. 성찬을 대접 받으면 반드시 얼굴빛을 바꾸어 일어났다. 우레가 치고 바람이 세차게 불면 반드시 정색을 하셨다.

凶服者式之 式負版者 有盛饌 必變色而作 迅雷風烈 必變
흉복자식지 식부판자 유성찬 필변색이작 신뇌풍열 필변

10향당(鄕黨) : 공적인 자리와 개인적인 만남 10-17-0

불편을 끼치지 말라

수레에 오르실 때는 반드시 똑바로 서서 고삐를 잡았다. 수레 안에서는 뒤를 돌아보지 않으셨고, 빨리 말하지 않으셨으며, 직접 손가락질을 하지 않으셨다.

升車 必正立執綏 車中 不內顧 不疾言 不親指
승차 필정립집수 차중 불내고 불질언 불친지

수(綏)는 수레에 오를 때 잡아당기는 손잡이로, 탈 사람이 수레 앞에 서면 마부가 손잡이를 내어주어 그것을 잡고 타게 했다. 사람에게 불편을 끼치거나 예의에 맞지 않는 행동을 하지 않았다는 말이다.

10향당(鄕黨) : 공적인 자리와 개인적인 만남 10-18-0

어긋난 의사소통

꿩들은 자로가 수상한 표정을 지으면 곧 날아올라 하늘에서 빙빙 돈 뒤에 다시 내려와 앉았다. 이것을 보고 공자께서 "산속 다리목의 까투리들은 때를 잘 타는구나 때를 잘 타!"라고 하시자 자로가 꿩을 잡아가지고 구워서 바쳤더니, 세 번 냄새를 맡고는 일어나 가버리셨다.

色斯擧矣 翔而後集 曰 山梁雌雉 時哉時哉 子路共之 三嗅而作
색사거의 상이후집 왈 산양자치 시재시재 자로공지 삼후이작

꿩이 사람의 표정만 변해도 금방 날아가버리는 것을 본 공자가 꿩의 이러한 품성에 감탄한 것인데, 자로가 공자의 뜻을 오해하여 스승이 꿩을 먹고 싶어하는 줄 알고 꿩을 잡아 바쳤다. 공자는 어처구니가 없었지만 자로의 성의를 무시할 수 없어서 이렇게 한 것이다.

-11-

선진
先進

예악을 배운 사람을 선택하라

11선진(先進) : 예악을 배운 사람을 선택하라 11-01-0

예악을 배운 사람을 선택하라

공자께서 말씀하셨다. "먼저 예악을 배우고 나아가서 관직에 진출하는 것은 일반 사람들이고, 먼저 관직에 진출한 다음에 예약을 배우는 것은 경대부의 자제들이다. 만약 내게 인재를 뽑아 쓰라고 한다면 나는 먼저 예악을 배운 사람을 택하겠다."

子曰 先進於禮樂 野人也 後進於禮樂 君子也 如用之 則吾從先進
자 왈 선 진 어 예 악 야 인 야 후 진 어 예 악 군 자 야 여 용 지 즉 오 종 선 진

여기에서의 군자는 경대부(卿大夫)의 자제들을 말한다.

11선진(先進) : 예악을 배운 사람을 선택하라 11-02-1

제자들을 추억하다

공자께서 말씀하셨다. "진나라와 채나라 사이에서 난을 만났을 때는 제자 가운데 아무도 성문까지 좇아온 사람이 없을 정도로 상황이 급박했다. 덕행이 훌륭하기로는 안연, 민자건, 염백우, 중궁이었고, 말을 잘하기로는 재아, 자공이고, 정사에 밝은 사람은 염유와 계로(자로)였고, 학문이 깊은 사람은 자유와 자하였다."

子曰 從我於陳蔡者 皆不及門也
자 왈 종 아 어 진 채 자 개 불 급 문 야

德行 顔淵 閔子騫 冉伯牛 仲弓 言語 宰我 子貢
덕 행 안 연 민 자 건 염 백 우 중 궁 언 어 재 아 자 공

政事 冉有 季路 文學 子游 子夏
정 사 염 유 계 로 문 학 자 유 자 하

천하를 주유하던 공자는 노나라 애공(哀公) 6년경 초나라의 초빙에 응하기 위하여 채나라에서 진나라로 들어가는 도중에 환난을 당하여 급기야는 양식이 떨어지는 위기에 놓이기까지 했다. 이 장은 함께 환난을 겪었던 당시의 제자들을 추억하여 한 말이다.

11선진(先進) : 예악을 배운 사람을 선택하라 11-03-0

뛰어난 제자 안회

공자께서 말씀하셨다. "안회는 나의 학문에 도움이 안 되었다. 나의 말에 대해서 기뻐하지 않는 바가 없었으니까 말이다."

子曰 回也非助我者也 於吾言無所不說
자 왈 회 야 비 조 아 자 야 어 오 언 무 소 불 열

안회는 공자의 모든 말을 이해하고 좋아한 나머지 이의를 제기한 적이 없었기 때문에, 결과적으로 공자의 자기 발전에 조금도 도움이 되지 못했다는 뜻이다.

11선진(先進) : 예악을 배운 사람을 선택하라 11-04-0

효심이 뛰어난 제자

공자께서 말씀하셨다. "민자건은 효자로다. 사람들은 모이기만 하면 그의 가족 얘기로 꽃을 피우는구나."

子曰 孝哉閔子騫 人不間於其父母昆弟之言
자 왈 효 재 민 자 건 인 불 간 어 기 부 모 곤 제 지 언

민자건은 중국 춘추 시대 노나라의 유학자이다. 이름은 손(損), 자는 자건으로, 공문십철의 한 사람으로, 효행이 뛰어났으며 공자의 제자가 되었다.

11선진(先進) : 예악을 배운 사람을 선택하라 11-05-0

시를 읊는 남용

남용이 백규의 시를 여러 번 반복해서 읊자, 공자께서는 형의 딸을 그에게 아내로 주었다.

南容三復白圭 孔子以其兄之子妻之
남 용 삼 복 백 규 공 자 이 기 형 지 자 처 지

남용(南容)은 노나라 사람으로 공자의 제자이다. 백규(白圭)는 『시경』에 나오는 '하얀 홀에 섞인 흠은 갈아 없앨 수 있지만, 이내 말에 섞인 흠은 그럴 수가 없다네' 라는 부분을 가리킨다.

11선진(先進) : 예악을 배운 사람을 선택하라 11-06-0

배우기를 좋아한 안회

계강자가 물었다. "제자들 중에 누가 배우기를 좋아합니까?" 공자께서 대답하셨다. "안회라는 제자가 있어 학문을 좋아했는데, 불행히도 단명하여 죽었습니다. 지금은 그런 이가 없습니다."

季康子問 弟子孰爲好學 孔子對曰
계 강 자 문 제 자 숙 위 호 학 공 자 대 왈

有顔回者好學 不幸短命死矣 今也則亡
유 안 회 자 호 학 불 행 단 명 사 의 금 야 즉 무

옹야편에도 같은 내용이 나온다. 계강자가 애공으로 나온다.

11선진(先進) : 예악을 배운 사람을 선택하라 11-07-0

예에 어긋나는 일은 하지 말라

안연이 죽었을 때 부친인 안로가 공자의 수레를 얻어 그것으로 외관을 만들고 싶다고 청했다. 이에 공자께서 말씀하셨다. "잘나고 못나고의 차이는 있겠지만 사람은 모두 자기 자식을 이야기하게 마련이네. 내 아들 리가 죽었을 때 내관은 있었지만 외관은 없었네. 내가 수레 없이 걸어다니는 것까지 감수하면서 자식을 위해 외관을 만들어 주지 않았네. 그 이유는 내가 대부의 말석에 있었기 때문에 걸어다닐 수는 없다네."

顔淵死 顔路請子之車以爲之槨
안 연 사 안 로 청 자 지 차 이 위 지 곽

子曰 才不才 亦各言其子也 鯉也死 有棺而無槨
자 왈 재 부 재 역 각 언 기 자 야 리 야 사 유 관 이 무 곽

吾不徒行以爲之槨 以吾從大夫之後 不可徒行也
오 부 도 행 이 위 지 곽 이 오 종 대 부 지 후 불 가 도 행 야

안로(顔路)는 안회의 부친으로, 공자보다 6세 아래였는데 그 역시 공자의 제자였다고 한다. 안로가 공자에게 그의 아들 안연이 훌륭한 인물이었으니 그를 위하여 외관을 마련해달라고 한 것처럼 사람들이 누구나 다 자기 자식에 대하여 좋게 말한다는 뜻이다.

리(鯉)는 공자의 아들로 자가 백어(伯魚)이다. 그가 태어났을 때 당시 노나라 임금이던 소공(昭公)이 잉어를 하사했기 때문에 이름을 이렇게 지었다고 한다.

안연은 공자가 가장 총애하던 제자로 32세의 젊은 나이에 죽자 공자가 매우 애통해했다. 그러나 공자는 개인적인 정으로 인하여 예에 어긋나는 일을 할 수는 없다는 엄격한 태도를 취했던 것이다.

11선진(先進) : 예악을 배운 사람을 선택하라 11-08-0

안타까운 제자의 죽음

안연이 죽자 공자께서 말씀하셨다. "아아! 하늘이 나를 망치는구나! 나는 죽은 목숨이나 다름없게 되었다."

顔淵死 子曰 噫 天喪予 天喪予
안 연 사 자 왈 희 천 상 여 천 상 여

희(噫)는 '아아.'로 탄식의 소리를 나타내는 감탄사이다.

11선진(先進) : 예악을 배운 사람을 선택하라 11-09-0

가슴에서 우러나온 슬픔

안연이 죽자 공자께서는 통곡하셨다. 종자가 "이렇게 우시면 몸에 해롭습니다."라고 말하자, 공자께서 말씀하셨다. "내버려 두어라. 내가 이 사람을 위해 통곡하지 않는다면 대체 누구를 위해 통곡한단 말이더냐."

顔淵死 子哭之慟 從者曰 子慟矣 曰 有慟乎 非夫人之爲慟而誰爲
안 연 사 자 곡 지 통 종 자 왈 자 통 의 왈 유 통 호 비 부 인 지 위 통 이 수 위

11선진(先進) : 예악을 배운 사람을 선택하라 11-10-0

허례허식을 배격하라

안연이 죽었을 때, 제자들이 장례식을 성대하게 지내려고 하자 공자께서 말씀하셨다. "그러지 말아라." 그러나 제자들은 결국 성대하게 장례식을 치렀다. 공자께서 말씀하셨다. "안회는 나를 아버지처럼 섬겼는데, 나는 결국 그를 자식처럼 대하지 못하고 말았구나. 그렇게 된 것은 내 탓이 아니라 너희들 탓이다."

顔淵死 門人欲厚葬之 子日 不可 門人厚葬之
안 연 사 문 인 욕 후 장 지 자 왈 불 가 문 인 후 장 지

子日 回也視予猶父也 予不得視猶子也 非我也 夫二三子也
자 왈 회 야 시 여 유 부 야 여 부 득 시 유 자 야 비 아 야 부 이 삼 자 야

공자가 자기 아들의 장례식 때처럼 허례허식을 배격하고 자기 처지에 맞게 장례를 치르지 못했음을 스스로 탄식한 말이다.

11선진(先進) : 예악을 배운 사람을 선택하라 11-11-0

첩첩산중 같은 죽음의 세계

계로가 돌아가신 조상의 영혼을 섬기려면 어떻게 하면 좋으냐고 여쭈어보자 공자께서 말씀하셨다. "산 사람도 잘 섬기지 못하면서 어떻게 죽은 사람을 섬길 수 있겠느냐." "감히 여쭙니다. 죽음이란 무엇인지요?" "삶의 의미도 모르면서 어떻게 죽음의 의미를 알겠느냐?"

季路問事鬼神 子日 未能事人 焉能事鬼 敢問死 日 未知生 焉知死
계 로 문 사 귀 신 자 왈 미 능 사 인 언 능 사 귀 감 문 사 왈 미 지 생 언 지 사

계로(季路)는 공자의 제자인 자로(子路)를 말한다.

11선진(先進) : 예악을 배운 사람을 선택하라 11-12-0

강직한 성품의 제자

민자건은 공자를 옆에서 모시고 있을 때, 그 태도가 공손하면서도 깍듯했고, 자로는 강직했고, 염유와 자공은 온화하고 즐거운 모습이었다. 공자는 즐거워하시면서도 말씀하셨다. "자로는 제명에 죽지 못할까 봐 걱정이구나."

閔子侍側 誾誾如也 子路行行如也 冉有子貢 侃侃如也
민자시측 은은여야 자로행행여야 염유자공 간간여야

子樂 若由也 不得其死然
자락 약유야 부득기사연

공자가 좋아하던 제자들의 성품을 설명한 것인데, 제자들 중에 자로는 성격이 매우 용맹스럽고 강직하여 자칫하면 해를 입기 쉬웠다.

11선진(先進) : 예악을 배운 사람을 선택하라 11-13-0

사리에 맞는 말

노나라의 대신들이 장부라는 보물창고를 개축하였다. 이에 민자건이 말했다. "이전 것을 그대로 두고 수리를 하면 될 것을 왜 반드시 개축을 해야 하는가?" 이에 공자께서 말씀하셨다. "저 사람은 말이 많지 않지만 일단 말을 꺼내면 사리에 맞는 말만 하는구나."

魯人爲長府 閔子騫曰 仍舊貫如之何 何必改作
노인위장부 민자건왈 잉구관여지하 하필개작

子曰 夫人不言 言必有中
자왈 부인불언 언필유중

장부(長府)는 창고의 이름이다.

상당한 수준의 실력

공자께서 말씀하셨다. "유(자로)가 슬을 타는 것을 보니 내 집에 어울리지 않는구나." 제자들이 스승의 말씀을 듣고 자로를 공경하지 않았다. 그러자 공자께서 말씀하셨다. "자로의 슬 타는 솜씨는 이미 상당한 수준에 올라 있다. 대청에는 올랐으나 아직 방안에는 들지 못한 것이다."

子日 由之瑟 奚爲於丘之門 門人不敬子路
자 왈 유 지 슬 해 위 어 구 지 문 문 인 불 경 자 로
子日 由也升堂矣 未入於室也
자 왈 유 야 승 당 의 미 입 어 실 야

⁂ • • • • • •

슬(瑟)은 거문고와 비슷하지만 좀 더 큰 현악기로, 줄이 보통 25개 있다.

자로는 성격이 강직한 사람이니만큼 슬을 타는 것도 감미롭기보다는 거칠어서, 이로써 자로의 수양이 부족함을 비판한 것인데, 자기 의도와 다르게 문인들이 자로를 존경하지 않게 되자 비유를 들어서 그의 인격과 학문이 최고의 경지에 이르지는 못했지만 상당한 수준이라고 말한 것이다.

공부에는 '승당입실'에 이르지 못하고 규유(창으로 엿보는 것)하거나 규장(담장 너머로 엿보는 것)하는 단계도 있다.

맹자는 후세 사람은 부득이 사숙(私淑)해야 한다고 했다.

옛 사람의 저서를 읽으면서 내 자신을 맑고 선하게 다스리는 것을 사숙이라고 한다. 『논어』를 읽는 우리는 공자를 사숙하고 있는 것이다.

11선진(先進) : 예악을 배운 사람을 선택하라 11-15-0

지나친 것은 부족한 것이다

자공이 여쭈었다. "사(자장)와 상(자하) 가운데 누가 나은지요?" 공자께서 말씀하셨다. "사는 지나치고 상은 부족하다." 자공이 여쭈었다. "그럼 사가 나은가요?" 공자께서 말씀하셨다. "지나친 것은 부족한 것과 같다."

子貢問 師與商也孰賢 子曰 師也過 商也不及
자 공 문 사 여 상 야 숙 현 자 왈 사 야 과 상 야 불 급

曰 然則師愈與 子曰 過猶不及
왈 연 즉 사 유 여 자 왈 과 유 불 급

• • • • • •

자장은 기상이 활달하고 생각이 진보적이었는데, 자하는 만사에 조심하며 모든 일을 현실적으로만 생각했다. 친구를 사귀는 데 있어서도, 자장은 천하 사람이 다 형제라는 주의로 모든 사람을 동등하게 대하고 있었는데, 자하는 '나만 못한 사람을 친구로 삼지 말라' 고 제자들에게 가르쳤다.

지나치지도 않고 부족하지도 않은 적절한 상태를 가리켜 중용(中庸)이라고 하는데, 공자는 중용을 매우 소중한 가치로 여겼다. 그래서 사서삼경 가운데 『중용』이란 책이 포함되어 있는 것이다.

11선진(先進) : 예악을 배운 사람을 선택하라 11-16-0

욕심 많은 제자를 내치다

계씨는 옛 주공보다도 더 재산이 많았는데도 염구는 오히려 세금을 가혹하게 징수하여 그의 재산을 불려주었다. 이에 공자께서 말씀하셨다. "그는 이제 내 제자가 아니다. 너희가 북을 울려가며 그를 공격해도 좋다."

季氏富於周公 而求也爲之聚斂而附益之
계씨부어주공 이구야위지취렴이부익지

子曰 非吾徒也 小子鳴鼓而攻之可也
자왈 비오도야 소자명고이공지가야

✿ · · · · · ·

계씨(季氏)는 노나라 소공 때의 대부인 계손씨를 말한다. 주공(周公)은 주나라 무왕의 동생으로 노나라의 제후로 봉해진 사람이다.

대부인 계씨가 주공을 능가할 정도로 부유하다는 것은 매우 분에 넘치는 짓이다.

염구는 계손씨의 가재(家宰)를 지낸 적이 있는데 이때 그는 세금을 지나치게 많이 거두어들여 계손씨의 재산을 더욱 늘려주었다.

가재라는 직책은 왕실에 상주하며 각종 왕실 사무를 맡아보고 그 대가로 왕실 직할 영지의 일부분을 녹으로 영유하던 왕실 직속의 관리로 공(公) 다음의 직급을 칭하기도 했다.

11선진(先進) : 예악을 배운 사람을 선택하라 11-17-0

제자들의 성품

시(자고)는 우직하고, 삼(증자)은 미련하고, 사(자장)는 과격하고, 유(자로)는 거칠다.

柴也愚 參也魯 師也辟 由也喭
시 야 우 삼 야 노 사 야 피 유 야 언

시(柴)는 이름으로, 성은 고(高), 자는 자고(子羔)이다. 공자의 제자로 공자보다 30세 아래였다.

11-18-0

안빈낙도하는 안회

공자께서 말씀하셨다. 안회는 수양이 거의 경지에 이르렀지만 대체로 가난하게 지냈고, 자공은 본분에 안주하지 않고 장사를 하여 재산을 불렸는데 그의 예측은 대부분 적중했다.

子曰 回也其庶乎 屢空 賜不受命而貨殖焉 億則屢中
자 왈 회 야 기 서 호 누 공 사 불 수 명 이 화 식 언 억 즉 루 중

공자는 안빈낙도하는 안회의 인품은 극도로 칭송했지만, 본분을 따르지 않고 장사를 하여 제자들 중에서 가장 부유했던 자공에 대해서는 그 나름의 재주와 능력을 부분적으로 인정했을 뿐 그 인품을 높이 평가하지는 않았다.

11선진(先進) : 예악을 배운 사람을 선택하라 11-19-0

훌륭한 자취를 따라가라

자장이 선인의 길이 무엇인지 여쭈어보자 공자께서 말씀하셨다. "선인의 길은 훌륭한 자취를 따라가지 않으면 선인의 경지에 이를 수 없다."

子張問 善人之道 子曰 不踐迹 亦不入於室
자장문 선인지도 자왈 불천적 역불입어실

여기에서의 선인(善人)은 천성적으로 착한 성품을 타고난 사람을 말하는데 학문적인 자질과는 무관하다.

천성이 선량한 사람은 배우지 않고도 저절로 그렇게 되기는 하지만 배우지 않는 만큼 발전에 한계가 있어서 최고의 경지에 이를 수는 없다는 뜻으로 학문의 중요성을 말하고 있다.

선인은 기질은 아름답지만 아직 배우지 못한 사람이다.

정자는 이렇게 말했다.

"천적은 바퀴자국을 지켜 길을 가는 것이다. 선인은 비록 옛 자취를 꼭 밟는 것은 아니지만 스스로 악을 행하지는 않는다. 그러나 또한 성인의 방(성인의 심오한 배움의 영역)에는 들지 못한다."

11선진(先進) : 예악을 배운 사람을 선택하라 11-20-0

겉모습으로 판단하지 말라

공자께서 말씀하셨다. "하는 말이 조리가 있고 그럴 듯하다고 해서 칭송하는데, 그 사람이 과연 군자다운 사람인가, 아니면 겉모습만 그럴 듯한 사람인가?"

子曰 論篤是與 君子者乎 色莊者乎
자 왈 논독시여 군자자호 색장자호

녹독(論篤)은 말이 조리가 있어 빈틈없고 그럴 듯하다는 뜻이다. 말만 가지고 사람을 판단하지 않는 공자의 마음가짐이 드러나 있고, 말 잘하는 사람에 대한 비판적인 태도가 곁들여져 있다.

말에 대한 많은 명언이 있는데, 노자는 이렇게 말하고 있다.

"진실한 말에는 꾸밈이 없고, 꾸미는 말에는 진실이 없다."

11선진(先進) : 예악을 배운 사람을 선택하라 11-21-1

들으면 행하라

자로가 여쭈었다. "들으면 이를 곧 행한다는 옛말은 무슨 뜻인지요?" 공자께서 말씀하셨다. "부형이 살아 계시는 동안에는 어찌 옳은 일을 들었다고 해서 곧 행할 수 있겠느냐?" 염유가 여쭈었다. "옳은 일을 들으면 곧 그것을 행해야 하는지요?" 공자께서 말씀하셨다. "그래야 한다. 들으면 곧바로 행하거라."

子路問 聞斯行諸 子曰 有父兄在 如之何 其聞斯行之
자로문 문사행제 자왈 유부형재 여지하 기문사행지

冉有問 聞斯行諸 子曰 聞斯行之
염유문 문사행제 자왈 문사행지

11선진(先進) : 예악을 배운 사람을 선택하라 11-21-2

때로는 부추기고, 때로는 절제시키라

공서화가 여쭈었다. "자로가 여쭐 때는 선생님께서 부형이 살아 계신 것을 생각하라 하시고, 염구가 여쭐 때는 들으면 곧바로 행하라고 말씀하셨습니다. 저는 무슨 말씀이신지 잘 이해가 되지 않습니다." 공자께서 말씀하셨다. "염구는 소극적이어서 부추긴 것이고, 자로는 지나치게 나서기를 좋아하여 절제시킨 것이다."

公西華曰 由也問 聞斯行諸 子曰 有父兄在 求也問 聞斯行諸
공서화왈 유야문 문사행제 자왈 유부형재 구야문 문사행제

子曰 聞斯行之 赤也惑 敢問 子曰 求也退 故進之 由也兼人 故退之
자왈 문사행지 적야혹 감문 자왈 구야퇴 고진지 유야겸인 고퇴지

11선진(先進) : 예악을 배운 사람을 선택하라 11-22-0

스승에 대한 예우

공자께서 광읍에서 재난을 당하셨을 때, 안연이 뒤처졌다가 겨우 쫓아왔다. 공자께서 말씀하셨다. "나는 네가 죽은 줄 알았다." 안연이 말했다. "선생님께서 살아 계신데 제가 어찌 감히 죽겠는지요?"

子畏於匡 顏淵後 子曰 吾以女爲死矣 曰 子在 回何敢死
자외어광 안연후 자왈 오이여위사의 왈 자재 회하감사

11선진(先進) : 예악을 배운 사람을 선택하라 11-23-1

충직한 신하란?

계자연이 물었다. "중유와 염구는 충직한 신하라고 할 수 있는지요?" 공자께서 말씀하셨다. "저는 뭔가 다른 것을 물으실 줄 알았는데 바로 중유과 염구에 대해 물으시는군요. 이른바 충직한 신하란 정의로 주군을 모시는 신하를 말하며, 그것이 불가능해지면 깨끗이 물러납니다. 중유와 염구는 그렇게까지는 못하기 때문에 머릿수만 채우는 신하라고 할 수 있습니다." 계자연이 다시 물었다. "그러면 어떤 경우라도 주군의 명령에 따라야 할까요?" 공자께서 대답하셨다. "아버지와 군주를 해치는 경우에는 결코 따르지 않을 것입니다."

季子然問 仲由 冉求 可謂大臣與 子曰 吾以子爲異之問 曾由與求之問
계자연문 중유 염구 가위대신여 자왈 오이자위이지문 증유여구지문

所謂大臣者 以道事君 不可則止 今由與求也 可謂具臣矣
소위대신자 이도사군 불가즉지 금유여구야 가위구신의

曰 然則從之者與 子曰 弑父與君 亦不從也
왈 연즉종지자여 자왈 시부여군 역불종야

계자연(季子然)은 삼환이라고 불리는 노나라의 세도가 가운데 하나인 계손씨의 일족을 말한다. 중유와 염구가 계손씨의 가신을 지낸 적이 있기 때문에 물은 것이다. 표면상으로는 중유와 염구를 비판하는 형식을 빌려서 사실상 계씨의 무도함을 은연중에 풍자한 것이다.

11선진(先進) : 예악을 배운 사람을 선택하라 11-24-0

말 잘하는 사람을 경계하라

자로가 자고를 불러 비읍의 수장으로 삼자 공자께서 말씀하셨다. "남의 귀한 자식을 망치는구나." 자로가 말했다. "그곳에도 백성이 있고, 토지와 곡식이 있는데 어찌 꼭 책을 읽어야만 배운다고 할 수 있는지요?" 공자께서 말씀하셨다. "나는 이래서 저 말 잘하는 사람들이 싫다."

子路使子羔爲費宰 子曰 賊夫人之子
자 로 사 자 고 위 비 재 자 왈 적 부 인 지 자

子路曰 有民人焉 有社稷焉 何必讀書然後爲學 子曰 是故 惡夫佞者
자 로 왈 유 민 인 언 유 사 직 언 하 필 독 서 연 후 위 학 자 왈 시 고 오 부 녕 자

11선진(先進) : 예악을 배운 사람을 선택하라 11-25-1

나이에 연연하지 말라

자로와 증석, 염유, 공서화가 공자를 모시고 앉아 있을 때, 공자께서 말씀하셨다. "내가 너희들보다 나이가 조금 많다고 해서 꺼리지 말고 자유롭게 말하도록 하여라. 너희들은 평소에 나를 알아주는 사람이 없다고 말하는데 만약 누군가가 너희들을 알아준다면 무엇을 하겠느냐?"

子路 曾晳 冉有 公西華 侍坐 子曰 以吾 一日長乎爾 毋吾以也
자 로 증 석 염 유 공 서 화 시 좌 자 왈 이 오 일 일 장 호 이 무 오 이 야

居則曰 不吾知也 如或知爾 則何以哉
거 즉 왈 불 오 지 야 여 혹 지 이 즉 하 이 재

증석(曾晳)은 증삼의 부친으로, 이름이 점(點)이고 석(晳)은 그의 자이다. 그도 역시 공자의 제자였다.

11선진(先進) : 예악을 배운 사람을 선택하라 11-25-2

도의가 살아 있는 나라

자로가 바로 나서서 대답하였다. "전차 천 대의 군비를 갖춘 제후의 나라가 강대국 사이에 끼여 침략을 받고 전쟁으로 피폐한데다 기근이 덮쳐 곤궁에 처했다고 해도, 제가 그 나라를 맡아 3년 만에 다시 활기를 되찾게 하고, 도의가 살아 있는 나라로 키워보고 싶습니다." 그 말에 공자께서 빙그레 웃으셨다.

子路 率爾而對曰 千乘之國 攝乎大國之間 加之以師旅 因之以饑饉
자로솔이이대왈 천승지국 섭호대국지간 가지이사려 인지이기근

由也爲之 比及三年 可使有勇 且知方也 夫子哂之
유야위지 비급삼년 가사유용 차지방야 부자신지

사려(師旅)는 군사의 숫자를 나누는 단위이다. 군사 500명을 1려라고 하고 5려를 1사라고 한다.

11선진(先進) : 예악을 배운 사람을 선택하라 11-25-3

예악을 채울 수 있는 군자

"구야, 너는 어떠냐?" 염유가 대답했다. "사방 육칠십 리, 또는 오륙십 리쯤 되는 지역의 정치를 제가 맡아서 3년 만에 백성의 생활을 윤택하게 만들어 보이고 싶습니다. 그렇지만 문화 수준의 향상에 대해서는 부족하므로 보다 전문적인 훌륭한 인물을 기다리겠습니다."

求爾何如 對曰 方六七十如五六十 求也爲之 比及三年 可使足民
구이하여 대왈 방육칠십여오육십 구야위지 비급삼년 가사족민

如其禮樂 以俟君子
여기예악 이사군자

예악은 예법과 음악을 아울러 이르는 말이다.

11선진(先進) : 예악을 배운 사람을 선택하라 11-25-4

예악의 일을 하라

"적아, 너는 어떠냐?" 공자가 묻자 적이 대답했다. "저는 꼭 자신이 있어서라기보다 희망을 말씀드리면 종묘의 조상 제사와 빈객이 모이는 회동의 제사 때에 단의 예복을 입고 장보의 관을 쓰고 의례를 보좌하는 소상의 역할을 맡고 싶습니다."

赤爾何如 對日
적이하여 대왈

非日能之 願學焉 宗廟之事如會同 端章甫 願爲小相焉
비왈능지 원학언 종묘지사여회동 단장보 원위소상언

‘적(赤)’은 공서적으로, 자는 자화(子華)이고 공서화라고 부른다. 공서화는 공자의 가신으로, 학문이 깊다고 인정받지는 못했지만 제사, 의교 등 예악의 일에 정통했던 제자였다.

단장보(端章甫)는 주나라 때에 제후가 조회할 때 입던 흑색의 정복을 가리킨다. 단은 현단(玄端)의 예복이고, 장보는 은나라 때의 예관(禮冠)이니, 곧 예복과 예관(禮冠)을 말한다.

소상(小相)은 신분이 대단치 않은 보좌관을 가리킨다.

11선진(先進) : 예악을 배운 사람을 선택하라 11-25-5

기수에서 세수하다

"점아, 너는 어떠냐?" 그러자 증점은 그때까지 타던 슬을 내려놓고 자세를 고친 다음 대답하였다. "제 생각은 세 사람이 잘 말씀드린 것과 너무 달라서 조금 망설여집니다." 공자께서 말씀하셨다. "무슨 상관이냐? 각자 자기의 포부를 말해 보는 것뿐인데……." 그러자 점이 대답하였다. "춘삼월이 되면 가벼운 봄옷으로 갈아입고 젊은이 대여섯 명과 동자 예닐곱 명을 데리고 나가서 기수에서 목욕하고, 무우의 광장에서 바람을 쐬고 노래를 읊으면서 돌아올까 합니다." 그 말을 듣고 공자께서는 깊이 찬탄하며 말씀하셨다. "나는 점의 말을 따르고 싶구나."

點爾何如 鼓瑟希 鏗爾舍瑟而作 對日 異乎三子者之撰
점 이 하 여 고 슬 희 갱 이 사 슬 이 작 대 왈 이 호 삼 자 자 지 찬

子日 何傷乎 亦各言其志也
자 왈 하 상 호 역 각 언 기 지 야

日 莫春者 春服旣成 冠者五六人 童子六七人 浴乎沂
왈 막 춘 자 춘 복 기 성 관 자 오 육 인 동 자 육 칠 인 욕 호 기

風乎舞雩 詠而歸 夫子喟然嘆日 吾與點也
풍 호 무 우 영 이 귀 부 자 위 연 탄 왈 오 여 점 야

욕호기(浴乎沂)는 '기수에서 세수하다'의 뜻으로, 여기서는 전신을 씻는다는 뜻이 아니라 얼굴과 손발을 씻는 정도를 말한다. 늦은 봄에는 아직 목욕을 하기에는 날씨가 쌀쌀하기 때문이다. 기(沂)는 산동성 곡부의 남쪽으로 흐르는 강의 이름이다. 무우(舞雩)는 산동성 곡부의 기수 가에 있는 제단으로 노나라가 기우제를 지내던 곳이다.

11선진(先進) : 예악을 배운 사람을 선택하라 11-25-6

포부에도 예를 담아라

세 사람이 나간 뒤에 증석만이 남아 있다가 여쭈었다. "저 세 사람의 말을 어떻게 들으셨는지요?" 공자께서 대답하셨다. "각자 자신의 포부를 말해 본 것뿐이다." 증석이 다시 여쭈었다. "그런데 선생님은 유가 말했을 때 왜 웃으셨는지요?" 공자께서 대답하셨다. "나라를 다스리는 것은 예로써 해야 하는데 자신이 말하면서도 겸손하지 않기에 웃었다."

三子者出 曾晳後 曾晳日 夫三子者之言何如
삼 자 자 출 증 석 후 증 석 왈 부 삼 자 자 지 언 하 여

子日 亦各言其志也已矣 日 夫子何哂由也
자 왈 역 각 언 기 지 야 이 의 왈 부 자 하 신 유 야

日 爲國以禮 其言不讓 是故哂之
왈 위 국 이 예 기 언 불 양 시 고 신 지

11선진(先進) : 예악을 배운 사람을 선택하라 11-25-7

나라를 다스리는 일

염구가 여쭈었다. "유독 구가 말한 것만은 나라를 다스리는 일이 아닌지요?" "사방 육칠십 리나 오륙십 리가 되면서 나라가 아닐 리가 있겠느냐?" "유독 적이 말한 것만은 나라를 다스리는 일이 아닌지요?" "종묘와 회동이 제후국의 일이 아니고 무엇이겠느냐?" 그런데 적은 사양해서 의례를 보조해서 소상이 되겠다고 하는데, 적이 소상이 된다면 도대체 누가 의례를 직접 집행하는 대상이 된단 말이냐?"

唯求則非邦也與 安見方六七十 如五六十而非邦也者
유 구 즉 비 방 야 여 안 견 방 육 칠 십 여 오 육 십 이 비 방 야 자

唯赤則非邦也與 宗廟會同 非諸侯而何 赤也爲之小 孰能爲之大
유 적 즉 비 방 야 여 종 묘 회 동 비 제 후 이 하 적 야 위 지 소 숙 능 위 지 대

구도 유와 마찬가지로 나라를 다스리는 일에 관하여 이야기했는데 어째서 유독 구가 이야기한 것에 대해서만은 웃지 않았느냐는 뜻이다

-12-

안연
顔淵

자기 자신을 극복하라

자기 자신을 극복하라

안연이 인에 대해서 여쭈어보자 공자께서 말씀하셨다. "자기 자신을 극복하고, 예의 정신을 회복하는 것이 인이다. 어느 날 사심을 극복하고 예의 정신을 회복한다면 온 천하 사람들이 이 사람을 어질다고 칭송할 것이다. 인의 실천은 자신에게 달려 있지 남에게 달려 있지 않다."

顔淵問仁 子曰 克己復禮爲仁
안 연 문 인 자 왈 극 기 복 례 위 인

一日克己復禮 天下歸仁焉 爲仁由己 而由人乎哉
일 일 극 기 복 례 천 하 귀 인 언 위 인 유 기 이 유 인 호 재

자신을 이기고 나를 다스리는 것은 참으로 어려운 일임을 말씀하고 있다. 극기(克己)는 자신의 무절제한 욕망을 억제하는 것, 복례(復禮)는 언행이 예에 맞는 상태로 복귀하다는 뜻이다. 이런 상태가 바로 정상적이고 원래적인 모습이며, 개인적인 욕망에 사로잡혀 있는 상태는 비정상적이고 변질된 모습이라는 인식이 담겨 있다.

극복한다는 것은 자신이 좋아하고 싫어하는 것을 중립화시키는 것이다. 그러한 결과로 내 안의 욕심과 밖으로부터 내 안의 욕심을 유발시키는 것에 대하여 흔들리지 않고 균형과 조화를 이루고 유지하는 것이다.

예라고 하는 것은 자신이 좋아하거나 싫어하는 것을 다른 사람에게 강요하지 않는 것이다.

그러므로 인이라고 하는 것은 자신의 하고 싶은 것을 억제하거나 없이하고, 다른 사람에게 강요하지 않는 것이다.

12안연(顔淵) : 자기 자신을 극복하라 12-01-2

예에 어긋나면 듣지도 보지도 말라

안연이 여쭈었다. "부디 자세히 실천 강령을 가르쳐 주십시오." 공자께서 말씀하셨다. "예에 어긋나는 것은 보지 말고, 예에 어긋나는 것은 듣지 말며, 예에 어긋나는 것은 말하지도 말고, 예에 어긋나는 것은 행하지 말라." 안연이 대답했다. "제가 부족하지만 이 말씀을 실천하도록 힘쓰겠습니다."

顔淵曰 請問其目 子曰 非禮勿視 非禮勿聽 非禮勿言 非禮勿動
안 연 왈 청 문 기 목 자 왈 비 례 물 시 비 례 물 청 비 례 물 언 비 례 물 동

顔淵曰 回雖不敏 請事斯語矣
안 연 왈 회 수 불 민 청 사 사 어 의

12안연(顔淵) : 자기 자신을 극복하라 12-02-0

긴장을 늦추지 말라

중궁이 인에 대해서 여쭈어보자 공자께서 말씀하셨다. "대문 밖으로 나가면 큰 손님을 맞이할 때처럼 긴장을 늦추지 말고, 백성을 부릴 때는 큰 제사를 받들 듯이 신중해야 한다. 자신이 하고 싶지 않은 일을 남에게 시키지 말아라. 그러면 나라의 백성들에게 원망받지 않고 가족들에게 원망받을 일이 없을 것이다." 중궁이 말했다. "비록 제가 불민하긴 하지만 말씀해 주신 것을 실천하도록 힘쓰겠습니다."

仲弓問仁 子曰 出門如見大賓 使民如承大祭 己所不欲
중 궁 문 인 자 왈 출 문 여 견 대 빈 사 민 여 승 대 제 기 소 불 욕

勿施於人 在邦無怨 在家無怨 仲弓曰 雍雖不敏 請事斯語矣
물 시 어 인 재 방 무 원 재 가 무 원 중 궁 왈 옹 수 불 민 청 사 사 어 의

중궁(仲弓)은 공자의 제자 염옹(冉雍)의 자이다.

12안연(顔淵) : 자기 자신을 극복하라 12-03-0

신중하여 말을 삼가하라

사마우가 인에 대해서 여쭈어보자 공자께서 말씀하셨다. "어진 사람은 신중하여 말을 삼가는 것이다." 사마우가 다시 여쭈었다. "말을 삼가는 정도를 가지고 어질다고 할 수 있겠는지요?" 이에 공자께서 대답하셨다. "그렇다. 자신이 한 말을 실천하는 일이 어려운데 어찌 말을 삼가지 않을 수 있겠는가."

司馬牛問仁 子曰 仁者 其言也訒
사 마 우 문 인 자 왈 인 자 기 언 야 인

曰 其言也訒 斯謂之仁矣乎 子曰 爲之難 言之得無訒乎
왈 기 언 야 인 사 위 지 인 의 호 자 왈 위 지 난 언 지 득 무 인 호

사마우는 송나라 사람으로 공자의 제자이다. 사마환태의 동생인데 말이 많고 성질이 조급했다고 한다.

12안연(顔淵) : 자기 자신을 극복하라 12-04-0

양심에 거리낌이 없게 하라

사마우가 군자에 대해서 여쭈어보자 공자께서 말씀하셨다. "군자는 근심도 없고 두려움도 없는 사람이다." 사마우가 다시 여쭈었다. "근심이 없고 두려워하지 않으면 군자라고 하는지요?" 공자께서 대답하셨다. "마음속으로 돌아보아 양심에 거리낌이 없어야 근심도 두려움도 없게 되는 법이다."

司馬牛問君子 子曰 君子不憂不懼
사 마 우 문 군 자 자 왈 군 자 불 우 불 구

曰 不憂不懼 斯謂之君子矣乎 子曰 內省不疚 夫何憂何懼
왈 불 우 불 구 사 위 지 군 자 의 호 자 왈 내 성 불 구 부 하 우 하 구

사마우가 송나라에서 공자의 문하로 들어온 지 얼마 안 되었을 때, 형인 사마환퇴가 반란을 일으키려고 한다는 소문이 들려왔다. 이 때문에 그는 늘 근심과 두려움에 빠져 있었는데 이를 본 공자가 그를 위로하기 위하여 이 말을 한 것이다.

천하에 모든 이가 형제다

사마우가 걱정하며 말했다. "남들은 다 형제가 있는데 나만 유독 없다네." 이에 자하가 말했다. "내가 듣건대 사람이 죽고 사는 것은 운명으로 정해져 있고, 부귀는 하늘에 달려 있다고 한다. 만일 그대가 신중하여 잘못을 저지르지 않고, 매사에 겸손하여 예의를 지킨다면 천하의 모든 사람들이 형제가 될 것이다. 어찌 형제가 없다고 걱정하는가?"

司馬牛憂曰 人皆有兄弟 我獨亡
사마우우왈 인개유형제 아독무

子夏曰 商聞之矣 死生有命 富貴在天 君子敬而無失 與人恭而有禮
자하왈 상문지의 사생유명 부귀재천 군자경이무실 여인공이유례

四海之內 皆兄弟也 君子何患乎無兄弟也
사해지내 개형제야 군자하환호무형제야

사마우에게는 형인 환퇴가 있었지만, 그는 공자를 죽이려 한 무도한 사람이었기 때문에 형제가 없는 것으로 간주한 것이다.

공자는 나라를 운영하는데 있어서 중요한 것은 식량이 있어야 하고, 국방이 튼튼해야 하며, 백성들에게 신뢰가 있어야 한다고 했다. 그 중에서 가장 중요한 것은 백성들의 신뢰이다.

신뢰받지 못하는 리더들은 왜 자기를 못 믿느냐고 항변을 한다. 큰 소리를 내고 강하게 밀어붙인다고 신뢰가 생기는 것이 아니다. 오히려 믿음을 주지 못하고 있음을 고백할 뿐이다.

큰 신뢰를 얻고 싶으면 작은 신뢰부터 쌓아야 한다. 진실과 지혜와 인내가 필요한 때이다.

12안연(顏淵) : 자기 자신을 극복하라 12-06-0

사리에 밝은 사람

자장이 사리에 밝은 사람에 대해서 여쭈어보자 공자께서 말씀하셨다. "물이 스며들듯이 은근하게 거듭되는 참언과 피부에 와닿는 구체적인 무고도 전혀 통하지 않는다면 그 사람은 사리에 밝다고 할 수 있다. 물이 스며들듯이 은근하게 거듭되는 참언과 피부에 와닿는 구체적인 무고도 전혀 통하지 않는다면 그 사람은 안목이 원대하다고 할 수 있다."

子張問明 子曰 浸潤之譖 膚受之愬 不行焉 可謂明也已矣
자 장 문 명 자 왈 침 윤 지 참 부 수 지 소 불 행 언 가 위 명 야 이 의

浸潤之譖 膚受之愬 不行焉 可謂遠也已矣
침 윤 지 참 부 수 지 소 불 행 언 가 위 원 야 이 의

참언은 그 사람에 대해 비방하는 말, 즉 무고이다. 즉 터무니없는 말로 뒤집어씌우는 것을 말한다. 물이 스며들 듯이 은근한 참소와 직접 피부로 느껴질 만한 절실한 참소가 통하지 않는다면 안목이 원대하다고 할 수 있을 것이다. 참소에 마음이 동요되지 않고 자신의 주관을 지키는 사람은 사리에 밝은 사람이다.

백성의 신뢰

자공이 정치에 대해 여쭈어보자 공자께서 말씀하셨다. "식량을 넉넉히 비축하고 군비를 잘 갖추고 백성들의 신뢰를 받는 것이다." 자공이 다시 여쭈었다. "부득이 하여 이 세 가지 중에서 하나를 버려야 한다면 어느 것부터 먼저 버려야 하는지요?" 공자께서 말씀하셨다. "군비를 버려야지." 자공이 다시 여쭈었다. "부득이 하여 남은 두 가지 중에서도 또 하나를 버려야 한다면 어느 것을 버려야 하는지요?" 공자께서 말씀하셨다. "식량을 버려야지. 식량이 없으면 죽을 수밖에 없겠지만 예로부터 어느 누군들 죽음에서 벗어난 이가 있었는가. 그러나 백성에게 신뢰를 잃으면 나라는 존립할 수 없다."

子貢問政 子曰 足食 足兵 民信之矣
자공문정 자왈 족식 족병 민신지의

子貢曰 必不得已而去於斯三者何先 曰 去兵
자공왈 필부득이이거어사삼자하선 왈 거병

子貢曰 必不得已而去 於斯二者何先 曰 去食
자공왈 필부득이이거 어사이자하선 왈 거식

自古 皆有死 民無信不立
자고 개유사 민무신불립

⁂ • • • • • • •

공자는 나라를 운영하는데 있어서 중요한 것은 식량이 있어야 하고, 국방이 튼튼해야 하며, 백성들에게 신뢰가 있어야 한다고 했다. 그 중에서 가장 중요한 것은 백성들의 신뢰이다.

신뢰받지 못하는 리더들은 왜 자기를 못 믿느냐고 항변을 한다. 큰소리를 내고 강하게 밀어붙인다고 신뢰가 생기는 것이 아니다. 오히려 믿음을 주지 못하고 있음을 고백할 뿐이다.

큰 신뢰를 얻고 싶으면 작은 신뢰부터 쌓아야 한다. 진실과 지혜와 인내가 필요한 때이다.

교양있는 군자

극자성이 말했다. "교양 있는 군자란 질박할 뿐인데, 표면적인 형식을 무엇에 쓰겠는지요?" 이에 자공이 말했다. "안타깝군요, 극 선생이 군자에 대해 논한 것이! 말은 한번 하고 나면 사두마차로도 쫓아갈 수 없다는 속담도 있습니다. 외면은 실질에서 떠날 수 없고 실질도 외면에서 떠날 수 없지요. 호랑이와 표범의 가죽을 귀중히 여기는 것은 독특하고 아름다운 털이 붙어 있기 때문인데, 그 털을 떼어내어 가죽으로 만들어 버리면 개나 양의 가죽과 다름이 없을 것입니다."

棘子成日 君子質而已矣 何以文爲
극 자 성 왈 군 자 질 이 이 의 하 이 문 위

子貢日 惜乎夫子之說君子也 駟不及舌
자 공 왈 석 호 부 자 지 설 군 자 야 사 불 급 설

文猶質也 質猶文也 虎豹之鞹 猶犬羊之鞹
문 유 질 야 질 유 문 야 호 표 지 곽 유 견 양 지 곽

극자성은 그 당시 위나라의 대부이다. 그래서 자공이 그를 부자라고 칭했던 것이다.

사불급설(駟不及舌)은 사두마차가 혀를 따라가지 못한다는 당시의 속담으로, 말이란 일단 자기 입에서 나가면 되돌아오게 할 수 없으니 신중하게 하라는 뜻을 담고 있다.

12안연(顔淵) : 자기 자신을 극복하라 12-09-0

백성과 군주

애공이 유약에게 물었다. "기근 때문에 흉년이 들어 국가의 재정이 궁핍한데 어찌하면 좋겠소?" 유약이 대답했다. "철법을 시행하여 10분의 1세를 거두십시오." 이에 애공이 대답했다. "10분의 2세를 거두어도 부족할 지경인데, 어찌 10분의 1세를 거두란 말이오?" 유약이 대답했다. "백성이 풍족하면 군주 혼자 궁핍에 빠질 리 없고, 백성이 궁핍하면 군주 혼자 풍족하게 될 리가 없습니다."

哀公問於有若曰 年饑用不足 如之何
애공문어유약왈 연기용부족 여지하

有若對曰 盍徹乎 曰 二吾猶不足 如之何其徹也
유약대왈 합철호 왈 이오유부족 여지하기철야

對曰 百姓足 君孰與不足 百姓不足 君孰與足
대왈 백성족 군숙여부족 백성부족 군숙여족

유약은 공자의 제자이다. 철(徹)은 수확의 10분의 1을 징수하는 주나라 때의 조세 징수 제도로, 십일조(十一租) 제도를 말한다.

12안연(顔淵) : 자기 자신을 극복하라 12-10-0

덕을 높이고 미혹을 분별하라

자장이 덕을 높이고 미혹을 분별하는 일에 관해 여쭈어보자 공자께서 말씀하셨다. "충성과 신의를 주축으로 삼아 정의를 따르는 것이 덕을 쌓는 것이다. 그 사람을 사랑할 때는 영원히 살기를 바라고, 그 사람이 미워지면 죽기를 바라는 것은 살기도 바라고 또 죽기도 바라니 이것이 미혹이다. '진실로 그 사람이 부유하기 때문이 아니라 역시 단지 색다르기 때문이다' 라는 말과 같다."

子張問崇德辨惑 子曰 主忠信 徙義 崇德也 愛之欲其生
자장문숭덕변혹 자왈 주충신 사의 숭덕야 애지욕기생

惡之欲其死 旣欲其生又欲其死 是惑也 誠不以富 亦祇以異
오지욕기사 기욕기생우욕기사 시혹야 성불이부 역지이이

12안연(顔淵) : 자기 자신을 극복하라 12-11-0

군주가 군주다워야 한다

제나라의 경공이 공자에게 정치를 묻자 공자께서 대답하셨다. "군주는 군주답고, 신하는 신하답고, 부친은 부친답고, 자식은 자식답게 만드는 것입니다." 이에 경공이 말했다. "참 좋은 말씀입니다. 참으로 군주가 군주답지 않고, 신하가 신하답지 않고, 부친이 부친답지 않고, 자식이 자식답지 않다면 비록 식량이 쌓여 있다고 한들 내가 그것을 먹을 수 있겠는지요?"

齊景公問政於孔子 孔子對曰 君君臣臣父父子子
제 경 공 문 정 어 공 자 공 자 대 왈 군 군 신 신 부 부 자 자

公曰 善哉 信如君不君 臣不臣 父不父 子不子 雖有粟 吾得而食諸
공 왈 선 재 신 여 군 불 군 신 불 신 부 불 부 자 불 자 수 유 속 오 득 이 식 제

제나라의 경공(景公)은 제나라의 임금으로, 성이 강(姜), 이름이 저구(杵臼)이다. 공자는 기원전 517년 노나라의 내란을 피해 제나라로 갔을 때 그와 대담을 나눈 적이 있었다.

12안연(顔淵) : 자기 자신을 극복하라 12-12-0

송사를 판결할 수 있는 사람

공자께서 말씀하셨다. "단 한마디로 송사를 판결할 수 있는 사람은 아마도 유(자로)일 것이다. 자로는 승낙한 것을 이행하지 않고 하루를 끄는 법이 없었다."

子曰 片言可以折獄者 其由也與 子路無宿諾
자 왈 편 언 가 이 절 옥 자 기 유 야 여 자 로 무 숙 락

제자인 자로의 성실하고도 솔직한 태도가 사람들의 신임을 받았음을 칭송한 내용이다.

12안연(顔淵) : 자기 자신을 극복하라 12-13-0

소송하는 일이 없도록 하라

공자께서 말씀하셨다. "소송을 듣고 그것을 처리하는 것은 나도 다른 사람과 마찬가지이다. 그보다 중요한 것은 결코 소송하는 일이 없도록 하는 것이다."

子曰 聽訟 吾猶人也 必也使無訟乎
자 왈 청 송 오 유 인 야 필 야 사 무 송 호

12안연(顔淵) : 자기 자신을 극복하라 12-14-0

직무를 유기하지 말라

자장이 정치에 대해 여쭈어보자 공자께서 말씀하셨다. "관직에 있을 때는 태만하여 직무를 유기하지 말고 집행을 할 때는 충실하게 해야 한다."

子張問政 子曰 居之無倦 行之以忠
자 장 문 정 자 왈 거 지 무 권 행 지 이 충

12안연(顔淵) : 자기 자신을 극복하라 12-15-0

정도에서 벗어나지 말라

공자께서 말씀하셨다. "널리 문물제도를 배우고 예를 실천함으로써 자신을 다스릴 수 있다면 역시 정도에서 벗어나지 않았다고 할 수 있다."

子曰 博學於文 約之以禮 亦可以弗畔矣夫
자 왈 박학어문 약지이례 역가이불반의부

12안연(顔淵) : 자기 자신을 극복하라 12-16-0

장점은 북돋아주고 단점은 고쳐라

공자께서 말씀하셨다. "군자는 다른 사람의 장점은 더 북돋아 주고, 다른 사람의 단점은 고치도록 도와주어야 한다. 소인은 이와 반대이다."

子曰 君子成人之美 不成人之惡 小人反是
자 왈 군자성인지미 불성인지악 소인반시

12안연(顔淵) : 자기 자신을 극복하라 12-17-0

솔선하여 바르게 행하라

계강자가 공자께 정치에 대해 묻자, 공자께서 말씀하셨다. "정치란 바로잡는 것입니다. 선생이 솔선하여 바르게 행한다면 누가 감히 잘못을 저지르겠는지요?"

季康子問政於孔子 孔子對曰 政者 正也 子帥以正 孰敢不正
계 강 자 문 정 어 공 자 공 자 대 왈 정 자 정 야 자 솔 이 정 숙 감 부 정

12안연(顔淵) : 자기 자신을 극복하라 12-18-0

선생이 욕심을 부리지 말라

계강자가 도둑이 많은 것을 걱정하여 공자에게 대책을 묻자 공자께서 말씀하셨다. "진실로 선생이 욕심을 부리지 않는다면, 사람들에게 상을 준다고 해도 도둑질을 하지 않을 것입니다."

季康子患盜 問於孔子 孔子對曰 苟子之不欲 雖賞之不竊
계 강 자 환 도 문 어 공 자 공 자 대 왈 구 자 지 불 욕 수 상 지 부 절

12안연(顔淵) : 자기 자신을 극복하라 12-19-0

위정자의 본질

계강자가 정치에 대해 공자에게 물었다. "무도한 악인들을 죽여서 백성들을 도로 나아가게 하면 어떻겠는지요?" 공자께서 말씀하셨다. "선생이 정치를 하시는데 어찌 사람을 죽일 필요가 있겠는지요? 선생이 선하게 살기 위해 애쓴다면 곧 백성들은 선량해질 것입니다. 위정자의 본질은 바람이고 백성의 본질은 풀이므로, 풀은 바람이 부는 방향으로 눕게 마련입니다."

季康子問政於孔子曰 如殺無道 以就有道 何如
계 강 자 문 정 어 공 자 왈 여 살 무 도 이 취 유 도 하 여

孔子對曰 子爲政 焉用殺 子欲善 而民善矣
공 자 대 왈 자 위 정 언 용 살 자 욕 선 이 민 선 의

君子之德 風 小人之德 草 草 上之風 必偃
군 자 지 덕 풍 소 인 지 덕 초 초 상 지 풍 필 언

『후한서(後漢書)』에 보면, 마요가 명덕황후에게 상소한 글이 나온다.

"옛 책에 오왕(吳王)이 검객(劍客)을 좋아하자 상처입는 백성이 많아지고, 초왕(楚王)이 세요(細腰, 가는 허리)를 좋아하자 궁중에 굶어 죽는 자가 많아졌다고 했습니다. 장안 사람들은 성안에서 높은 상투를 좋아하자 사방의 상투가 한 자씩 높아졌다고 합니다."

이후, '성중호고계(城中好高髻), 사방고일척(四方高一尺).' 이란 말은 권력에 있는 사람의 기호에 따라 세간풍조가 심하게 바뀌므로, 왕과 관료, 수령들은 사치를 부리거나 백성의 이익을 침탈해서는 안 된다는 뜻으로 사용되었다고 한다.

12안연(顔淵) : 자기 자신을 극복하라 12-20-1

통달할 수 있는 방법

자장이 여쭈었다. "선비는 어떻게 해야 통달했다고 할 수 있는지요?" 공자께서 말씀하셨다. "네가 말하는 통달이란 어떤 뜻이냐?"

子張問 士何如斯可謂之達矣 子曰 何哉爾所謂達者
자 장 문 사 하 여 사 가 위 지 달 의 자 왈 하 재 이 소 위 달 자

여기에서 가(家)는 개인의 집이 아니라 대부의 식읍을 가리킨다.

12안연(顔淵) : 자기 자신을 극복하라 12-20-2

명성과 통달

자장이 대답했다. "나라의 관직을 맡고 있을 때도 반드시 명성이 있고, 대부의 식읍에 있어도 반드시 명성이 있는 것입니다." 이에 공자께서 말씀하셨다. "그것은 명성이지 통달이 아니다. 통달했다는 것은 품성이 정직하고 정의를 사랑하며, 다른 사람의 말을 잘 헤아리고 표정을 잘 살펴, 사려있게 처신하여 남에게 겸양을 실천하는 것이다. 이런 사람이 나라에 등용되면 훌륭한 업적을 거두고 쓰이지 않고 대부의 식읍에서 일을 해도 거뜬히 자기 몫을 해낸다. 명성이 있다는 것은 겉으로는 인을 따르는 듯하지만 실제로는 그렇지 못하면서도 스스로 어진 사람으로 믿어 의심치 않는 것이다. 그런 사람은 관직에 있을 때도 거짓 명성을 취하고 집에 있을 때도 거짓 명성을 취하는 법이다."

子張對曰 在邦必聞 在家必聞 子曰 是聞也 非達也
자 장 대 왈 재 방 필 문 재 가 필 문 자 왈 시 문 야 비 달 야

夫達也者 質直而好義 察言而觀色 慮以下人 在邦必達 在家必達
부 달 야 자 질 직 이 호 의 찰 언 이 관 색 려 이 하 인 재 방 필 달 재 가 필 달

夫聞也者 色取仁而行違 居之不疑 在邦必聞 在家必聞
부 문 야 자 색 취 인 이 행 위 거 지 불 의 재 방 필 문 재 가 필 문

12안연(顔淵) : 자기 자신을 극복하라 12-21-0

덕을 높이고 사특함을 몰아내라

번지가 공자를 모시고 무우 아래에서 한가로이 산책하다가 여쭈었다. "덕을 높이고, 사특함을 몰아내고, 미혹을 가린다는 세 가지 말은 무슨 뜻입니까? 감히 여쭙니다." 공자께서 말씀하셨다. "좋은 질문을 하였구나. 일을 먼저 하고 이익을 뒤로 돌린다면 덕을 높이는 일이 아니겠느냐? 자신의 과실에 대해서는 엄격하고 타인에게는 인신공격을 하지 않는다면 사악한 마음을 몰아낼 수 있지 않겠느냐? 한때의 사소한 분노로 자신의 몸을 팽개쳐 악한 일을 하여 부모에게까지 누를 끼치는 것이 미혹이 아니겠느냐?"

樊遲從遊於舞雩之下 曰 敢問崇德修慝辨惑 子曰 善哉問
번지종유어무우지하 왈 감문숭덕수특변혹 자왈 선재문

先事後得 非崇德與 攻其惡 無攻人之惡 非修慝與
선사후득 비숭덕여 공기악 무공인지악 비수특여

一朝之忿 忘其身 以及其親 非惑與
일조지분 망기신 이급기친 비혹여

12안연(顔淵) : 자기 자신을 극복하라 12-22-1

사람을 사랑하는 것

번지가 인에 대해서 여쭈어보자 공자께서 말씀하셨다. "사람을 사랑하는 것이다." 또 안다는 것에 대해 여쭈어보자 "사람을 알아보는 것이다."라고 대답하셨다. 번지는 선뜻 이해하지 못하자 공자께서 말씀하셨다. "곧은 것을 들어서 굽은 것 위에 놓으면 그 굽은 것을 곧게 만들 수 있다."

樊遲問仁 子曰 愛人 問知 子曰 知人
번지문인 자왈 애인 문지 자왈 지인

樊遲未達 子曰 擧直錯諸枉 能使枉者直
번지미달 자왈 거직조제왕 능사왕자직

지인(知人)은 사람을 알아보는 것, 즉 훌륭한 사람을 알아보고 그 사람을 본보기로 내세워 대중을 선도하는 것이 지혜로운 일이라는 뜻이다.

12안연(顔淵) : 자기 자신을 극복하라 12-22-2

인재 등용의 중요성

번지가 스승 앞에서 물러나와 자하를 만나 물어보았다. "조금 전에 선생님을 뵙고 안다는 것이 무엇인지 여쭈었더니 말씀하시기를, '곧은 것을 들어서 굽은 것 위에 놓으면 그 굽은 것을 곧게 만들 수 있다.'고 말씀하셨는데 무슨 뜻인지요?" 이에 자하가 말했다. "참으로 의미심장한 말씀입니다. 아마 순임금이 천자를 얻었을 때 많은 사람들 중에 고요를 뽑아 등용하자 악인들이 멀리 떠나갔고, 상의 탕왕이 천자가 되어 많은 사람들 중에 이윤을 뽑아 등용하자 어질지 못한 자들이 도망갔던 그런 일들을 말씀하셨을 것입니다."

樊遲退 見子夏 曰 鄕也吾見於夫子而問知
번지퇴 견자하 왈 향야오견어부자이문지

子曰 擧直錯諸枉 能使枉者直 何謂也 子夏曰 富哉言乎
자왈 거직조제왕 능사왕자직 하위야 자하왈 부재언호

舜有天下 選於衆 擧皐陶 不仁者遠矣
순유천하 선어중 거고도 불인자원의

湯有天下 選於衆 擧伊尹 不仁者遠矣
탕유천하 선어중 거이윤 불인자원의

❀ • • • • • •

고도(皐陶)는 고요로도 불리는데, 순 임금의 신하로 형벌을 맡았던 판관이다. 법의 집행이 공평무사하기로 유명했는데, 동이족의 수령이었다는 설도 있다.

탕(湯)은 하나라의 폭군으로, 걸왕을 몰아내고 상(商)나라, 즉 은나라를 세운 임금이다.

이윤(伊尹)은 탕왕을 도와 하나라를 물리치고 상나라의 기초를 다진 신하인데, 보통 이윤이라고 불리지만 이가 이름이고, 윤은 관직의 이름이다.

12안연(顔淵) : 자기 자신을 극복하라 12-23-0

진심으로 간절히 권하라

자공이 벗에 대해 여쭈어보자 공자께서 말씀하셨다. "진심으로 간절히 그에게 권고하여 좋은 방향으로 이끌되, 그가 받아들이지 않으면 그만두어라. 이 일로 모욕을 당하지는 말아라."

子貢問友 子曰 忠告而善道之 不可則止 無自辱焉
자 공 문 우 자 왈 충 고 이 선 도 지 불 가 즉 지 무 자 욕 언

12안연(顔淵) : 자기 자신을 극복하라 12-24-0

글로써 벗을 모으라

증자가 말했다. "군자는 학문으로써 벗을 모으고, 벗으로써 인의 길로 더욱 전진해야 한다."

曾子日 君子以文會友 以友輔仁
증 자 왈 군 자 이 문 회 우 이 우 보 인

이우보인(以友輔仁)은 친구로써 인의 향상을 돕다, 즉 친구와의 교제가 인의 수준을 제고하는 데 도움을 준다는 의미이다.

-13-

자로

子路

악한 사람들이 미워하는 사람이 되어라

13자로(子路) : 악한 사람들이 미워하는 사람이 되어라 13-01-0

게으름 피우지 말고 한결같이 하라

자로가 정치에 대해 여쭈어보자 공자께서 말씀하셨다. "모든 일을 백성들 앞에서 솔선수범하여라. 그다음에 그들에게 일을 시켜야 한다." 더 자세히 말씀 듣기를 원하자 말씀하셨다. "게으름 피우지 말고 한결같이 그렇게 해야 한다."

子路問政 子曰 先之勞之 請益 曰無倦
자로문정 자왈 선지노지 청익 왈무권

무권(無倦)은 게을리 하지 말라. 즉 원칙을 꾸준히 지켜 나가고, 도중에 흐지부지 끝내서는 안 된다는 뜻이다

한비자는 정치에 대해 이런 말을 했다.

"스스로 나라 다스리는 수고로움을 싫어하여 여러 신하들을 부리고, 많은 정사들이 몰려 닥치는 것을 꺼린 나머지 권리를 신하들에게 옮겨 주며, 사람을 죽이고 살리는 기틀과 벼슬이나 재물을 주고 뺏는 권리까지 모두 대신들에게 주게 되면, 이런 임금은 침해를 당하기 십상이다."

우수한 인재를 등용하라

중궁이 계씨의 집사가 되어 정치에 대해 여쭈어보자 공자께서 말씀하셨다. "항상 실무자들 앞에서 솔선수범하고 그들의 작은 잘못은 눈감아 주고, 우수한 인재를 등용하도록 하여라." "우수한 인재를 어떻게 알아보고 선발하는지요?" 공자께서 말씀하셨다. "먼저 네가 아는 사람을 선발하거라. 그렇게 하면 네가 알지 못하는 인재는 남들이 추천해 올 것이다."

仲弓爲季氏宰 問政 子曰 先有司 赦小過 擧賢才
중궁위계씨재 문정 자왈 선유사 사소과 거현재
曰 焉知賢才而擧之 子曰 擧爾所知
왈 언지현재이거지 자왈 거이소지
爾所不知 人其舍諸
이소부지 인기사제

• • • • • •

중궁은 염옹을 가리킨다.

삼략에 보면 정치에 대한 글이 나온다.

"현인은 예로써 정치를 하기에, 사람들은 허리를 굽혀 복종한다. 성인은 덕으로써 정치를 하기에, 사람들은 마음속으로부터 즐겨 복종한다. 허리를 굽혀 복종하는 것은 처음에는 잘 되어 가지만 꼭 끝까지 잘 되리라고는 단언할 수 없다. 그러나 마음으로부터 즐겨 복종하는 것은 처음은 말할 것도 없거니와 끝까지 잘 될 수 있는 것이다."

명분을 바로잡으라

자로가 말했다. "위나라의 임금이 선생님께 국정을 맡긴다면 선생님께서는 어떤 일을 먼저 하시겠는지요?" 공자께서 말씀하셨다. "반드시 명분을 바로잡을 것이다." 자로가 말했다. "선생님은 현실감각이 없으신 듯합니다. 무엇 하러 명분을 바로잡으시려 하는지요?"

子路曰 衛君待子而爲政 子將奚先 子曰 必也正名乎
자 로 왈 위 군 대 자 이 위 정 자 장 해 선 자 왈 필 야 정 명 호

子路曰 有是哉 子之迂也 奚其正
자 로 왈 유 시 재 자 지 우 야 해 기 정

❀ · · · · · ·

위군(衛君)은 위나라 출공(出公)을 가리킨다. 그는 할아버지인 영공이 죽었을 때 영공에게 쫓겨난 아버지 괴외(蕢聵)를 불러들이지 않고 자신이 즉시 왕위에 올랐다.

공자는 이것을 명분에 어긋나는 행위로 보았다. 그가 공자께서 부탁해서 국정을 맡긴다면 무엇을 먼저 하겠는가를 묻자 명분을 얘기한 것이다. 군자가 세운 명분은 어물어물 넘어가는 그런 것이어서는 안 되고 떳떳하고 논리 정연하게 설명할 수 있고 또 실행할 수 있는 올바른 것이어야 한다.

13자로(子路) : 악한 사람들이 미워하는 사람이 되어라 13-03-2

모르는 것은 모른다 해라

공자께서 말씀하셨다. "침착하거라, 유(자로)야. 군자는 자신이 모르는 것에 대해서는 입을 다무는 법이다. 명분이 바르게 서지 않으면 정책에 조리가 서지 않는다. 정책에 조리가 서지 않으면 나라의 일이 제대로 되지 않는다."

子曰 野哉由也 君子於其所不知 蓋闕如也
자 왈 야 재 유 야 군 자 어 기 소 부 지 개 궐 여 야

名不正 則言不順 言不順 則事不成
명 부 정 즉 언 불 순 언 불 순 즉 사 불 성

13자로(子路) : 악한 사람들이 미워하는 사람이 되어라 13-03-3

합당한 정책을 세워라

"나라의 일이 제대로 추진되지 못하면 교육이 제대로 실시되지 못한다. 교육이 제대로 이루어지지 못하면 재판이 공정성을 잃는다. 재판이 공정성을 잃으면 백성들은 손발을 어디에 두어야 할지 모를 정도로 불안에 휩싸일 것이다. 그러므로 위정자는 명분에 합당한 정책을 세우고 입안된 정책은 반드시 실행해야 한다. 그러나 그 정책은 신중한 검토를 거쳐서 입안되어야 한다."

事不成 則禮樂不興 禮樂不興 則刑罰不中 刑罰不中 則民無所措手足
사 불 성 즉 예 악 부 흥 예 악 부 흥 즉 형 벌 부 중 형 벌 부 중 즉 민 무 소 조 수 족

故 君子名之必可言也 言之必可行也 君子於其言 無所苟而已矣
고 군 자 명 지 필 가 언 야 언 지 필 가 행 야 군 자 어 기 언 무 소 구 이 이 의

전문가를 찾아라

번지가 농사짓는 법을 가르쳐 달라고 청하자 공자께서 말씀하셨다. "경험 많은 노련한 농부가 나보다 나을 것이다." 또 채소 재배법을 가르쳐 달라고 청하자 공자께서 말씀하셨다. "전문적인 채소 재배가가 나보다 나을 것이다." 번지가 물러난 뒤 공자께서 말씀하셨다. "번지는 소인이구나."

樊遲請學稼 子曰 吾不如老農 請學爲圃 曰 吾不如老圃
번지청학가 자왈 오불여노농 청학위포 왈 오불여노포

樊遲出 子曰 小人哉樊須也
번지출 자왈 소인재번수야

사마양저의 『사마법』에 보면, "옛 성왕들은 나라를 다스림에 있어서 하늘의 도에 순응하고 자연의 이치에 따랐으며, 백성 가운데 덕이 있는 자를 적재적소의 관직에 배치하여 대의명분을 세워 직무를 수행하게 하였다."라는 글이 나온다.

지도자의 능력은 인사에 있다고 할 정도로 사람을 뽑아 어떻게 쓰느냐에 나라의 운명이 좌우된다.

'인사가 만사다'라는 말처럼 인재등용은 정치의 기본이다. 인재를 알아보는 능력을 갖춘 지도자가 필요한 시대다.

위정자를 자연스레 따르게 하라

"위정자가 예절을 좋아하면 백성은 자연히 그를 존경하게 된다. 위정자가 정의를 좋아하면 백성은 자연히 그를 믿고 따르게 된다. 위정자가 신의를 존중하면 백성도 자연히 진정으로 부응하게 된다. 그렇게 되면 사방의 백성이 자기 자식을 등에 업고 달려 올 텐데 직접 농사를 배울 필요가 있겠느냐."

上好禮 則民莫敢不敬 上好義 則民莫敢不服 上好信 則民莫敢不用情
상호례 즉민막감불경 상호의 즉민막감불복 상호신 즉민막감불용정
夫如是 則四方之民襁負其子而至矣 焉用稼
부여시 즉사방지민강부기자이지의 언용가

공자의 시대에는 위정자와 백성의 계급이 분명했기 때문에 역할 분담에 대한 사고방식을 지니고 있었다. 인의로써 백성을 다스리는 위정자의 입장에서 말한 것이다.

『관자』에 이런 말이 나온다.

"임금이 백성들을 안락하게 해주지 않으면 백성들도 임금을 사랑하지 않고, 임금이 백성들을 잘 살게 해주지 않으면 백성들도 나라를 위해 목숨을 내놓지 않는다. 갈 것이 가지 않으면 올 것도 오지 않는 법이다."

상황에 따라 적극적으로 대처하라

공자께서 말씀하셨다. "『시경』 300편을 암송하는 수준이면서도 정치를 맡겼을 때 제대로 감당하지 못하고, 외국에 사신으로 내보냈을 때 독자적으로 교섭을 이끌어내지도 못한다면 비록 시를 아무리 많이 외웠다고 한들 무슨 소용이 있겠는가?"

子曰 誦詩三百 授之以政 不達 使於四方 不能專對 雖多 亦奚以爲
자 왈 송 시 삼 백 수 지 이 정 부 달 사 어 사 방 불 능 전 대 수 다 역 해 이 위

『시경』은 모두 305편의 시를 수록하고 있기 때문에 흔히 시삼백(詩三百)이라고 부른다.

대부가 다른 나라에 사신으로 나갈 때는 궁극적인 사명만 부여하고 구체적인 응대 방법은 일러주지 않기 때문에 일일이 본국 조정의 지시를 기다릴 필요 없이 상황에 따라 스스로 판단하여 임기응변해야 하는데, 그릇이 작고 고지식하여 그것을 능숙하게 처리하지 못한다면 그 많은 지식도 그림의 떡일 뿐이라는 의미다.

13자로(子路) : 악한 사람들이 미워하는 사람이 되어라 13-06-0

몸가짐을 바르게 하라

공자께서 말씀하셨다. "위정자가 몸가짐을 바르게 가지면 명령을 내리지 않아도 저절로 정치가 잘되고, 몸가짐이 바르지 않으면 명령을 내려도 백성들이 따르지 않는다."

子曰 其身正 不令而行 其身不正 雖令不從
자 왈 기 신 정 불 령 이 행 기 신 부 정 수 령 부 종

지도자의 위치에 있을수록 모든 일에 모범을 보여야 한다는 뜻이다. 행동은 없으면서 입이 아프게 부르짖은들 아무도 따르지 않을 것이다. 리더십이 부족하다고 느끼는 사람은 자기에게 이런 점이 없는지를 점검해 보아야 할 것이다.

13자로(子路) : 악한 사람들이 미워하는 사람이 되어라 13-07-0

두 나라의 정치적인 혼란

공자께서 말씀하셨다. "노나라와 위나라의 정치는 형제간처럼 차이가 없다."

子曰 魯衛之政 兄弟也
자 왈 노 위 지 정 형 제 야

노나라는 문왕의 넷째 아들인 주공을 봉한 나라이고, 위나라는 일곱째 아들인 강숙을 봉한 나라로, 실제로 형제의 나라이다. 그러나 여기서는 계손씨와 맹손씨, 그리고 숙손씨 등의 삼환이 전횡하는 노나라와 출공이 부자간에 정권 다툼을 하고 있는 위나라의 혼란스러운 정국이 오십보백보로 난형난제라는 풍자적인 의미를 담고 있다.

인품이 훌륭한 위공자형

공자께서 위나라의 공자인 형을 평하여 말씀하셨다. "형님은 집에서 알뜰하고 검소하게 생활하였다. 처음 재산이 모이자 "그런 대로 지낼 만하다' 고 했고, 조금 여유가 생기자 "그런 대로 갖추게 되었다"고 했으며, 부유하게 되자 "그런 대로 훌륭해졌다."고 했다.

子謂衛公子荊 善居室 始有 曰 苟合矣
자위위공자형 선거실 시유 왈 구합의

少有 曰 苟完矣 富有 曰 苟美矣
소유 왈 구완의 부유 왈 구미의

위공자형(衛公子荊)은 위나라 헌공의 아들이다. 같은 시기에 노나라에도 공자의 형이 있었기 때문에 두 사람을 구분하기 위해 위공자형이라고 나라 이름을 붙였다. 인품이 훌륭해서 공자의 신분임에도 겸손했다고 한다.

지도자의 인품에 따라 나라의 운명도 달라진다.

제갈공명은 지도자의 자격에 대해 이런 말을 했다.

"부하를 사랑하고, 경쟁자에게도 존경을 받고, 지식이 풍부하여 모든 부하가 따른다면 천하만민의 리더가 될 수 있다."

13자로(子路) : 악한 사람들이 미워하는 사람이 되어라 13-09-0

의식주 다음은 교육이다

공자께서 위나라에 가실 때 염유가 마차를 몰았다. 공자께서 말씀하셨다. "위나라 백성이 많기도 하구나." 염유가 여쭈었다. "사람이 많아졌다면 무엇을 더 보태야 할까요?" 이에 공자께서 말씀하셨다. "생활을 넉넉하게 해주어야 할 것이다." 염유가 여쭈었다. "생활이 넉넉하게 되었다면 무엇을 더 보태야 할까요?" 공자께서 말씀하셨다. "그들을 교육시켜야 한다."

子適衛 冉有僕 子曰 庶矣哉 冉有曰 既庶矣 又何加焉
자적위 염유복 자왈 서의재 염유왈 기서의 우하가언

曰 富之 曰 既富矣 又何加焉 曰 敎之
왈 부지 왈 기부의 우하가언 왈 교지

꽃 • • • • • •

의식주의 기본적인 문제가 어느 정도 해결된 후에는 사회의 지속적인 발전을 위해 반드시 교육이 필요하다. 공자는 그 옛날 그 시대에 이미 그것을 알고 있었다는 것을 알 수 있다.

예나 지금이나 지도자들의 교육에 대한 생각은 같은 길을 가고 있다.

루즈벨트의 교육에 대한 생각을 보면 다음과 같다.

"교육은 국가를 만들지는 못하지만, 교육 없는 국가는 멸망을 면치 못한다."

국가를 보전하는 근본은 바로 교육인 것이다.

13자로(子路) : 악한 사람들이 미워하는 사람이 되어라 13-10-0

3년이면 성과를 거둔다

공자께서 말씀하셨다. "누군가가 내게 정치를 맡긴다면, 1년이면 그런 대로 괜찮아질 것이고, 3년이 지나면 큰 성과를 거둘 것이다."

子曰 苟有用我者 朞月而已可也 三年有成
자 왈 구 유 용 아 자 기 월 이 이 가 야 삼 년 유 성

기월(朞月)은 돐, 일주년을 말한다.

13자로(子路) : 악한 사람들이 미워하는 사람이 되어라 13-11-0

선인정치의 힘

공자께서 말씀하셨다. "선인이 백 년 동안 계속하여 나라를 다스리면 무도한 세상을 바꾸고, 잔인한 살육을 중지시킬 수 있다는 말이 있는데, 참으로 맞는 말이다."

子曰 善人爲邦百年 亦可以勝殘去殺矣 誠哉是言也
자 왈 선 인 위 방 백 년 역 가 이 승 잔 거 살 의 성 재 시 언 야

13자로(子路) : 악한 사람들이 미워하는 사람이 되어라 13-12-0

왕도가 이루어진 세상

공자께서 말씀하셨다. "설령 왕도로 세상을 다스리는 성왕이 나타난다고 해도 반드시 한 세대, 즉 30년은 지나야 인에 의한 감화가 이루어질 것이다."

子曰 如有王者 必世而後仁
자 왈 여 유 왕 자 필 세 이 후 인

왕자(王者)는 왕도로 세상을 다스리는 성왕을 말한다. 패자(霸者)에 대칭되는 말로서 요임금이나 순임금을 예로 들 수 있다.

13자로(子路) : 악한 사람들이 미워하는 사람이 되어라 13-13-0

행동을 바로 잡으라

공자께서 말씀하셨다. "만약 자신의 행동을 바로잡을 수 있다면 정치를 펼치는 데 무슨 어려움이 있겠는가? 만약 자신의 행동을 바로잡지 못한다면 어찌 다른 사람을 바로잡을 수 있겠는가?"

子曰 苟正其身矣 於從政乎何有 不能正其身 如正人何
자 왈 구 정 기 신 의 어 종 정 호 하 유 불 능 정 기 신 여 정 인 하

공과 사를 혼동하지 말라

염자가 관청에서 돌아오자 공자께서 물으셨다. "어찌 늦었느냐?" 염자가 대답했다. "나랏일이 있었습니다." 공자께서 말씀하셨다. "아마도 계씨 집안의 일이었겠지. 만일 나랏일이었다면 비록 나를 등용하지는 않았지만 나도 그 일에 참여하여 알았을 것이다."

冉子退朝 子曰 何晏也 對曰 有政
염자퇴조 자왈 하안야 대왈 유정

子曰 其事也 如有政 雖不吾以 吾其與聞之
자왈 기사야 여유정 수불오이 오기여문지

염자(冉子)는 공자의 제자인 염구로, 당시 노나라의 정권을 전횡하고 있던 계씨의 가신으로 있었다.

염유에게 공식적인 국정과 계씨의 개인적인 일을 혼동하지 말고 잘 구분하여 처리하라고 충고한 것이다.

염구를 염자로 높여 부른 것으로 보아 염구의 제자들이 올린 것으로 보인다.

13자로(子路) : 악한 사람들이 미워하는 사람이 되어라 13-15-1

나라를 일으킬 수 있는 자격

노나라의 정공이 물었다. "한마디로 나라를 일으킬 수 있는 말이 있겠는지요?" 공자께서 대답하셨다. "꼭 맞는 말은 없습니다. 비슷한 것을 말씀드릴 수는 있습니다. 어떤 사람의 말에 '군주 노릇하기도 어렵고 신하 노릇도 쉽지 않다' 고 했는데, 공께서 군주 노릇 하기가 어렵다는 것을 깨달으셨다면 한마디로 나라를 일으킬 수 있는 말에 가깝지 않겠는지요?"

定公問 一言而可以興邦 有諸 孔子對曰 言不可以若是 其幾也
정공문 일언이가이흥방 유제 공자대왈 언불가이약시 기기야
人之言曰 爲君難 爲臣不易 如知爲君之難也 不幾乎一言而興邦乎
인지언왈 위군난 위신불이 여지위군지난야 불기호일언이흥방호

정공(定公)은 노나라의 임금이다.

13자로(子路) : 악한 사람들이 미워하는 사람이 되어라 13-15-2

군주에게 거역할 수 있는 충신

"한마디로 나라를 잃는 그런 말이 있습니까?" 공자께서 대답하셨다. "꼭 맞는 말은 없지만 비슷한 것을 말씀드릴 수는 있습니다. 어떤 사람의 말에 '군주 노릇을 하는 것보다 더 즐거운 일은 없다. 내 말에 따르지 않는 사람이 없다' 고 합니다. 만약 군주의 하는 말이 모두 옳아서 그 말에 따르지 않는 사람이 없다면 정말 좋은 일이겠지만, 만약 군주가 말하는 것이 옳지 않은데도 거역하는 사람이 없다면, 이야말로 한마디로 나라를 망칠 수 있는 말에 가깝지 않겠는지요?"

曰 一言而喪邦 有諸 孔子對曰 言不可以若是 其幾也 人之言曰
왈 일언이상방 유제 공자대왈 언불가이약시 기기야 인지언왈
予無樂乎爲君 唯其言而莫予違也 如其善而莫之違也 不亦善乎
여무낙호위군 유기언이막여위야 여기선이막지위야 불역선호
如不善而莫之違也 不幾乎一言而喪邦乎
여불선이막지위야 불기호일언이상방호

13자로(子路) : 악한 사람들이 미워하는 사람이 되어라 13-16-0

멀리서 찾아오게 하라

섭공이 정치에 대해서 묻자 공자께서 말씀하셨다. "가까이에 있는 사람은 기쁘게 하고, 멀리 있는 사람은 찾아오게 하는 것입니다."

葉公問政 子曰 近者說 遠者來
섭공문정 자왈 근자열 원자래

섭공(葉公)은 섭 지역의 수장이라는 뜻인데, 실제 이름은 심씨라고 한다. 섭 지역은 지금의 하남성 섭현(葉縣) 남쪽 지역으로 당시에는 초나라에 속했다.

13자로(子路) : 악한 사람들이 미워하는 사람이 되어라 13-17-0

눈앞의 작은 이익에 현혹되지 말라

자하가 거보의 읍장이 되어 정치에 대해 여쭈어보자 공자께서 말씀하셨다. "조급하여 일을 서두르지 말고 눈앞의 작은 이익에 현혹되지 말아라. 서두르면 목적을 달성하기 어렵고 눈앞의 작은 이익에 현혹되면 큰일을 해낼 수 없다."

子夏爲莒父宰 問政 子曰 無欲速 無見小利
자하위거부재 문정 자왈 무욕속 무견소리

欲速 則不達 見小利 則大事不成
욕속 즉부달 견소리 즉대사불성

거부(莒父)는 노나라의 읍 이름으로, 지금의 산동성 거현 부근에 자리하고 있었다.

13자로(子路) : 악한 사람들이 미워하는 사람이 되어라 13-18-0

효도는 세상의 법을 초월한다

섭공이 공자께 말했다. "우리 영내에 마음이 곧기로 유명한 사람이 있는데, 자기 아버지가 양을 훔쳤을 때 그가 가서 고발했습니다." 공자께서 말씀하셨다. "우리 마을의 마음 곧은 사람은 그와는 다릅니다. 아버지는 자식을 위해서 숨겨주고, 자식은 아버지를 위해서 숨겨주니 그 가운데 곧은 마음이 있습니다."

葉公語孔子日 吾黨有直躬者 其父攘羊 而子證之
섭공어공자왈 오당유직궁자 기부양양 이자증지

孔子日 吾黨之直者異於是 父爲子隱 子爲父隱 直在其中矣
공자왈 오당지직자이어시 부위자은 자위부은 직재기중의

아버지가 자식을 감싸주는 것은 부성애이고, 자식이 아버지를 비호해 주는 것은 효도이니, 이는 세상의 법을 초월하는 지고의 가치이다. 이런 인간의 가장 기본적인 가치를 아는 사람이라면 바르지 않을 수 없을 것이라는 의미이다.

『채근담』에는 효도에 대해 이렇게 말하고 있다.

"아버지가 사랑하고 아들이 효도하며 형이 우애하고 아우가 공경하여 비록 극진한 경지에까지 이르렀다 할지라도 그것은 모두 마땅히 그렇게 해야 하는 것일 뿐인지라, 털끝만큼도 감격스런 생각으로 볼 것이 못되느니라. 만약 베푸는 쪽에서 덕으로 자임하고 받는 쪽에서 은혜로 생각한다면 이는 곧 길에서 오다가다 만난 사람이니 문득 장사꾼의 관계가 되고 만다."

13자로(子路) : 악한 사람들이 미워하는 사람이 되어라 13-19-0

오랑캐 나라에서도 변하지 않는 것

번지가 인에 대해 여쭈어보자 공자께서 말씀하셨다. "평소에는 몸가짐을 단정하면서도 공손하게 하고, 일을 할 때는 신중하게 하고, 사람을 대할 때는 진심으로 대해야 한다. 이는 비록 오랑캐 나라에 간다고 해도 버릴 수 없는 것이다."

樊遲問仁 子曰 居處恭 執事敬 與人忠 雖之夷狄 不可棄也
번지문인 자왈 거처공 집사경 여인충 수지이적 불가기야

13자로(子路) : 악한 사람들이 미워하는 사람이 되어라 13-20-1

자신의 행동에 책임져라

자공이 여쭈었다. "저희들이 어떻게 행동해야 선비라고 할 수 있겠는지요?" 공자께서 말씀하셨다. "자신의 행동에 대해 책임을 지고, 외국에 사신으로 나가서는 군주의 명을 잘 처리하면 선비라고 할 수 있다."

子貢問曰 何如斯可謂之士矣
자공문왈 하여사가위지사의

子曰 行己有恥 使於四方 不辱君命 可謂士矣
자왈 행기유치 사어사방 불욕군명 가위사의

13자로(子路) : 악한 사람들이 미워하는 사람이 되어라 13-20-2

어른을 공경하라

자공이 다시 여쭈었다. "그 다음 단계는 어떤 것인지요?" 공자께서 말씀하셨다. "친척들이 한결같이 효자라고 칭찬하고, 마을사람들이 하나같이 어른을 잘 공경한다고 칭찬하는 것이다."

曰 敢問其次 曰 宗族稱孝焉 鄕黨稱弟焉
왈 감문기차 왈 종족칭효언 향당칭제언

13자로(子路) : 악한 사람들이 미워하는 사람이 되어라 13-20-3

할 일은 단호하게 처리하라

자공이 다시 여쭈었다. "그 다음 단계는 어떤 것인지요?" 공자께서 말씀하셨다. "일단 말한 것은 반드시 지키고, 해야 할 일은 단호하게 처리한다. 융통성이 없는 소인이이기는 하지만 그래도 그 다음은 될 수 있다."

曰 敢問其次 曰 言必信 行必果 硜硜然小人哉 抑亦可以爲次矣
왈 감문기차 왈 언필신 행필과 갱갱연소인재 억역가이위차의

갱갱연(硜硜然)은 원래 돌을 서로 부딪치는 소리를 나타내는 말로, 융통성이 없고 완고함을 뜻한다.

13자로(子路) : 악한 사람들이 미워하는 사람이 되어라 13-20-4

정치인은 도량이 넓어야 한다

자공이 다시 여쭈었다. "오늘날의 정치 관리들은 어떤 수준인지요?" 공자께서 말씀하셨다. "도량이 좁은 이들이라 선비 축에 넣을 수도 없구나."

曰 今之從政者何如 子曰 噫 斗筲之人 何足算也
왈 금지종정자하여 자왈 희 두소지인 하족산야

13자로(子路) : 악한 사람들이 미워하는 사람이 되어라 13-21-0

과격하거나 고집 센 사람

공자께서 말씀하셨다. "중용의 도를 지키는 사람과 사귀지 못할 바에는 과격하거나 고집이 센 사람과 어울릴 것이다. 과격한 사람은 한 뜻으로 나아가 뭔가를 얻어내고, 고집 센 사람은 무슨 일이 있어도 절대로 하지 않는 일이 있다."

子曰 不得中行而與之 必也狂狷乎 狂者 進取 狷者 有所不爲也
자왈 부득중행이여지 필야광견호 광자 진취 견자 유소불위야

여기에서 광(狂)은 물불을 가리지 않고 자신의 생각을 추진하는 적극적이고 열광적인 성질을 가진 사람을 뜻하고, 견(狷)은 안목은 높지 않으면서 성질이 강직하여 고집스럽고 융통성 없는 사람을 이른다.

언행에 중심을 지켜라

공자께서 말씀하셨다. "남방의 속담에 중심을 잃은 인간은 무당이나 의사조차 될 수 없다는 말이 있는데 참으로 좋은 말이다. 『역경』에 자신의 언행에 중심이 없으면 욕을 당할지도 모른다는 말이 있는데, 점을 치지 않아도 뻔한 일이다."

子曰 南人有言 人而無恒 不可以作巫醫 善夫
자왈 남인유언 인이무항 불가이작무의 선부
不恒其德 或承之羞 子曰 不占而已矣
불항기덕 혹승지수 자왈 부점이이의

⁂ • • • • • •

무의(巫醫)는 무당과 의사를 뜻하며, 주술 등으로 재앙을 물리쳐 치료 하는 사람을 가리킨다.

유가의 관점에서 볼 때 무당이나 의사는 군자로부터 거리가 먼 일개 기능공에 불과하지만, 이런 하찮은 사람일지라도 항심이 없으면 될 수 없다는 뜻인 것 같다.

항심은 늘 지니고 있는 떳떳한 마음을 말한다. 꾸준히 노력하는 사람에게 있어서 항심은 성공의 비결이다.

인생을 살다 보면 한 순간의 성패는 아무것도 아니다. 살면서 겪는 모든 실패를 경험삼아 좌절하지 않고 다시 일어나 끝까지 도전하면 반드시 좋은 결과가 생길 것이다.

13자로(子路) : 악한 사람들이 미워하는 사람이 되어라 13-23-0

부화뇌동하지 말아라

공자께서 말씀하셨다. "군자는 서로의 의견을 조절하여 화합을 이루되 부화뇌동하지는 말아라. 소인은 이익을 얻기 위해 부화뇌동하긴 하지만 서로의 생각을 조율하여 화합을 이루지는 못한다."

子曰 君子和而不同 小人同而不和
자 왈 군자화이부동 소인동이불화

13자로(子路) : 악한 사람들이 미워하는 사람이 되어라 13-24-0

악한 사람들이 미워하는 사람이 되어라

자공이 여쭈었다. "마을 사람들이 모두 좋아하는 사람이 된다면 어떠한지요?" 공자께서 말씀하셨다. "아직 부족하다." "마을 사람들이 모두 미워하는 사람이 된다면 어떠한지요?" 공자께서 말씀하셨다. "아직 부족하다. 마을의 선한 사람들이 좋아하고 마을의 악한 사람들이 미워하는 사람이 되어야 한다."

子貢問曰 鄕人皆好之 何如 子曰 未可也 鄕人皆惡之 何如
자공문왈 향인개호지 하여 자왈 미가야 향인개오지 하여

子曰 未可也 不如鄕人之善者好之 其不善者惡之
자 왈 미가야 불여향인지선자호지 기불선자오지

향(鄕)은 구체적인 마을이 아니라 일반적인 마을, 즉 지(之)가 가리키는 일반적인 사람이 소속된 마을을 가리킨다.

13자로(子路) : 악한 사람들이 미워하는 사람이 되어라 13-25-0

사람마다 그릇이 다르다

공자께서 말씀하셨다. "군자를 섬기기는 쉽지만 그를 기쁘게 하기는 어렵다. 기쁘게 하려고 노력해도 도리에 맞지 않으면 군자는 기뻐하지 않지만, 그가 사람을 부릴 때는 그의 재능을 고려하여 그가 감당할 수 있도록 일을 시키기 때문에 쉽다. 소인은 섬기기는 어렵지만 마음에 들기는 쉽다. 아첨에도 소인은 곧 기뻐하지만 사람을 부릴 때는 이것저것 가리지 않고 마구 일을 시키기 때문에 힘들어진다."

子曰 君子易事而難說也 說之不以道 不說也 及其使人也 器之
자 왈 군자이사이난열야 열지불이도 불열야 급기사인야 기지

小人難事而易說也 說之雖不以道 說也 及其使人也 求備焉
소인난사이이열야 열지수불이도 열야 급기사인야 구비언

기지(器之)는 직역을 하면 '그를 그릇으로 여기다', 즉 각각의 그릇을 그 기능과 크기에 따라 적당한 용도로 사용하듯이 사람을 부릴 때도 그 사람의 재능과 도량에 따라 알맞은 일을 시킨다는 뜻이다.

사마천이 군자와 소인에 대해 이런 말을 했다.

"지혜로운 자는 천 번의 생각 중에 반드시 한 번의 실수가 있고, 어리석은 자는 천 번의 생각 중에 반드시 한 번의 이득이 있다."

13자로(子路) : 악한 사람들이 미워하는 사람이 되어라 13-26-0

침착하고 의연하라

공자께서 말씀하셨다. "군자는 침착하고 의연하되 소인은 교만하게 굴면서도 의연하지 못하다."

子曰 君子泰而不驕 小人驕而不泰
자 왈 군 자 태 이 불 교 소 인 교 이 불 태

13자로(子路) : 악한 사람들이 미워하는 사람이 되어라 13-27-0

말수를 줄여라

공자께서 말씀하셨다. "강직하고 의연하며 소박하고 말수가 적은 것은 인에 가깝다."

子曰 剛毅木訥 近仁
자 왈 강 의 목 눌 근 인

13자로(子路) : 악한 사람들이 미워하는 사람이 되어라 13-28-0

서로 충고하고 격려하라

자로가 여쭈었다. "저희가 어떻게 해야 선비라고 할 수 있는지요?" 공자께서 말씀하셨다. "서로 진심으로 충고해 주고 격려하며 화목하게 지내면 선비라고 할 수 있다. 친구 간에는 서로 아낌없이 충고해 주고 격려하며 형제간에는 화기애애한 것 말이다."

子路問曰 何如斯可謂之士矣
자 로 문 왈 하 여 사 가 위 지 사 의

子曰 切切偲偲 怡怡如也 可謂士矣 朋友 切切偲偲 兄弟怡怡
자 왈 절 절 시 시 이 이 여 야 가 위 사 의 붕 우 절 절 시 시 형 제 이 이

자공이 했던 질문인데, 똑같은 질문이라도 누가 질문했는가에 따라서 다르게 대답해 주시는 모습을 볼 수 있다. 절절시시(切切偲偲)는 서로 간절하게 충고하고 격려하는 모양을 나타내주는 말이다.

동양 뿐만 아니라 서양에서도 충고에 관한 명언이 있다. 독일의 사상가이며 법률가였던 힐티는 충고에 대해 이런 말을 했다.

"충고는 눈과 같아 조용히 내리면 내릴수록 마음에 오래 남고 깊어진다."

진심으로 기꺼이 충고를 해주는 친구가 있는지 생각해 보고 남의 충고에 귀기울이고 있는지 돌아봐야 할 때다.

13자로(子路) : 악한 사람들이 미워하는 사람이 되어라 13-29-0

나라 사랑하는 마음을 가져라

공자께서 말씀하셨다. "선인이 백성을 7년 동안 가르친다면, 그들도 전쟁에 나갈 수 있다."

子曰 善人教民七年 亦可以卽戎矣
자 왈 선 인 교 민 칠 년 역 가 이 즉 융 의

백성을 가르친다는 것은 효제충신의 행동, 농업에 힘쓰고 무예를 익히는 방법을 가르치는 것이다.

즉융(卽戎)은 '전쟁에 나아가다'는 말로, 전쟁에 있어서는 군사적 지식도 중요하지만 선인들이 가지고 있는 인격과 충효에 관한 소양도 중요하다는 뜻이다. 백성이 윗사람을 친애하고 따르고 윗사람을 위해 죽을 줄 알기 때문에 전쟁에 나갈 수 있는 것이다.

7년 동안 가르침을 잘 받는다면 그 누구라도 바람직한 애국관을 가질 수 있다는 뜻이다.

13자로(子路) : 악한 사람들이 미워하는 사람이 되어라 13-30-0

백성의 목숨을 소중히 하라

공자께서 말씀하셨다. "훈련을 받지 않은 백성을 전쟁터로 내모는 것은 그들을 내버리는 것이나 다름없다."

子曰 以不教民戰 是謂棄之
자 왈 이 불 교 민 전 시 위 기 지

공자는 노자만큼 전쟁을 기피하는 정신을 강조하지는 않지만, 그렇다고 전쟁을 찬성하지도 않는다.

무엇보다도 공자는 군인으로서 훈련도 받지 않은 백성을 전쟁터에 나가게 하는 것은 죽음으로 내몰고, 버리는 것과 같다고 생각하고 있다.

그런 상태로 전쟁을 나가게 되면 전쟁에서 지는 것은 당연한 일이고 사람의 목숨을 경시하는 것이라고 비판하고 있는 것이다.

-14-

헌문
憲問

덕을 행해야 군자다

14헌문(憲問) : 덕을 행해야 군자다 14-01-0

떳떳한 봉급을 받아라

원헌이 치욕에 대해 여쭈어보자 공자께서 말씀하셨다. "나라의 정치가 깨끗하면 관리가 되어 봉급을 받지만, 나라의 정치가 부패했을 때 관리가 되어 봉급을 받는 것이 바로 치욕이다."

憲問恥 子曰 邦有道穀 邦無道穀 恥也
헌 문 치 자 왈 방 유 도 곡 방 무 도 곡 치 야

헌(憲)은 공자의 제자로, 성이 원(原), 자는 자사(子思)이고 憲(헌)은 그의 이름이다.

곡(穀)은 곡식으로, 옛날의 관리들은 봉급을 곡식으로 받았다. 여기에서 관리가 되어서 봉급을 받는다는 뜻으로 쓰이기도 했다. 공자는 도(道)가 있는 나라와 도(道)가 없는 나라를 구분했다. 그리고 도가 있는 나라에서는 관리가 적극적으로 봉사하지만, 도가 없는 나라에서는 관리가 봉급을 받는다는 것이 수치스러운 일이라고 말하고 있다.

프랑스의 사상가인 몽테스키외는 수치에 대해, "수치심은 모든 사람에게 있는 것이다. 그러나 그것을 극복하는 방법, 그리고 그것을 결코 잊지 않는 방법을 모두 알아야 한다."고 말하고 있다.

14헌문(憲問) : 덕을 행해야 군자다 14-02-0

단점을 숨긴다고 인자가 되겠는가

원헌이 또 물었다. "승부욕이 강하고, 자만하며, 남을 원망하고, 욕심을 부리는 것, 이런 단점을 드러내지 않는다면 인자라고 할 수 있겠는지요?" 공자께서 말씀하셨다. "어려운 일이기는 하지만 과연 어진 것인지 어떤지는 나는 모르겠다."

克伐怨欲不行焉 可以爲仁矣 子曰 可以爲難矣 仁則吾不知也
극벌원욕불행언 가이위인의 자왈 가이위난의 인즉오불지야

승부욕이 강한 사람은 상대방을 이겨야 하고, 자만한 사람은 남을 아래로 볼 수 있으며, 남을 원망하는 사람은 스스로를 돌아보기 어렵고, 욕심을 부리는 사람은 남에게 피해를 줄 수도 있다. 진심으로 반성하고 스스로를 채찍질하지 않고 다만 겉으로 드러내지 않는다고 그 사람을 인자한 사람이라고 할 수는 없는 것이다.

『채근담』에 보면 이런 말이 나온다.

"자기를 반성하는 사람은 닥치는 일마다 다 이로운 약이 되지만, 남의 탓을 하는 이는 움직일 때마다 스스로를 해하는 창과 칼이 된다. 앞의 것은 선행의 길을 열고, 뒤의 것은 악한 길의 근원이 된다. 이 두 가지의 차이는 하늘과 땅의 차이와 같다."

14헌문(憲問) : 덕을 행해야 군자다 14-03-0

선비는 편안함을 멀리하라

공자께서 말씀하셨다. "만약 선비가 편안하게 지낼 것을 마음에 품는다면 선비라고 하기에는 부족하다."

子曰 士而懷居 不足以爲士矣
자 왈 사 이 회 거 부 족 이 위 사 의

유가의 금욕주의적인 일면을 표현하는 말이다.

14헌문(憲問) : 덕을 행해야 군자다 14-04-0

도가 있을 때와 없을 때

공자께서 말씀하셨다. "나라에 도가 있을 때는 말과 행동을 당당하게 하고, 나라에 도가 없을 때는 행실을 높게 하고 말은 낮추어 겸손하게 해야 한다."

子曰 邦有道 危言危行 邦無道 危行言孫
자 왈 방 유 도 위 언 위 행 방 무 도 위 행 언 손

14헌문(憲問) : 덕을 행해야 군자다 14-05-0

용기 있는 사람이 어진 것은 아니다

공자께서 말씀하셨다. "덕이 있는 사람은 반드시 말을 하게 되어 있지만, 말을 하는 사람이 반드시 덕이 있는 것은 아니다. 어진 사람은 반드시 용기가 있지만 용기가 있는 사람이라고 해서 반드시 어진 것은 아니다."

子曰 有德者必有言 有言者不必有德 仁者必有勇 勇者不必有仁
자 왈 유 덕 자 필 유 언 유 언 자 불 필 유 덕 인 자 필 유 용 용 자 불 필 유 인

덕이라는 말이 『논어』에 많이 나오지만 그 함의가 매우 크고 넓어서 정확하게 개념 파악이 쉽지 않다. 경우에 따라서 다양한 뜻으로 사용되고 있기 때문이다. 앞뒤의 문맥을 고려해서 알맞은 뜻을 새겨야 한다.

덕망이 있는 사람이라면 사람을 대할 때 속에서 우러나오는 덕담을 하게 될 것이다. 그러나 입에 발린 덕담을 한다고 해서 꼭 덕이 있는 사람인 것은 아니다.

어진 사람이라면 위험에 처한 사람을 보고 자기도 모르게 달려가 그 사람을 구제해 줄 것이다. 그러나 위험에 처한 사람을 구제해 준다고 해서 다 어진 사람은 아니라는 것도 알아야 한다.

덕을 행해야 군자다

남궁괄이 공자께 여쭈었다. "예는 활을 잘 쏘았고, 오는 육지에서 배를 끌 수 있을 정도로 힘이 셌지만 두 사람 다 제명에 죽지 못했습니다. 우 임금과 후직은 몸소 농사를 지었으나 오히려 천하를 얻었습니다." 공자께서는 대꾸하지 않으셨다. 남궁괄이 돌아간 뒤에 공자께서 말씀하셨다. "군자답구나, 이 사람은! 덕을 숭상하는구나, 이 사람은!"

南宮适問於孔子曰 羿善射 奡盪舟 俱不得其死然 禹稷
남궁괄문어공자왈 예선사 오탕주 구부득기사연 우직
躬稼而有天下 夫子不答 南宮适 出 子曰 君子哉 若人 尙德哉 若人
궁가이유천하 부자부답 남궁괄 출 자왈 군자재 약인 상덕재 약인

남궁괄(南宮适)은 노나라 사람으로 공자의 제자인데, 자는 자용(子容)이다. 남궁괄은 물리적인 힘보다는 덕이 더 귀중함을 알았기 때문에 공자가 덕을 숭상하는 그의 됨됨이를 찬양한 것이다.

예(羿)는 하나라 말기 유궁국(有窮國)의 임금으로 활을 아주 잘 쏜 사람으로, 전설에 의하면 당시 해가 열 개 있었는데 너무 뜨거워서 예가 그 가운데 아홉 개를 활로 쏘아서 떨어뜨려버렸다고 한다.

그는 한때 하나라의 왕위를 차지하기도 했으나 정치는 돌보지 않고 사냥만 즐긴 나머지 머지않아 자신의 재상인 한착에게 나라와 아내를 함께 빼앗기고 말았다.

직(稷)은 후직(后稷)을 말하는데, 순임금의 신하로 주나라의 시조이다. 여러 가지 곡식을 재배하여 농업의 발전에 기여한 바가 컸다.

14헌문(憲問) : 덕을 행해야 군자다 14-07-0

소인은 어진 자가 없다

공자께서 말씀하셨다. "군자로서 어질지 못한 자는 있겠지만, 소인으로서 어진 자는 없다."

子曰 君子而不仁者 有矣夫 未有小人而仁者也
자 왈 군 자 이 불 인 자 유 의 부 미 유 소 인 이 인 자 야

14헌문(憲問) : 덕을 행해야 군자다 14-08-0

진실로 사랑한다면……

공자께서 말씀하셨다. "진실로 사랑한다면 노력하지 않게 할 수 있겠느냐? 진심으로 대한다면서 올바른 길을 깨우쳐주지 않을 수 있겠느냐?"

子曰 愛之 能勿勞乎 忠焉 能勿誨乎
자 왈 애 지 능 물 로 호 충 언 능 물 회 호

14헌문(憲問) : 덕을 행해야 군자다 14-09-0

인재등용의 중요함

공자께서 말씀하셨다. "정나라에서 외교사령을 만들 때는 비심이 초안을 잡으면 세숙이 그에 대해서 의견을 제시하고, 외교관인 자우가 그것을 고치고, 동리의 자산이 문장을 다듬었다."

子曰 爲命 裨諶草創之 世叔討論之 行人子羽修飾之 東里子産潤色之
자왈 위명 비심초창지 세숙토론지 행인자우수식지 동리자산윤색지

명(命)은 정부의 공문서로, 여기서는 정(鄭)나라가 다른 나라에 보내는 외교사령을 말한다. 토론(討論)은 요즘의 토론의 의미와 다르다. 한 사람이 연구해 보고 나서 거기에 대한 자신의 의견을 제시하는 것이다.

세숙(世叔)은 정나라의 대부로 이름은 유길(游吉)인데, 자태숙(子太叔)이라고도 한다. 그는 40여 년 동안 정나라를 다스렸는데 외교 수완이 뛰어나 강대국인 진나라와 초나라 사이에 끼여 있으면서도 전란의 피해를 예방했다. 그가 죽었을 때 공자가 눈물을 흘렸다고 한다.

정나라는 남과 북의 나라들이 서로 탐을 내는 요지에 위치해 있었기 때문에 외교적 수완이 매우 중요했다. 그들이 외교에 성공할 수 있었던 것은 유능한 인재들이 힘을 더했기 때문이라는 뜻으로 국가의 경영에 있어서 인재의 등용이 얼마나 중요한가를 말한 것이다.

14헌문(憲問) : 덕을 행해야 군자다 14-10-1

지혜로운 사람

어떤 사람이 자산에 대해서 여쭈어보자, 공자께서 말씀하셨다. "자혜로운 사람이다." 자서에 대해 묻자 공자께서 말씀하셨다. "그 사람 말인가. 그 사람 말인가."

或問子產 子曰 惠人也 問子西 曰 彼哉彼哉
혹 문 자 산 자 왈 혜 인 야 문 자 서 왈 피 재 피 재

자서(子西)는 초나라 공자(公子)인 신(申)의 이름이다. 초나라의 영윤(令尹), 즉 재상을 지냈다. 피재피재(彼哉彼哉)는 관용적으로 쓰던 말로, 경시한다는 의사를 표현할 때 습관적으로 이런 말을 썼다.

자서는 초나라의 공자로 평왕이 죽은 뒤에 소왕에게 왕위를 양보했으니 인품이 훌륭하다고 할 수 있지만 정치적 역량은 보잘것없었다. 또한 소왕이 공자를 중용하려 할 때 그것을 저지했기 때문에 공자는 그에 대한 평가를 하지 않았던 것이다.

14헌문(憲問) : 덕을 행해야 군자다 14-10-2

관중의 치적

관중에 대해서 여쭈어보자 공자께서 말씀하셨다. "인물이다. 백씨의 변읍 300호를 몰수하여 그가 거친 밥을 먹게 되었는데도 죽을 때까지 원망하지 않았다."

問管仲 曰 人也 奪伯氏駢邑三百 飯疏食沒齒 無怨言
문관중 왈 인야 탈백씨병읍삼백 반소사몰치 무원언

관중은 제나라 환공의 재상을 지낸 인물이다. 공자는 관중의 위인에 대해서는 그다지 높게 평가하지 않았으나 그의 정치적 공적에 대해서는 인정하였다.

백씨가 관중 때문에 식읍을 빼앗겼지만 관중의 공을 인정하고 자신의 죄를 시인했기 때문에 평생 그를 원망하지 않았다.

공자는 이 사실을 들어 관중을 평가한 것이다. 백씨(伯氏)는 제나라의 대부로 죄를 지어서 환공이 관중의 청을 받아들여 그의 시급을 몰수하는 바람에 매우 빈궁한 생활을 했다고 한다.

14헌문(憲問) : 덕을 행해야 군자다 14-11-0

가난과 부자

공자께서 말씀하셨다. "가난하면서 원망이 없기는 어렵고, 부유하면서 교만하지 않기는 쉽다."

子曰 貧而無怨難 富而無驕易
자왈 빈이무원난 부이무교이

· · · · · ·

가난한 처지에 놓이기는 어렵고 부유한 상태에 놓이기는 쉬운 것이 인지상정이지만, 사람은 마땅히 어려운 일에 노력해야 하고, 그 쉬운 일도 소홀히 해서는 안 된다는 의미를 담고 있다.

러시아의 대문호 톨스토이는 가난에 대해 이렇게 말했다.

"가난의 고통을 없애는 방법은 두 가지다. 자기의 재산을 늘리는 것과 자신의 욕망을 줄이는 것이다. 전자는 우리의 힘으로 해결되지 않지만 후자는 언제나 우리의 마음가짐으로 가능하다."

14헌문(憲問) : 덕을 행해야 군자다 14-12-0

가신과 대부

공자께서 말씀하셨다. "맹공작은 진나라의 명문세족인 조씨나 위씨의 가신이 되기에는 충분하지만 등나라나 설나라 같은 작은 제후국일지라도 한 나라의 대부가 될 수는 없다."

子曰 孟公綽 爲趙魏老則優 不可以爲滕薛大夫
자 왈 맹 공 작 위 조 위 노 즉 우 불 가 이 위 등 설 대 부

맹공작(孟公綽)은 노나라의 대부이고, 조씨와 위씨는 진(晉)나라의 대부로 당시 강대한 세력을 가졌었다.

등나라와 설나라는 각각 지금의 산동성 등현(滕縣)의 서남쪽과 동남쪽에 있던 작은 제후국이었다.

맹공작은 성품이 청렴결백하여 공자의 관심을 받았는데, 일을 처리하는 능력이 미흡하였다. 명망은 높고 할 일은 별로 없는 대부의 가신으로는 적합하지만 비록 작은 나라일지라도 국정을 주관하는 대부로는 적합하지 않은 인물이었는데, 그런 그가 노나라와 같은 대국의 대부가 된 사실에 대하여 공자는 적절하지 않은 처사라고 생각했다.

14헌문(憲問) : 덕을 행해야 군자다 14-13-1

지성, 용기, 예악

자로가 전인에 대해 여쭈어보자 공자께서 말씀하셨다. "장무중의 지성과 공작의 무욕과 변장자의 용기와 염구의 재주를 예악으로 장식한다면 그 역시 전인이라고 할 수 있다."

子路問成人 子曰 若臧武仲之知 公綽之不欲 卞莊子之勇
자로문성인 자왈 약장무중지지 공작지불욕 변장자지용

冉求之藝 文之以禮樂 亦可以爲成人矣
염구지예 문지이예락 역가이위성인의

변장자(卞莊子)는 노나라 변읍의 대부인데, 제나라가 노나라를 치고 싶어도 장자 때문에 감히 변읍을 지나갈 수 없었을 만큼 용맹스러운 인물이었다.

14헌문(憲問) : 덕을 행해야 군자다 14-13-2

완전한 인간

그리고는 이어서 말씀하셨다. "오늘날의 전인이 어찌 반드시 그러해야만 하겠는가. 이로움을 보고 의로움을 생각하고, 위태로움을 보고 생명을 버릴 각오가 되어 있으며, 오랜 약속을 잊지 아니하는 사람이야말로 전인, 즉 완전한 인간이라 할 수 있다."

曰 今之成人者 何必然 見利思義 見危授命
왈 금지성인자 하필연 견리사의 견위수명

久要不忘 平生之言 亦可以爲成人矣
구요불망 평생지언 역가이위성인의

14헌문(憲問) : 덕을 행해야 군자다 14-14-1

공숙문자의 됨됨이

공자께서 공숙문자의 됨됨이를 공명가에게 물었다. "그분은 말씀도 하지 않으시고 웃지도 않으시고 받지도 않으신다는 평판이 있던데 정말인지요?"

子問公叔文子於公明賈曰 信乎 夫子 不言不笑不取乎
자 문 공 숙 문 자 어 공 명 가 왈 신 호 부 자 불 언 불 소 불 취 호

공숙문자(公叔文子)는 위(衛)나라의 대부이다. 위헌공(衛獻公)의 손자로 성이 공손(公孫), 이름이 지(枝)이다.

14헌문(憲問) : 덕을 행해야 군자다 14-14-2

지나침의 기준

공명가가 대답했다. "이것은 말한 사람이 지나친 것입니다. 그 사람은 말을 해야 할 때 말씀하시기 때문에 사람들이 그가 말씀하는 것을 싫어하지 않고, 즐거워진 후에 웃기 때문에 사람들이 그가 웃는 것을 싫어하지 않고, 의롭다고 판명된 후에 남이 주는 것을 받기 때문에 사람들이 그가 받는 것을 싫어하지 않는 것입니다." 공자께서 말씀하셨다. "어떻게 그럴까요? 어떻게 그럴 수가 있지요?"

公明賈對曰 以告者過也
공 명 가 대 왈 이 고 자 과 야

夫子時然後言 人不厭其言 樂然後笑 人不厭其笑
부 자 시 연 후 언 인 불 염 기 언 낙 연 후 소 인 불 염 기 소

義然後取 人不厭其取 子曰 其然 豈其然乎
의 연 후 취 인 불 염 기 취 자 왈 기 연 개 기 연 호

장무중의 요구

공자께서 말씀하셨다. "노나라의 대부인 장무중은 제나라로 망명하기 전에 방읍을 근거지로 삼아 자기 가문의 후계자를 세워줄 것을 노공에게 요구하였다. 비록 직접 임금을 위협한 것은 아니라고 하지만 나는 그 말을 믿지 않는다."

子曰 臧武仲以防求爲後於魯 雖曰不要君 吾不信也
자왈 장무중이방구위후어노 수왈불요군 오불신야

장무중은 장손흘(臧孫紇)이 모함을 받아 궁지에 몰렸을 때 제(齊)나라로 망명하기로 마음먹고, 일단 자신의 봉지(封地)인 방읍으로 돌아와 노나라 조정을 향하여 자기 이복 형을 후계자로 삼아 노나라의 대부가 되게 해줄 것을 요구하였다. 이 요구가 받아들여지지 않을 경우, 방읍을 근거지로 하여 항거할 태세를 취했는데, 이로 인하여 그의 요구가 받아들여졌다.

14헌문(憲問) : 덕을 행해야 군자다 14-16-0

진문공과 제환공

공자께서 말씀하셨다. "진나라의 문공은 권모술수를 잘 쓰고 정도를 걷지 않았고, 제나라 환공은 정도를 걸으며 권모술수를 쓰지 않았다."

子曰 晋文公譎而不正 齊桓公正而不譎
자 왈 진 문 공 휼 이 부 정 제 환 공 정 이 불 휼

❀ • • • • • •

진문공(晋文公)은 진나라의 임금으로 이름이 중이(重耳)이다. 그는 주나라 왕실이 내란을 평정하는 데 도움을 주고 초나라와의 전투에서 이기는 등 국력을 증강시켜 춘추 시대의 두 번째 패자가 되었다. 그는 정당한 방법보다는 권모술수에 능했다.

제환공(齊桓公)은 제나라의 임금으로 이름은 소백(小白)이다. 관중(管仲)을 재상으로 등용하여 정치를 개혁하고 여러 차례 이민족의 국경 침범을 물리쳐 주나라 왕실의 안정을 이룩함으로써 춘추 시대의 첫번째 패자가 되었다. 그는 권모술수를 쓰기보다는 대의에 입각하여 정정당당하게 싸웠다.

14헌문(憲問) : 덕을 행해야 군자다 14-17-0

관중의 힘

자로가 여쭈었다. "제나라의 환공이 그 형인 공자 규를 죽였을 때 소홀은 그를 위해 순절했지만 관중은 따라 죽지 않았습니다. 이는 어질지 못한 것이겠지요?" 이에 공자께서 말씀하셨다. "환공이 몇 번이나 제후를 규합할 때 전차를 쓰지 않은 것은 관중의 힘이다. 이는 결과적으로 그가 어질었던 것과 마찬가지이다. 그가 어질었던 것이다."

子路曰 桓公殺公子糾 召忽死之 管仲不死 曰 未仁乎
자로왈 환공살공자규 소홀사지 관중불사 왈 미인호

子曰 桓公九合諸侯 不以兵車 管仲之力也 如其仁 如其仁
자왈 환공구합제후 불이병차 관중지력야 여기인 여기인

⁂ · · · · · ·

제나라의 환공과 공자 규는 모두 제나라의 군주였던 양공의 동생들이다. 양공은 무도한 사람이라, 두 사람은 해를 입을까 봐 두려워했다. 환공은 거나라로 망명했고, 공자 규도 노나라로 망명했다. 관중과 소홀 두 사람은 공자 규를 보좌했던 사람이다. 양공이 피살된 후 환공이 먼저 재빨리 제나라로 돌아가서 양공의 뒤를 이어서 제나라 군주가 되었다. 그 후 군대를 일으켜서 그 당시 노나라로 피신해 있던 공자 규를 처단하기 위해서 노나라에 압력을 가했다. 결국 공자 규가 죽자, 소홀은 따라서 목숨을 버렸지만 관중은 살아남았다. 관중은 환공을 보필하고 있었던 포숙아의 천거를 받아서 환공의 재상이 되었다.

공자는 관중의 공적은 높이 평가했지만 그의 사람됨은 별로 대단치 않게 여겼다. 여기에서는 관중이 이룩한 공적을 가지고 결과론적으로 그의 위인을 평가한 것이다.

14헌문(憲問) : 덕을 행해야 군자다 14-18-0

천하를 바로잡게 도와준 관중

자공이 말했다. "관중은 어진 사람이 아니었습니까? 제나라의 환공이 형제인 공자 규를 죽였을 때 따라 죽지 않았을 뿐 아니라 오히려 환공의 재상 노릇까지 했습니다." 이에 공자께서 말씀하셨다. "관중은 환공을 보필하여 환공이 제후들의 패자가 되고 천하를 바로잡게 해주었으니 백성들이 지금까지도 그 은혜를 입고 있다. 만약 관중이 없었더라면 우리는 오랑캐 풍습에 동화되어 머리를 풀어 헤치고 옷섶을 왼쪽으로 여몄을 것이다. 어찌 평범한 사람들이 작은 신의를 지킨답시고 도랑가에서 스스로 목을 매어도 아무도 알아주는 이가 없는 것과 같겠느냐?"

子貢曰 管仲非仁者與 桓公殺公子糾 不能死 又相之
자 공 왈 관 중 비 인 자 여 환 공 살 공 자 규 불 능 사 우 상 지

子曰 管仲相桓公霸諸侯 一匡天下
자 왈 관 중 상 환 공 패 제 후 일 광 천 하

民到于今 受其賜 微管仲 吾其被髮左衽矣
민 도 우 금 수 기 사 미 관 중 오 기 피 발 좌 임 의

豈若匹夫匹婦之爲諒也 自經於溝瀆而莫之知也
기 약 필 부 필 부 지 위 량 야 자 경 어 구 독 이 막 지 지 야

⁂ • • • • • • •

필부필부(匹夫匹婦)는 평범한 남녀를 가리키는 말로 이름 없는 보통 사람을 뜻한다.

강태공은 공직자의 자세에 대해 이런 말을 했다.

"관리로서 공평하고 결백하며 백성을 사랑하지 않는 자는 참된 관리가 아니다."

참된 관리를 알아보고 찾아내어 쓰는 리더가 천하를 손에 쥘 수 있는 것이다.

14헌문(憲問) : 덕을 행해야 군자다 14-19-0

최고의 위치에 오른 공숙

위나라 공숙문자의 가신이었던 대부 선이 문자와 함께 위공의 조정에 오르자, 공자께서 그 소식을 들으시고 말씀하셨다. "공숙은 시호를 문(文)이라고 할 만하다."

公叔文子之臣大夫僎 與文子同升諸公 子聞之曰 可以爲文矣
공 숙 문 자 지 신 대 부 선 여 문 자 동 승 저 공 자 문 지 왈 가 이 위 문 의

⁂ • • • • • • •

공(公)은 공작, 작위가 공인 제후국의 임금을 말한다. 여기서는 위나라 공의 조정을 가리킨다.

시호는 생전의 언행과 공적을 고려하여 시법에 따라 정하는데 문(文)이라는 시호는 가장 높은 단계의 것이었다.

14헌문(憲問) : 덕을 행해야 군자다 14-20-0

인재 배치의 중요성

공자가 위나라 영공의 무도함을 말씀하시자 계강자가 말했다. "그런데도 왜 패망하지 않습니까?" 공자께서 말씀하셨다. "중숙어가 외교를 맡고, 축타가 내정을 다스리고, 왕손가가 군대를 맡아서 통솔하고 있으니 어찌 망하겠는지요?"

子 言衛靈公之無道也 康子曰 夫如是 奚而不喪
자 언위령공지무도야 강자왈 부여시 해이불상

孔子曰 仲叔圉治賓客 祝駝治宗廟 王孫賈治軍旅 夫如是 奚其喪
공자왈 중숙어치빈객 축타치종묘 왕손가치군려 부여시 해기상

인재를 적재적소에 등용하는 일의 중요성을 말한 것이다.

위령공(衛靈公)은 위나라의 임금으로 황음무도하긴 했지만 인재를 적재적소에 잘 기용하였다.

강자(康子)는 계강자, 즉 노나라의 대부 계손비를 말한다.

중숙어는 위나라의 대부인 공어(孔圉), 즉 공문자(孔文子)이다. 그는 배우기를 좋아하고 자기보다 못한 사람에게 묻는 것을 부끄럽게 여기지 않을 정도로 학문에 열성이 많았고, 따라서 학문이 깊었기 때문에 외국의 빈객을 맞아 접대하는 데 적임자였다.

14헌문(憲問) : 덕을 행해야 군자다 14-21-0

말조심은 끝이 없다

공자께서 말씀하셨다. "말하는데 부끄러움이 없다면 그것을 실행하는 것도 어렵다."

子曰 其言之不怍 則爲之也難
자왈 기언지부작 즉위지야난

부끄럽지 않을 만큼 떳떳한 일은 실행하기가 어렵다는 뜻이다.

사람이 짓는 죄 중에 가장 쉽고 준엄한 것이 입으로 짓는 죄이다. 그만큼 말은 입을 떠나면 되돌리기 어렵기 때문에 말할 때 신중해야 하는 것이다.

말하기를 부끄러워해야 말조심을 하게 될 것이다. 쉽게 함부로 말하는 사람이 그 말대로 실천하는 것을 보기 힘들다. 그러므로 항상 말은 하기 전에 생각하고 신중하게 해야 한다.

14헌문(憲問) : 덕을 행해야 군자다 14-22-1

정치는 명분이 바로 서야 한다

제나라의 진성자가 그 군주인 간공을 시해하자, 공자께서는 목욕재계하시고 조정에 들어가 노나라 애공에게 고하셨다. "진항이 그 군주를 시해했으니 청컨대 군대를 보내 그를 토벌하기를 청합니다."

陳成子弑簡公 孔子沐浴而朝 告於哀公曰 陳恒弑其君 請討之
진 성 자 시 간 공　공 자 목 욕 이 조　고 어 애 공 왈　진 항 시 기 군　청 토 지

진성자(陳成子)는 제나라의 대부로, 성(成)은 그의 시호이다.

14헌문(憲問) : 덕을 행해야 군자다 14-22-2

무도함을 간과해선 안 된다

애공이 말했다. "그대는 계손, 중손, 맹손 세 대신에게 가서 고하시오." 이에 공자께서 말씀하셨다. "나도 대부의 말석에 있던 몸이라 감히 고하지 않을 수 없습니다. 임금이 말씀하시기를, '세 집안에 고하라' 하시더군요."

公曰 告夫三子 孔子曰 以吾從大夫之後 不敢不告也
공 왈　고 부 삼 자　공 자 왈　이 오 종 대 부 지 후　불 감 불 고 야

君曰 告夫三子者
군 왈　고 부 삼 자 자

공자가 원래 하대부(下大夫)였기 때문에 이렇게 겸손하게 말한 것이다.

14헌문(憲問) : 덕을 행해야 군자다 14-22-3

정치적인 현실

그리고는 세 대신에게 가서 알렸더니 안 된다고 했다. 공자께서 말씀하셨다. "내가 전에 대부의 말석에 있었기 때문에 감히 고하지 않을 수 없었습니다."

之三子告 不可 孔子曰 以吾從大夫之後 不敢不告也
지삼자고 불가 공자왈 이오종대부지후 불감불고야

삼환이 전횡하는 노나라의 정치적인 현실을 안타까워하는 마음을 알 수 있다.

14헌문(憲問) : 덕을 행해야 군자다 14-23-0

속이지 말고 바른말을 하라

자로가 군주를 섬기는 방도를 여쭈어보자, 공자께서 말씀하셨다. "임금을 속이지 말고, 뜻에 거스르더라도 바른말을 하도록 하여라."

子路問事君 子曰 勿欺也 而犯之
자로문사군 자왈 물기야 이범지

14헌문(憲問) : 덕을 행해야 군자다 14-24-0

군자는 위로 통달한다

공자께서 말씀하셨다. "군자는 위로 통달하고, 소인은 아래로 통달한다."

子曰 君子上達 小人下達
자왈 군자상달 소인하달

군자는 위로 통달하여 인의에 밝고 소인은 아래로 통달하여 이익에 밝다는 뜻이다.

다시 말해 군자는 진리, 도덕을 향하여 나아가고, 소인은 재물, 이득을 추구해 나아가니, 군자는 하늘의 뜻을 따르고 소인은 인간의 욕망을 따른다는 의미이다.

14헌문(憲問) : 덕을 행해야 군자다 14-25-0

자기 수양을 위한 학문

공자께서 말씀하셨다. "옛날 학자들은 자기 수양을 위해서 학문을 닦았는데, 오늘날의 학자들은 남에게 보이기 위한 학문을 한다."

子曰 古之學者爲己 今之學者爲人
자 왈 고 지 학 자 위 기 금 지 학 자 위 인

14헌문(憲問) : 덕을 행해야 군자다 14-26-0

실수를 줄이려고 노력하라

위나라의 거백옥이 공자께 사자를 보냈다. 공자께서 그에게 자리를 권하고 나서 물었다. "주군께서는 무엇을 하고 계시는지요?" 사자가 대답했다. "주군께서는 되도록 과실을 줄이려고 애쓰시는데 아직은 잘되지 않는 것 같습니다." 사자가 물러난 뒤 공자께서 말씀하셨다. "훌륭한 사자다. 훌륭한 사자구나."

蘧伯玉使人於孔子 孔子與之坐而問焉 曰 夫子何爲
거 백 옥 사 인 어 공 자 공 자 여 지 좌 이 문 언 왈 부 자 하 위

對曰 夫子欲寡其過而未能也 使者出 子曰 使乎 使乎
대 왈 부 자 욕 과 기 과 이 미 능 야 사 자 출 자 왈 사 호 사 호

거백옥(蘧伯玉)은 위나라의 대부로, 공자는 위나라에 있을 때 그의 집에서 머무른 적이 있다. 사자의 겸손한 태도를 칭찬함으로써 궁극적으로 거백옥을 칭송한 것이다.

14헌문(憲問) : 덕을 행해야 군자다 14-27-0

함부로 참견하지 말라

공자께서 말씀하셨다. "그 일을 처리해야 하는 직위에 있지 않다면 주제넘게 옆에서 참견하지 말아라."

子曰 不在其位 不謀其政
자 왈 부 재 기 위 불 모 기 정

14헌문(憲問) : 덕을 행해야 군자다 14-28-0

신분에 맞게 생각하라

증자가 말했다. "군자의 생각하는 바는 그 지위를 벗어나지 않는다."

曾子曰 君子思不出其位
증 자 왈 군 자 사 불 출 기 위

생각하는 것까지도 군자의 신분과 걸맞게 분수를 지킨다는 뜻이다.

14헌문(憲問) : 덕을 행해야 군자다 14-29-0

말과 행동

공자께서 말씀하셨다. "군자는 말이 행동보다 앞서는 것을 부끄럽게 여긴다."

子曰 君子恥其言而過其行
자 왈 군 자 치 기 언 이 과 기 행

※ · · · · · ·

예로부터 군자는 말보다 실천이 앞서는 사람이라고 했다. 백 마디의 말보다 한 번의 실천이 더욱 의미가 있으니, 말하기 쉽다고 해서 말을 남발해서는 안 된다는 뜻이다.

법구경에 보면 말과 행동에 대한 경구가 나온다.

"악한 마음으로 말하거나 행동하면 죄와 괴로움이 따른다. 마치 수레 뒤에는 바퀴 자국이 따르듯이."

14헌문(憲問) : 덕을 행해야 군자다 14-30-0

군자가 해야 할 세 가지 도

공자께서 말씀하셨다. "군자가 추구해야 할 도가 세 가지가 있는데 나는 그중 하나도 제대로 하는 것이 없다. 어진 이는 근심하지 않고, 지혜로운 이는 미혹되지 않고, 용기 있는 이는 두려워하지 않는다." 자공이 말했다. "이는 선생님께서 자신을 두고 하신 말씀이다."

子曰 君子道者三 我無能焉 仁者不憂 知者不惑 勇者不懼
자 왈 군 자 도 자 삼 아 무 능 언 인 자 불 우 지 자 불 혹 용 자 불 구

子貢曰 夫子自道也
자 공 왈 부 자 자 도 야

자기의 부족함을 아는 겸손함과 공자의 군자의 도에 대한 공자의 높은 요구 수준을 엿보게 하는 말이다.

어진 사람은 사리사욕하는 마음이 없기 때문에 어떤 일이 일어나도 걱정하지 않고, 지식을 갖춘 사람은 사물의 도리에 밝고 시비나 선악의 판단이 정확하기 때문에 당혹하지 않는다. 그리고 용기 있는 사람은 정의를 갖고 실천하기 때문에 아무것도 겁내지 않는 것이다.

이것은 바로 훌륭한 지도자가 갖추어야 할 덕목이다.

14헌문(憲問) : 덕을 행해야 군자다 14-31-0

비판할 시간도 아껴라

자공이 다른 사람을 비판하자 공자께서 말씀하셨다. "사(자로)는 잘났구나. 나는 그럴 틈이 없는데……."

子貢方人 子曰 賜也賢乎哉 夫我則不暇
자 공 방 인 자 왈 사 야 현 호 재 부 아 즉 불 가

학문에 힘쓰기에도 시간이 모자라는데 허튼 짓을 한다는 의미로, 학문에 오로지 힘쓸 때는 비판의 시선도 자기 자신에게만 향할 뿐 다른 사람에게 신경쓸 여력이 없다는 말이다.

그리고 자공이 명석하고 언변이 좋지만 가끔 남의 장단점을 비교하고 비평하는 태도에 대해 문제가 있다고 안타까워하는 뜻도 담고 있다.

14헌문(憲問) : 덕을 행해야 군자다 14-32-0

내 능력 없음을 걱정하라

공자께서 말씀하셨다. “남이 나를 알아주지 않는 것을 걱정하지 말고, 자기가 남을 알아주지 못함을 걱정해야 한다.”

子曰 不患人之不己知 患其不能也
자 왈 불환인지불기지 환기불능야

비슷한 말이 학이편에도 나온다.

14헌문(憲問) : 덕을 행해야 군자다 14-33-0

의심하지 말고 깨달아라

공자께서 말씀하셨다. “상대방이 나를 속이지 않을까 미리 의심하지 않고, 거짓말은 아닌지 미리 억측하지도 않지만 그래도 역시 먼저 깨닫는 사람이 현명하다.”

子曰 不逆詐 不億不信 抑亦先覺者 是賢乎
자 왈 불역사 불억불신 억역선각자 시현호

14헌문(憲問) : 덕을 행해야 군자다 14-34-0

아집에 빠지지 말라

미생무가 공자께 말했다. "구(공자)는 무엇 때문에 이리 정신없이 뛰어다니는가? 말재주를 자랑하기 위해서가 아닌가?" 공자께서 말씀하셨다. "감히 말재주를 자랑하기 위해서가 아니라 자기 고집에 빠져 있는 것을 싫어해서입니다."

微生畝謂孔子曰 丘 何爲是栖栖者與 無乃爲佞乎
미생무위공자왈 구 하위시서서자여 무내위녕호

孔子曰 非敢爲佞也 疾固也
공자왈 비감위녕야 질고야

⁂ • • • • • •

미생무(微生畝)의 행적에 관해서는 분명하지 않다. 다만 공자를 가리켜 구(丘)라는 이름으로 말한 점이나 공자에 대한 그의 말투로 미루어 보아 공자보다 나이가 훨씬 많은 은자였을 것으로 짐작된다.

'질고야(疾固也)'는 '고집스러움을 싫어하다'는 말로, 누구의 고집스러움을 두고 한 말인지에 대해서는 다양한 해석이 가능하다. 첫째 자기주장만 내세우며 세상을 등지고 은거하는 미생고에 대한 완곡한 비판이라고 볼 수 있고, 둘째 공자가 각국 제후들의 고집을 싫어하여 그것을 꺾기 위하여 이 나라 저 나라로 돌아다니며 유세를 했다는 뜻이라고 볼 수 있으며, 셋째 공자 자신이 어느 한 제후에게만 자신의 정치적 견해를 고집하기 싫어서 여러 나라로 돌아다녔다는 뜻으로도 볼 수 있다.

14헌문(憲問) : 덕을 행해야 군자다 14-35-0

천리마의 덕성

공자께서 말씀하셨다. "천리마는 타고난 혈통이 지니는 막강한 체력을 칭송하는 것이 아니라, 그 조련의 결과 갖게 된 유순한 덕성을 칭송하는 것이다."

子曰 驥不稱其力 稱其德也
자 왈 기 불 칭 기 력 칭 기 덕 야

천리마를 예로 들어 비유한 글로, 인간에 대해 하려고 하는 뜻이 담겨 있다. 인간에게는 타고난 재능이 있고, 살아가면서 연마해서 생기는 능력이 있다. 그러나 무엇보다 근본적으로 갖추든 살면서 깨우치든 무엇보다 갖추어야 하는 것이 바로 덕성이다.

14헌문(憲問) : 덕을 행해야 군자다 14-36-0

은덕으로써 은덕에 답하라

어떤 사람이 말했다. "은덕으로써 원수에 답하면 어떠한지요?" 공자께서 대답하셨다. "그러면 무엇으로 은덕에 답할 것인가? 평심으로 원수에 답하고, 은덕으로써 은덕에 답하고 싶다."

或曰 以德報怨 何如 子曰 何以報德 以直報怨 以德報德
혹 왈 이 덕 보 원 하 여 자 왈 하 이 보 덕 이 직 보 원 이 덕 보 덕

후대의 도가(道家) 사상이 『논어』에 섞여 들어갔다는 것을 짐작할 수 있는 문장이다. 도가는 노자와 장자의 허무, 염담(恬淡), 무위(無爲)의 설을 받든 학파로, 만물의 근원으로서의 자연을 숭배하였다. 유가와 더불어 양대 학파를 이루었다. 은덕도 은덕으로 갚고 원수도 은덕으로 갚는 것은 형평이 맞지 않으며, 원한이 사무쳐서 과도하게 보복을 하는 것도 좋지 않다. 그러므로 자기가 당한 것만큼만 보복하도록 하는 것이 합리적이라는 뜻이다.

14헌문(憲問) : 덕을 행해야 군자다 14-37-0

나를 알아주는 건 하늘뿐

공자께서 말씀하셨다. "나를 알아주는 사람이 없구나." 자공이 말했다. "어찌 선생님을 알아주는 사람이 없겠는지요?" 이에 공자께서 말씀하셨다. "하늘을 원망하지 않고 다른 사람을 탓하지 않으며, 하찮은 것으로부터 배워서 수준 높은 것에 이르니 나를 알아주는 이는 오직 하늘뿐이다."

子曰 莫我知也夫 子貢曰 何爲其莫知子也
자 왈 막 아 지 야 부 자 공 왈 하 위 기 막 지 자 야

子曰 不怨天 不尤人 下學而上達 知我者其天乎
자 왈 불 원 천 불 우 인 하 학 이 상 달 지 아 자 기 천 호

14헌문(憲問) : 덕을 행해야 군자다 14-38-0

천명을 아는가?

공백료가 노나라의 대신인 계손에게 자로를 참소하자, 자복경백이 공자께 이를 고하며 말했다. "계손씨는 확실히 공백료의 말에 속고 있습니다. 제 힘은 그래도 그를 죽여서 거리에 시체를 내걸 수 있습니다." 공자께서 말씀하셨다. "도가 실현되는 것도 천명이며 도가 실행되지 않는 것도 천명인데, 공백료가 천명을 어떻게 하겠는가?"

公伯寮愬子路於季孫 子服景伯以告 曰
공 백 료 소 자 로 어 계 손 자 복 경 백 이 고 왈

夫子 固有惑志於公伯寮 吾力 猶能肆諸市朝
부 자 고 유 혹 지 어 공 백 료 오 력 유 능 사 저 시 조

子曰 道之將行也與 命也 道之將廢也與 命也 公伯寮其如命何
자 왈 도 지 장 행 야 여 명 야 도 지 장 폐 야 여 명 야 공 백 료 기 여 명 하

공백료(公伯寮)는 노나라 사람으로 공자의 제자이다. 성이 공백, 이름이 료이며, 자는 자주(子周)이다. 자복경백(子服景伯)은 노나라의 대부로 성이 자복, 이름이 하(何), 자가 伯(백)이다. 시조(市朝)는 원래 '시장과 조정'이라는 뜻이지만 주로 '사람이 많이 모이는 공공장소'라는 의미로 쓰인다. 사(士)의 시체는 시장에 진열하고 대부의 시체는 조정에 진열했다.

14헌문(憲問) : 덕을 행해야 군자다 14-39-0

세상이 어지러울 때는 피하라

공자께서 말씀하셨다. "세상이 어지러울 때 현명한 사람은 세상을 피해 은거한다. 그래도 어지러우면 그 다음은 다른 땅으로 옮긴다. 그 다음은 낯빛이 험악한 인간과 사귀지 않는다. 그 다음은 함부로 말하는 인간과 사귀지 않는다."

子曰 賢者辟世 其次辟地 其次辟色 其次辟言
자 왈 현자피세 기차피지 기차피색 기차피언

피색(辟色)은 '안색을 피하다'라는 말로, 함께 있는 사람의 안색이 좋지 않으면 곧 낌새를 알아차리고 다른 데로 피해버린다는 뜻이다. 피언(辟言)은 '말을 피하다'라는 말로, 함께 있는 사람의 언사가 좋지 않으면 곧 낌새를 알아차리고 다른 데로 피해버린다는 뜻이다.

14헌문(憲問) : 덕을 행해야 군자다 14-40-0

실행한 사람은 7인뿐

공자께서 말씀하셨다. "이를 실행한 사람이 이미 일곱 사람이다."

子曰 作者七人矣
자 왈 작자칠인의

이 7인에 대해서는 여러 가지 설이 있는데, 미자 편에 언급되어 있는 일곱 사람일 가능성이 가장 크다. 칠인(七人)은 백이(伯夷), 숙제(叔齊), 우중(虞仲), 이일(夷逸), 주장(朱張), 유하혜(柳下惠), 소련(少連)이다.

14헌문(憲問) : 덕을 행해야 군자다 14-41-0

안 되는 줄 알면서도 하려는 이유

자로가 석문 밖에서 자고, 다음날 아침 석문 안으로 들어갈 때 성문지기가 물었다. "어디서 오시오?" 자로가 말했다. "공씨 댁에서요." 문지기가 말했다. "안 되는 줄 알면서도 굳이 하려는 그 사람 말이오?"

子路宿於石門 晨門曰 奚自 子路曰 自孔氏 曰 是知其不可而爲之者與
자로숙어석문 신문왈 해자 자로왈 자공씨 왈 시지기불가이위지자여

석문(石門)은 지명으로, 노나라의 남쪽 외성문(外城門)이 있는 곳이다. 신문(晨門)은 아침에 성문을 여는 문지기로, 자신의 능력을 감추고 숨어서 지내는 은자들이 이 일을 맡아서 하는 경우도 많았다.

14헌문(憲問) : 덕을 행해야 군자다 14-42-0

과감하고 단호하게 하라

공자께서 위나라에서 머무를 때 경쇠를 쳤는데, 삼태기를 메고 그 집 문 앞을 지나던 사람이 말했다. "심사가 있구나. 경쇠 치는 품이!" 잠시 후에 이어서 또 말했다. "대단찮구나. 투덜투덜 어깃장 놓는 소리였던가. 자신을 알아주는 사람이 없으면 그만둘 따름이지. '깊은 강을 건널 때는 옷을 벗고, 얕은 내를 건널 때는 옷자락을 걷고' 라는 노래처럼." 공자께서 말씀하셨다. "과연! 참으로 과감하고 단호하구나."

子擊磬於衛 有荷蕢而過孔氏之門者 曰 有心哉 擊磬乎 旣而曰 鄙哉
자격경어위 유하괴이과공씨지문자 왈 유심재 격경호 기이왈 비재
硜硜乎 莫己知也 斯已而已矣 深則厲 淺則揭 子曰 果哉 末之難矣
갱갱호 막기지야 사이이이의 심즉려 천즉게 자왈 과재 말지난의

세상을 피해 은둔하는 것만이 능사가 아니라는 의미를 담고 있다. 경(磬)은 경쇠로, 돌이나 구리로 만든 타악기의 일종이다.

14헌문(憲問) : 덕을 행해야 군자다 14-43-0

삼년상의 의미

자장이 여쭈었다. "『서경』에 은나라의 고종이 부친상을 당했을 때 초막에서 머물면서 3년 동안 말을 하지 않았다고 하는데 무슨 뜻인가요?" 공자께서 말씀하셨다. "어찌 고종뿐이겠는가. 옛날 사람들은 모두 그러했다. 군주가 돌아가시면 모든 관리는 3년 동안 자신 직무를 재량껏 처리하고 필요한 경우에는 재상의 명령에 따랐다."

子張曰 書云 高宗諒陰 三年不言 何謂也
자 장 왈 서 운 고 종 량 음 삼 년 불 언 하 위 야

子曰 何必高宗 古之人皆然 君薨 百官總己 以聽於冢宰三年
자 왈 하 필 고 종 고 지 인 개 연 군 훙 백 관 총 기 이 청 어 총 재 삼 년

14헌문(憲問) : 덕을 행해야 군자다 14-44-0

위정자는 예를 존중하라

공자께서 말씀하셨다. "위정자가 예를 존중하면 백성을 부리기가 쉽다."

子曰 上好禮 則民易使也
자 왈 상 호 례 칙 민 이 사 야

14헌문(憲問) : 덕을 행해야 군자다 14-45-0

스스로를 닦아 이웃을 공경하라

자로가 군자에 대해서 여쭈어보자, 공자께서 대답하셨다. "자신을 닦아 이웃을 공경해야 한다." 자로가 다시 여쭈었다. "단지 그것뿐인지요?" 공자께서 대답하셨다. "자신을 닦아 백성을 평안하게 해주는 것이다. 자신을 닦아 백성을 평안하게 해주는 것은 요순과 같은 성군도 어려워했던 일이다."

子路問君子 子日 修己以敬 日 如斯而已乎 日 修己以安人
자로문군자 자왈 수기이경 왈 여사이이호 왈 수기이안인

日 如斯而已乎 日 修己以安百姓 修己以安百姓 堯舜其猶病諸
왈 여사이이호 왈 수기이안백성 수기이안백성 요순기유병저

군자의 길이란 오직 자기를 닦는 일이다. 우선 예의를 밝게 함으로써 자기 자신을 닦고, 더 나아가서 남을 편안하게 함으로써 자기 자신을 닦으며, 그리고 때를 얻으면 백성을 편안하게 함으로써 성군의 길을 가는 것이다.

14헌문(憲問) : 덕을 행해야 군자다 14-46-0

해로운 존재, 원양

원양이 두 다리를 쭉 뻗고 앉아서 공자를 맞이하자 공자께서 말씀하셨다. "어려서는 윗사람을 공경할 줄 모르고, 자라서는 이렇다 할 업적도 없고, 늙어서는 밥만 축내니 해로운 존재로다." 그리고는 지팡이로 그의 정강이를 때리셨다.

原壤夷俟 子日 幼而不孫弟 長而無述焉
원양이사 자왈 유이불손제 장이무술언

老而不死 是爲賊 以杖叩其脛
노이불사 시위적 이장고기경

원양(原壤)은 노나라 사람으로 공자와 잘 아는 사이였다. 원양이 모친상을 당했을 때 공자가 장례를 도와주고 있었는데 그는 오히려 관에 올라가 노래를 불렀다고 전한다. 원양은 공자와는 사뭇 다른 사상을 지니고 있었던 것 같다.

14헌문(憲問) : 덕을 행해야 군자다 14-47-0

어른 흉내 내지 말라

공자가 사는 마을인 궐당의 한 동자가 손님을 안내하고 있었는데, 어떤 사람이 물었다. "저 아이가 장래성이 있는지요?" 공자께서 말씀하셨다. "내가 보니 저 아이는 어른과 똑같이 자리를 차지하고 앉아 있었고, 어른의 뒤를 따르지 않고 나란히 걸었습니다. 정진하는 것이 아니라 빨리 어른 대접이 받고 싶은 아이입니다."

闕黨童子將命 或問之曰 益者與
궐당동자장명 혹문지왈 익자여

子曰 吾見其居於位也 見其與先生并行也 非求益者也 欲速成者也
자왈 오견기거어위야 견기여선생병행야 비구익자야 욕속성자야

궐당(闕黨)은 지금의 산동성 곡부에 있는 공자의 고향 궐리(闕里)이다. 일반적으로 연장자와 나란히 서서 걸어가다.

나이가 다섯 살 이상 차이가 나면 연소자는 연장자의 뒤에 한 발짝 처져서 걸어가야 하는데 그 동자는 외람되게도 연장자와 나란히 걸어갔음을 지적하고 있다.

-15-

위영공
衛靈公

왕도가 최선이다

왕도가 최선이다

위나라의 영공이 공자께 군대의 진법에 대해 묻자 공자께서 대답하셨다. "예의에 관한 것은 일찍이 조금 공부했습니다만 군사에 대해서는 아직 배우지 못했습니다."

衛靈公問陳於孔子 孔子對曰
위 영 공 문 진 어 공 자 공 자 대 왈

俎豆之事 則嘗聞之矣 軍旅之事 未之學也 明日遂行
조 두 지 사 즉 상 문 지 의 군 려 지 사 미 지 학 야 명 일 수 행

위령공이 백성을 위한 어진 정치를 펴지 않고 패도를 추구하고 또 전쟁의 일에 뜻을 두고 있었다. 이에 대해 공자는 완곡하게 불만을 표시하고 배우지 못했다고 답을 하고 떠난 것이다.

조두(俎豆)는 제사나 예식 때 음식을 담는 그릇이다. 여기서는 예기(禮器)를 가리키는 말로 쓰였으며 나아가 그것을 다루는 일, 즉 예의를 가리킨다.

의연하게 대처하라

공자께서 진나라에서 식량이 다 떨어졌을 때, 따르던 사람들이 병들어 아무도 일어나지 못했다. 자로가 화가 나서 공자를 뵙고 여쭈었다. "군자도 곤궁에 빠질 때가 있는지요?" 공자께서 말씀하셨다. "군자는 곤궁에 빠져도 의연하지만 소인은 곤궁해지면 자기 분수를 모르고 외람된 행동을 한다."

在陳絕量 從者病 莫能興
재 진 절 량 종 자 병 막 능 흥

子路慍見曰 君子亦有窮乎 子曰 君子固窮 小人窮斯濫矣
자 로 온 현 왈 군 자 역 유 궁 호 자 왈 군 자 고 궁 소 인 궁 사 람 의

공자가 도덕정치를 주장하며 제자들을 데리고 다닐 때이다. 오랜 여행 끝에 진나라 국경지대에 이르렀을 때, 날씨는 추워지고 식량도 떨어져 제자들은 배고픔과 추위에 지치고 절박한 상황에 처했다. 제자인 자로가 스승에게 "천하의 군자가 이렇게 곤궁하여도 되는 건가?" 하고 여쭈었다. 이에 공자는 "군자는 고궁(君子固窮)이나 소인은 궁람(小人窮濫)이라."라고 대답했다. '군자고궁'은 어렵고 궁핍하여 위기에 처했을 때 군자는 더 굳고 심지가 깊어진다는 뜻이고, 반대로 '소인궁람'은 고난과 어려움에 처하면 소인배들은 당황하거나 그것을 모면하려고 인간의 도리조차 어기며 무슨 짓이든 한다는 뜻이다.

사람은 누구나 건강하고 행복하게 살고 싶어 한다. 그러나 언제나 좋은 날만 있는 게 아니다. 어렵고 힘든 상황에서 남을 모함하고 구렁텅이에 빠뜨려 그 위기를 벗어나려 할 게 아니라, 위기를 기회로 삼아 의연함을 잃지 않고 잘 대처하여 이겨나가야 할 것이다.

15위영공(衛靈公) : 왕도가 최선이다 15-02-0

외우지 말고 개념을 깨우쳐라

공자께서 말씀하셨다. "사(자공)야, 너는 내가 많이 배우고, 그것을 다 머릿속에 외우고 있다고 생각하느냐?" 이에 자공이 대답하였다. "그렇습니다. 그게 아닌지요?" 공자께서 말씀하셨다. "아니다. 나는 학문을 처음부터 끝까지 하나의 기본 관념으로 꿰고 있을 따름이다."

子曰 賜也 女以予 爲多學而識之者與
자 왈 사 야 여 이 여 위 다 학 이 지 지 자 여

對曰 然 非與 曰 非也 予一以貫之
대 왈 연 비 여 왈 비 야 여 일 이 관 지

❀ • • • • • • •

공자는 자기가 단순히 많은 지식을 배우고 외우는 데 그치지 않고, 하나의 기본 관념으로써 일관성 있게 체계화했다고 말하고 있다.

하나를 알면 세상사 모든 것을 안다는 말이다. 즉, 깨우침이 있어야 한다는 뜻이고, 통찰로 세상을 바라보고 안다는 뜻이다.

근본을 깨달으면 만물을 그 근본에 꿰어 알 수 있는 것이다.

주자의 학문에 대한 생각을 보면 다음과 같다.

"널리 배우고 자세히 물으며, 깊이 생각하고 분명히 분별하며, 꾸준히 실천하라. 여기에 학문의 길이 있다."

15위영공(衛靈公) : 왕도가 최선이다 15-03-0

덕있는 사람을 알아보라

공자께서 말씀하셨다. "유(자로)야, 덕을 아는 사람이 거의 없구나!"

子曰 由 知德者鮮矣
자 왈 유 지 덕 자 선 의

지덕자(知德者)는 덕이 있는 사람을 알아보고 그를 등용하는 사람을 말한다.

15위영공(衛靈公) : 왕도가 최선이다 15-04-0

몸가짐을 단정히 하라

공자께서 말씀하셨다. "앞에 나서지 않고도 천하를 태평스럽게 잘 다스린 사람은 아마 순임금일 것이다. 그가 무엇을 했는가? 몸가짐을 단정히 한 후에 천자가 남면하는 자리에 바르게 앉아 있었을 뿐이다."

子曰 無爲而治者 其舜也與 夫何爲哉 恭己正南面而已矣
자 왈 무 위 이 치 자 기 순 야 여 부 하 위 재 공 기 정 남 면 이 이 의

남면(南面)은 임금이 남쪽을 향하여 앉아서 백성을 다스리는 것이다.

15위영공(衛靈公) : 왕도가 최선이다 15-05-1

말과 행동은 신뢰가 기본

자장이 어떻게 하면 자신의 주장을 널리 펼칠 수 있는지를 여쭈자, 공자께서 말씀하셨다. "말이 믿음직하고 행동에 성실함이 있으면 설령 다른 오랑캐의 나라에 가서도 통하지만, 반대로 말에 믿음성이 없고 행동에 성실함이 없다면 자신이 태어난 고향에서도 통하지 않을 것이다."

子張問行 子曰 言忠信 行篤敬 雖蠻貊之邦 行矣
자 장 문 행 자 왈 언 충 신 행 독 경 수 만 맥 지 방 행 의

言不忠信 行不篤敬 雖州里 行乎哉
언 불 충 신 행 부 독 경 수 주 리 행 호 재

주리(州里)는 원래 2,500호를 1州(주)라 하고 25호를 1里(리)라고 한다. 여기서는 합쳐서 '(자신이 사는) 고장'이라는 뜻이다.

15위영공(衛靈公) : 왕도가 최선이다 15-05-2

언충신행독경

"일어서 있으면 '언충신 행독경(言忠信 行篤敬)' 이 여섯 글자가 눈앞에 어른거리고, 마차에 타면 이 여섯 글자가 마차 앞 횡목에 붙어 있다고 생각할 정도로 철저히 마음에 새겨야 자신의 주장을 널리 펼칠 수 있을 것이다." 자장은 스승의 말씀에 따라 이 여섯 글자를 허리띠에 적었다.

立則見其參於前也 在輿則見其倚於衡也 夫然後行 子張書諸紳
입 즉 견 기 참 어 전 야 재 여 즉 견 기 의 어 형 야 부 연 후 행 자 장 서 제 신

도가 행해질 때와 행해지지 않을 때

공자께서 말씀하셨다. "곧고 바르도다, 사어는! 나라에 도가 행해져도 화살처럼 곧았고, 나라에 도가 행해지지 않아도 화살처럼 곧았다. 군자답도다, 거백옥은! 나라에 도가 행해지면 관직에 나아가고 나라에 도가 행해지지 않으면 자신의 재능을 거두어서 가슴속에 감출수가 있으니!"

子曰 直哉史魚 邦有道 如矢 邦無道 如矢
자 왈 직 재 사 어 방 유 도 여 시 방 무 도 여 시

君子哉蘧伯玉 邦有道則仕 邦無道則可卷而懷之
군 자 재 거 백 옥 방 유 도 즉 사 방 무 도 즉 가 권 이 회 지

🙞 • • • • • •

사어(史魚)는 위나라의 대부로 이름이 추이다. 위나라 영공에게 간신 미자를 물리치고 거백옥을 중용하라고 여러 차례 아뢰었지만 받아들여지지 않았다. 죽을 때가 되어서 자식에게 자신은 신하의 도리를 다하지 못했으니 정식으로 상례를 갖출 수 없다고 하면서 자신의 시체를 들창 밑에 두라고 분부를 했다.

영공이 그 사실을 알고 자신의 잘못을 뉘우쳐서 간신 미자를 물리치고 거백옥을 등용했다.

그래서 옛사람들은 사어의 이 같은 간언을 가리켜 '시체가 되어서도 간언을 했다' 고 해서 시간이라고 했다.

사람을 잃지 말고 실언하지 말라

공자께서 말씀하셨다. "허심탄회하게 이야기를 나눌 수 있다고 판단했으면서도 털어놓고 이야기하지 않는다면 그 사람을 잃게 된다. 속에 있는 말을 하면 안 되겠다고 판단했으면서도 속말을 털어놓고 이야기한다면 실언한 것이다. 지혜로운 사람은 사람을 잃지도 않고 실언을 하지도 않는다."

子日 可與言而不與之言 失人
자 왈 가 여 언 이 불 여 지 언 실 인
不可與言而與之言 失言 知者 不失人 亦不失言
불 가 여 언 이 여 지 언 실 언 지 자 불 실 인 역 불 실 언

· · · · · ·

지자(知者)는 지혜로운 사람을 말한다. 말이 통할 만한 사람에게는 반드시 말을 해서 일깨워주어야 하지만 말이 통하지 않는 사람에게는 무리해서 말할 필요가 없다는 뜻이다.

법구경에 이런 말이 나온다.

"어리석은 사람은 한평생 어진 사람을 가까이 섬겨도 숟가락이 국맛을 모르듯 참다운 법을 알지 못하고, 슬기로운 사람은 잠깐동안 어진 사람을 가까이 섬겨도 혀가 국맛을 알 듯 곧 참다운 법을 안다."

15위영공(衛靈公) : 왕도가 최선이다 15-08-0

자신을 희생하여 인을 이룬다

공자께서 말씀하셨다. "숭고한 뜻을 지닌 지사와 어진 인자는 삶에 연연하여 인을 해치는 일이 없다. 그러나 자신을 희생하여 인을 이루는 일은 있다."

子日 志士仁人 無求生以害人 有殺身以成仁
자 왈 지 사 인 인 무 구 생 이 해 인 유 살 신 이 성 인

15위영공(衛靈公) : 왕도가 최선이다 15-09-0

인을 실천하는 방법

자공이 인을 실천하는 방법에 대해 여쭈어보자 공자께서 말씀하셨다. "장인이 그 일을 잘 하려면 우선 자기의 연장을 잘 손질해 놓아야 한다. 인을 실천하는 것도 이와 같으니, 어느 나라에 살게 되면 그 나라의 대부 중 현자를 섬겨 인의 실천을 배우고, 지배층 선비 가운데 어진 이와 사귀어야 한다."

子貢問爲仁 子日 工欲善其事 必先利其器
자 공 문 위 인 자 왈 공 욕 선 기 사 필 선 리 기 기
居是邦也 事其大夫之賢者 友其士之仁者
거 시 방 야 사 기 대 부 지 현 자 우 기 사 지 인 자

15위영공(衛靈公) : 왕도가 최선이다 15-10-0

나라를 다스리는 법

안연이 나라를 다스리는 법에 대해 여쭈어보자 공자께서 말씀하셨다. "하나라의 역법을 사용하고, 은나라의 수레를 타며, 주나라의 의관을 쓰고, 음악은 순임금 때 만든 소라는 무곡을 사용하는 것이 좋다. 정나라의 음악은 물리치고, 아첨하는 사람을 멀리하도록 하여라. 정나라의 음악은 음란하고 아첨하는 사람은 위험하다."

顔淵 問爲邦 子曰 行夏之時 乘殷之輅 服周之冕 樂則韶舞
안 연 문 위 방 자 왈 행 하 지 시 승 은 지 로 복 주 지 면 악 즉 소 무

放鄭聲 遠佞人 鄭聲淫 佞人殆
방 정 성 원 녕 인 정 성 음 녕 인 태

하지시(夏之時)는 하나라의 역법(曆法)으로, 농업에 유용한 태음력이다. 은지로(殷之輅)는 은나라의 큰 수레인데, 은나라 때 창제된 목제 수레로 장식이 별로 없고 질박한 것이 특징이었다. 주지면(周之冕)은 주나라의 면류관으로, 주나라 때는 여러 가지 예의 제도가 완비되었는데 복제도 이때 완비되었다. 면(冕)은 대부 이상이 쓰던 예모로, 오색의 주옥을 끈에 꿰어 앞뒤에 늘어뜨렸다. 천자는 열두 줄, 제후는 아홉 줄, 상대부는 일곱 줄, 하대부는 다섯 줄의 주옥을 달게 되어 있었다. 정성(鄭聲)은 정나라의 음악인데, 남녀 사이의 연애를 노래한 것이 많기 때문에 옛날부터 음란한 음악으로 여겨져 왔다.

15위영공(衛靈公) : 왕도가 최선이다 15-11-0

멀리 내다보고 사려 깊게 행동하라

공자께서 말씀하셨다. "사람이 멀리 앞을 내다보고 사려 깊게 행동하지 않으면, 반드시 가까운 근심이 생기게 마련이다."

子曰 人無遠慮 必有近憂
자 왈 인 무 원 려 필 유 근 우

미래를 대비해야 훗날이 안정적이라는 글이다.

15위영공(衛靈公) : 왕도가 최선이다 15-12-0

덕을 좋아하라

공자께서 말씀하셨다. "절망스럽구나! 덕을 좋아하기를 아리따운 여인을 좋아하듯 하는 사람을 나는 아직 보지 못하였다."

子曰 已矣乎 吾未見好德 如好色者也
자 왈 이 의 호 오 미 견 호 덕 여 호 색 자 야

정약용은 도심(道心)은 항상 나약하므로 성실하기 어렵고, 인심(仁心)은 항상 치열하므로 거짓이 없다고 했다. 여색을 좋아하는 일이 사람 마음의 본성임을 직시하였다.

덕을 좋아하는 일은 인간 본성에 따른 것이 아니기에 저절로 덕을 좋아하게 될 수가 없기 때문에 덕을 따르는 일은 인간의 가치를 실현하기 위해 요청되는 도덕의지이다.

15위영공(衛靈公) : 왕도가 최선이다 15-13-0

현자를 알아보라

공자께서 말씀하셨다. "장문중은 벼슬자리를 훔친 사람일 것이다. 유하혜가 현자라는 것을 알면서도 그에게 관직을 주지 않았으니 말이다."

子曰 臧文仲 其竊位者與 知柳下惠之賢 而不與立也
자 왈 장문중 기절위자여 지유하혜지현 이불여립야

유하혜(柳下惠)는 노나라의 대부로, '유하'는 그의 식읍 이름이고, '혜'는 시호다. 매우 현능하고 덕망이 있는 인물이었다.

15위영공(衛靈公) : 왕도가 최선이다 15-14-0

자신은 엄중하게 책망하라

공자께서 말씀하셨다. "자신에 대해서는 엄중하게 책망하고, 타인에 대해서는 너그럽게 책망한다면 원망이 멀어질 것이다."

子曰 躬自厚 而薄責於人 則遠怨矣
자 왈 궁자후 이박책어인 즉원원의

15위영공(衛靈公) : 왕도가 최선이다 15-15-0

스스로 방법을 찾으려고 노력하라

공자께서 말씀하셨다. "이를 어떻게 할까, 저를 어떻게 할까…… 하고 물어오지 않는 사람은 나도 그 사람을 어찌할 방법이 없다."

子曰 不曰如之何 如之何者 吾末如之何也已矣
자 왈 불 왈 여 지 하 여 지 하 자 오 말 여 지 하 야 이 의

스스로 방법을 찾으려고 노력하지 않는 사람은 아무리 도와주고 싶어도 어쩔 수 없다는 말이다.

15위영공(衛靈公) : 왕도가 최선이다 15-16-0

의로운 일에 힘써라

공자께서 말씀하셨다. "여럿이 종일토록 함께 있으면서 의로운 일은 한마디도 하지 않고, 잔재주 부리기나 좋아한다면 참으로 곤란하다."

子曰 群居終日 言不及義 好行小慧 難矣哉
자 왈 군 거 종 일 언 불 급 의 호 행 소 혜 난 의 재

15위영공(衛靈公) : 왕도가 최선이다 15-17-0

군자의 일하는 방법

공자께서 말씀하셨다. "군자는 일을 하는 데 있어서 의로움을 바탕으로 삼고, 예로써 이를 실행하고, 겸손한 말투로 의견을 말하고, 신의로써 완성하나니, 진실로 군자답도다."

子曰 君子義以爲質 禮以行之 孫以出之 信以成之 君子哉
자 왈 군 자 의 이 위 질 예 이 행 지 손 이 출 지 신 이 성 지 군 자 재

15위영공(衛靈公) : 왕도가 최선이다 15-18-0

자신의 능력이 부족함을 걱정하라

공자께서 말씀하셨다. "군자는 자신의 능력이 부족한 것을 걱정할 뿐, 남이 자신을 알아주지 않는 것은 걱정하지 않는다."

子曰 君子病無能焉 不病人之不己知也
자 왈 군 자 병 무 능 언 불 병 인 지 불 기 지 야

군자는 사후도 생각한다

공자께서 말씀하셨다. "군자는 죽고 나서 좋은 평판을 얻지 못할 것을 걱정한다."

子曰 君子疾沒世而名不稱焉
자 왈 군 자 질 몰 세 이 명 불 칭 언

진정한 군자는 죽은 후에 유명해지지 못할까를 걱정하는 것이 아니라, 못난 자신의 덕망과 학식이 다른 사람에게 알려질 만큼 훌륭하지 못할까 걱정한다는 뜻이다.

진정한 군자는 눈앞의 이익이나 명성을 바라지 않는다. 그러나 평생 단 한 번도 사람들에게 도움이 되지 못하고 아무런 업적도 남기지 못하는 것을 부끄럽게 여긴다. 자신의 뜻이 아무에게도 전해지지 않고 삶이 끝나버리면, 아무리 풍족한 생활을 누렸을지라도 그 삶은 후회하게 된다. 가장 두려운 것은 명성이 아니라 자취를 남기지 못하는 것이다.

15위영공(衛靈公) : 왕도가 최선이다 15-20-0

모든 잘못은 나로부터 비롯된다

공자께서 말씀하셨다. "군자는 일의 성패에 있어서 자기 자신에게서 잘못을 찾고, 소인은 남에게서 찾는다."

子曰 君子求諸己 小人求諸人
자 왈 군 자 구 제 기 소 인 구 제 인

진정한 군자는 일을 하다가 결과가 나쁘면 자기 자신에게서 잘못을 찾고 스스로 꾸짖을 것이다. '바로 내 탓'이란 말이 같은 맥락이다. 비록 좋은 결과가 나타났을 때에도 당연하다고 생각하는 게 아니라 그게 과연 마땅한 결과인지를 스스로 돌아보는 게 군자의 도리이다.

그러나 소인은 과정은 생각지 않고 일의 결과가 좋거나 성공했다면 내 덕분이라고 과시하려고 할 것이다.

파벌을 형성하지 말라

공자께서 말씀하셨다. "군자는 긍지를 지키면서도 남과 다투지 않고, 공동으로 일을 하면서도 파벌을 형성하지 않는다."

子曰 君子矜而不爭 群而不黨
자 왈 군자긍이부쟁 군이부당

군이부당(群而不黨)은 여러 사람이 어울리되 파당을 짓지 않는다는 뜻이고, 군(群)은 단순히 여러 사람이 모인다는 뜻으로 감정적 색채가 없는 중립적인 말이다.

당(黨)은 공동의 목적을 달성하기 위하여 도당을 이루어 집단행동을 한다는 뜻으로 부정적인 색채가 강한 말이다.

평가하지 말고 귀기울여라

공자께서 말씀하셨다. "군자는 말만 듣고 사람을 평가하지 않고, 또 비록 됨됨이가 하찮은 사람이 하는 훌륭한 말도 흘려듣지 않는다."

子曰 君子不以言擧人 不以人廢言
자왈 군자불이언거인 불이인폐언

❀ • • • • • •

군자는 말만 가지고 사람을 판단하지도 않지만, 또한 사람이 마음에 안 든다고 해서 그 사람의 훌륭한 말을 버리지도 않는다는 뜻이다.

지도자는 말로만 번드르르하고 입에 발리고 아첨하는 듣기 좋은 말만 하는 사람을 곁에 두지 않는다. 그리고 사람의 신분이 낮다거나 옷차림이 남루하다거나 하는 겉모습만 보고서 그 사람이 충언을 하는 말을 흘려듣지 않고 귀담아 듣고 이를 활용한다.

사람을 보고 판단할 때에도 허름한 옷을 입고 외모가 출중하지 않다고 하여 아예 그 사람의 말도 들어 보지 않는 것이 아니라 잘 들어 보고 판단하라는 의미이다.

15위영공(衛靈公) : 왕도가 최선이다 15-23-0

내가 싫은 건 남에게 시키지 말라

자공이 여쭈었다. "평생 받들 만한 말 한 마디가 있는지요?" 공자께서 말씀하셨다. "아마도 서(恕)일 것이다. 자신이 원하지 않는 일을 남에게 시키지 말아야 한다."

子貢問曰 有一言而可以終身行之者乎
자 공 문 왈 유 일 언 이 가 이 종 신 행 지 자 호

子曰 其恕乎 己所不欲 勿施於人
자 왈 기 서 호 기 소 불 욕 물 시 어 인

• • • • • •

용서란 이렇게 공자께서 평생을 두고 행할 만한 유일한 일이 될 만큼 소중한 덕목이었다.

용서란 남의 잘못을 너그럽게 덮어준다는 뜻이다. 자신의 입장이 아니라 상대방의 처지에서 바라본다는 뜻도 담고 있다. 상대를 인정한다는 것은 나와 대등하게 대접한다는 뜻이다. 내가 원하는 것은 다른 사람도 원하고, 내가 하기 싫은 것은 다른 사람도 하기 싫어할 것이다. 그러므로 이해관계가 서로 부딪칠 때는 당사자간의 합의를 필요로 한다.

15위영공(衛靈公) : 왕도가 최선이다 15-24-0

겪어본 사람을 칭찬하라

공자께서 말씀하셨다. "내가 다른 사람에 대하여 누구를 헐뜯고 누구를 칭찬하겠는가? 만일 내가 칭찬하는 사람이 있다면 반드시 그를 직접 겪어본 적이 있어서이다. 지금의 이백성은 하, 상, 주 삼대에 걸쳐 바른 길로 걸어왔던 사람들이다."

子曰 吾之於人也 誰毁誰譽 如有所譽者 其有所試矣
자 왈 오 지 어 인 야 수 훼 수 예 여 유 소 예 자 기 유 소 시 의

斯民也 三代之所以直道而行也
사 민 야 삼 대 지 소 이 직 도 이 행 야

삼대(三代)는 하나라, 은나라, 주나라의 세 왕조를 가리킨다. 사람을 함부로 평가하지 않는 공자의 신중한 태도를 엿볼 수 있는 말이다.

남에 대해 함부로 입에 올리지 말라는 뜻이다. 신중에 신중을 기해서 말하고, 폄하하는 발언은 될 수 있는 한 하지 말고, 칭찬도 명분 없는 입발림 칭찬이 아니라 그 까닭이 분명이 있어야 한다는 얘기다. 남을 비판하더라도 사실보다 더 깎아 내리지 말고, 남을 칭찬하더라도 사실보다 더 칭찬하지 말라는 뜻이다.

15위영공(衛靈公) : 왕도가 최선이다 15-25-0

정직한 태도와 따뜻한 인정

공자께서 말씀하셨다. "옛날에는 그래도 사관이 의아하게 생각하여 기록하지 않고 비워두는 정직성과 말을 가진 사람이 다른 사람에게 말을 빌려주어 타게 하는 인정을 볼 수 있었는데 지금은 이런 면들이 없어졌다."

子曰 吾猶及史之闕文也 有馬者借人乘之 今亡矣夫
자 왈 오 유 급 사 지 궐 문 야 유 마 자 차 인 승 지 금 무 의 부

역사의 기록을 엄정하게 하려는 신중하고 정직한 태도와 남에게 말을 빌려주는 따뜻한 인정이 지금은 없어졌다는 한탄이다.

사지궐문(史之闕文)은 사관이 의아하게 생각하여 기록하지 않고 비워둔 글을 말한다.

군자는 자기가 모르는 것에 대해서는 대체로 말을 하지 않고 가만히 있는 법이라고 한 바와 같이, 공자는 자신이 잘 모르는 것에 대하여는 언급하지 않는 정직성을 미덕으로 여겼다.

15위영공(衛靈公) : 왕도가 최선이다 15-26-0

작은 것부터 참아라

공자께서 말씀하셨다. "교묘하게 꾸민 말은 덕(德)을 어지럽게 하고, 작은 것을 참지 못하면 큰일을 어지럽게 한다."

子曰 巧言亂德 小不忍則亂大謀
자 왈 교 언 난 덕 소 불 인 즉 란 대 모

15위영공(衛靈公) : 왕도가 최선이다 15-27-0

반드시 직접 확인하라

공자께서 말씀하셨다. "모두가 그를 나쁘게 말하더라도 반드시 자신의 눈으로 좋은 점이 없는지 반드시 확인하고, 모두가 좋게 말하더라도 반드시 자신의 눈으로 확인해야 한다."

子曰 衆惡之 必察焉 衆好之 必察焉
자 왈 중 오 지 필 찰 언 중 호 지 필 찰 언

15위영공(衛靈公) : 왕도가 최선이다 15-28-0

마음을 닦아 도를 넓혀라

공자께서 말씀하셨다. "사람이 마음을 닦아 도를 넓히는 것이지, 도가 사람을 넓히는 것이 아니다."

子曰 人能弘道 非道弘人
자 왈 인 능 홍 도 비 도 홍 인

• • • • • • •

도는 객관적인 존재로서 그냥 존재할 뿐 사람에게 작용을 하지는 않는다. 그러므로 사람이 스스로의 노력으로 부단히 도를 닦아 도의 지평을 넓혀 나가야 한다.

무슨 일을 하든지 처음에는 떨리고 긴장이 된다. 자칫 첫날 실수라도 하는 날이면 쥐구멍이라도 숨고 싶어진다. 그러나 실수하면서 배우고, 시간을 통해 처음에 낯설었던 일들이 조금씩 익숙해져간다.

한 가지 일을 10여 년을 하게 되면 베테랑이 된다. 무슨 일이 생겨도 당황하지 않고 일을 척척 처리한다. 내가 다른 누군가의 지시 없이 스스로 할 수 있는 능력이며 실력을 키워낸 것이다. 내가 나아갈 길은 그렇게 생겨난다.

15위영공(衛靈公) : 왕도가 최선이다 15-29-0

잘못을 고치지 않는 게 잘못이다

공자께서 말씀하셨다. "잘못을 저지르고도 고치지 않는다면 이것이 바로 잘못이다."

子曰 過而不改 是謂過矣
자 왈 과 이 불 개 시 위 과 의

15위영공(衛靈公) : 왕도가 최선이다 15-30-0

학문과 사색

공자께서 말씀하셨다. "내가 일찍이 종일 먹지 않고, 밤새워 사색에 빠졌지만 결국 얻는 것이 없었으니, 배우는 것만 못하였다."

子曰 吾嘗終日不食 終夜不寢以思 無益 不如學也
자 왈 오 상 종 일 불 식 종 야 불 침 이 사 무 익 불 여 학 야

도를 추구해야지 가난을 걱정하지 말라

공자께서 말씀하셨다. "군자는 도를 추구해야지 먹을 것을 추구하지 않는다. 농부가 농사를 지으면 때로 굶주릴 때가 있지만 군자가 학업에 열중하면 벼슬길에 나아가 봉급을 받을 수 있다. 군자는 도에 진전이 없는 것을 걱정해야지 가난을 걱정하지 않는다."

子曰 君子謀道不謀食 耕也 餒在其中矣 學也 祿在其中矣
자 왈 군 자 모 도 불 모 식 경 야 뇌 재 기 중 의 학 야 녹 재 기 중 의

君子憂道不憂貧
군 자 우 도 불 우 빈

❀ • • • • • •

군자의 목적은 먹을 것이 아니고, 도(道)의 실현이다.

농사는 봄에 씨를 뿌리면 가을에는 소득을 거둘 수가 있다. 그러나 학문을 하는 것은 그렇게 단시간에 열매를 거둘 수가 없다. 짧은 시간 내에 가시적인 수확을 거둘 수 있는 일을 선호하는 당시의 풍조를 안타까워하여 길게 보고 학문에 정진할 것을 권고한 말이다.

나아가 군자는 현실에 안주하지 말고 어떤 삶을 살아가야 할 것인지에 대한 노력을 게을리하지 말라는 뜻을 담고 있다.

군자가 걱정할 것은 어떻게 도를 실천할 것인가에 대한 것이다.

15위영공(衛靈公) : 왕도가 최선이다 15-32-0

지략과 인

공자께서 말씀하셨다. "지략이 뛰어나더라도 인으로 지켜내지 않으면 비록 손에 넣었어도 반드시 잃게 된다. 지략이 뛰어나고 인으로 지켜내도 점잖게 대하지 않는다면 백성은 존경하지 않을 것이다. 지략이 뛰어나고 인으로 지켜내고 점잖게 격식을 갖추어 대해도 예로써 행동하지 않으면 아직 최선은 아니다."

子日 知及之 仁不能守之 雖得之 必失之
자 왈 지 급 지 인 불 능 수 지 수 득 지 필 실 지

知及之 仁能守之 不莊以涖之則民不敬
지 급 지 인 능 수 지 부 장 이 리 지 즉 민 불 경

知及之 仁能守之 莊以涖之 動之不以禮 未善也
지 급 지 인 능 수 지 장 이 리 지 동 지 불 이 례 미 선 야

15위영공(衛靈公) : 왕도가 최선이다 15-33-0

군자의 그릇은 커야 한다

공자께서 말씀하셨다. "군자는 아는 것이 지나치게 세세해서는 안 되지만 맡은 일은 커도 괜찮고, 소인은 맡은 일이 커서는 안 되지만 아는 것은 별로 없어도 상관없다."

子日 君子不可小知 而可大受也 小人不可大受 而可小知也
자 왈 군 자 불 가 소 지 이 가 대 수 야 소 인 불 가 대 수 이 가 소 지 야

대국적인 판단을 올바로 할 수 없다면 세세한 일에 생각이 미쳐도 교양 있는 군자라고 할 수 없다. 군자는 소인과 달라서 아는 것이 중차대해야 하고 일도 중임을 맡아야 한다. 소지(小知)는 작게 알다, 즉 아는 것이 자질구레하고 째째함을 말하고, 대수(大受)는 크게 수임하다. 다시 말해 큰일을 맡는 것을 말한다.

15위영공(衛靈公) : 왕도가 최선이다 15-34-0

늘 인을 가까이 하라

공자께서 말씀하셨다. "백성이 인을 필요로 함은 물이나 불을 필요로 하는 것보다 더 절실하다. 그런데 물이나 불은 자칫 잘못 밟으면 거기에 빠져 죽을 수는 있지만 인은 아무리 많아도 인을 밟다가 죽는 사람은 보지 못했다."

子曰 民之於仁也 甚於水火
자 왈 민 지 어 인 야 심 어 수 화

水火 吾見蹈而死者矣 未見蹈仁而死者也
수 화 오 견 도 이 사 자 의 미 견 도 인 이 사 자 야

백성은 인(仁), 즉 인정을 간절히 필요로 하고 있고, 또 인은 아무리 많다고 해고 결코 아무런 해도 끼치지 않으니 위정자는 늘 인을 가까이해야 한다.

우리가 살아가려면 무엇보다도 물과 불이 필요하다. 우리 목숨을 지키는 데에는 가장 필요한 요소이다. 그렇기에 물이나 불보다 낫다는 말은 그만큼 중요하다는 말이다. 우리 몸을 살리는 데에는 물이나 불보다 더한 게 없다. 그러나 우리 정신을 살리는 데에는 '베풂' 보다 더한 게 없다.

15위영공(衛靈公) : 왕도가 최선이다 15-35-0

인을 행할 때는 양보하지 말라

공자께서 말씀하셨다. "인을 행할 일을 만나면, 스승에게도 양보하지 말고 힘껏 행해야 한다."

子曰 當仁 不讓於師
자 왈 당 인 불 양 어 사

인을 실천하는 데 있어서는 비록 스승이라고 해도 양보할 것이 아니다. 그 일에 있어서만은 제자가 스승을 앞서도 상관없다는 의미이다.

선비에게 베푸는 것은 목숨과도 같다. 그러므로 아무리 스승이라고 하여도 베푸는 것을 지키고 행하는 일은 넘겨줄 수가 없다. 아무에게도 양보할 수가 없다. 선비는 선비의 길을 묵묵히 걸어가야 하지만 그냥 걸어가는 게 아니라 반드시 베푸는 것을 행해야 한다. 그러므로 그 길이 빛나는 것이다.

15위영공(衛靈公) : 왕도가 최선이다 15-36-0

발목 잡히는 일은 하지 말라

공자께서 말씀하셨다. "군자는 정도를 지키지만 하찮은 신의에 얽매여 발목 잡히는 일은 하지 않는다."

子曰 君子貞而不諒
자 왈 군 자 정 이 불 량

15위영공(衛靈公) : 왕도가 최선이다 15-37-0

신중하게 일을 처리하라

공자께서 말씀하셨다. "군주를 섬김에 있어서는 자신의 일을 신중하게 처리하고 녹을 먹는 것은 뒤로 돌린다."

子曰 事君 敬其事而後其食
자 왈 사 군 경 기 사 이 후 기 식

15위영공(衛靈公) : 왕도가 최선이다 15-38-0

차별을 두지 말라

공자께서 말씀하셨다. "나는 가르칠 뿐 사람에 차별을 두지 않는다."

子曰 有教無類
자 왈 유 교 무 류

신분과 지위의 높고 낮음을 구분하지 않고, 누구에게나 고르게 교육의 기회를 준다는 뜻이다.

15위영공(衛靈公) : 왕도가 최선이다 15-39-0

추구하는 이상이 같아야 한다

공자께서 말씀하셨다. "추구하는 이상이 같지 않으면 함께 일을 도모하지 않는다."

子曰 道不同 不相爲謀
자 왈 도 불 동 불 상 위 모

말을 분명하게 전달하라

공자께서 말씀하셨다. "말은 말하려고 했던 내용을 분명하게 전달할 수 있으면 최상이다."

子曰 辭 達而已矣
자 왈 사 달 이 이 의

말은 사상이나 감정의 전달을 목적으로 하기 때문에 그 목적을 달성하는 선에서 그쳐야 한다. 화려한 미사여구를 동원하여 불필요한 말을 많이 하는 것은 바람직하지 않다.

『태평어람』에 말에 관한 구절이 나온다.

"질병은 입을 좇아 들어가고 화근은 입을 좇아 나온다."

시각장애자를 대하는 방법

시각장애자인 악사, 면이 공자를 뵈러 왔는데, 계단 앞에 이르자 공자께서 말씀하셨다. "계단입니다." 좌석 앞에 이르자 공자께서 말씀하셨다. "좌석입니다." 다들 자리에 앉자 공자께서 일일이 '누구는 여기에 있습니다, 누구는 여기에 있습니다.' 하고 소개하셨다. 악사 면이 돌아가자 자장이 여쭈었다. "그렇게 하는 것이 시각장애자를 대하는 방법인지요?" 공자께서 대답하셨다. "그렇다. 바로 악사를 도와드리는 방법이다."

師冕見 及階 子曰 階也 及席 子曰 席也
사면현 급계 자왈 계야 급석 자왈 석야

皆坐 子告之曰 某在斯 某在斯
개좌 자고지왈 모재사 모재사

師冕出 子張問曰 與師言之道與 子曰 然 固相師之道也
사면출 자장문왈 여사언지도여 자왈 연 고상사지도야

공자는 인자(仁者)의 길을 직접 보여주고 있다.

인자는 남을 대할 때 남을 자신처럼 대한다는 원칙이 있다. 상대방의 입장에서 생각하고 배려하는 것이 바로 인을 실천하는 것이다.

눈이 보이지 않는 사람의 입장에서 상황을 자세히 알려주고 편안하게 해주는 것은 기본이자 가장 중요한 일이다. 이를 직접 실천하므로써 공자는 학문을 실천하는 모습을 보여준 것이다.

-16-

계씨
季氏

욕심이 화를 부른다

16계씨(季氏) : 욕심이 화를 부른다 16-01-1

전후 사정을 잘 살펴라

노나라의 대신인 계씨가 전유 읍을 정벌할 계획을 세웠을 때, 그의 가신인 염유와 자로가 공자를 뵙고 말했다. "계씨가 전유를 정벌하려고 합니다." 공자께서 말씀하셨다. "염구야, 네가 뭔가 잘못 생각하고 있는 것이 아니냐? 저 전유 읍은 옛날 선왕께서 동몽산의 제주로 삼으셨고, 노나라의 영토에 둘러싸여 있지만 자신의 사직을 세울 권리를 가진 속국이거늘 어찌 그 나라를 정벌한단 말이냐?"

季氏將伐顓臾 冉有季路見於孔子曰 季氏將有使於顓臾
계 씨 장 벌 전 유 염 유 계 로 현 어 공 자 왈 계 씨 장 유 사 어 전 유

孔子曰 求無乃爾是過與 夫顓臾 昔者先王 以爲東蒙主
공 자 왈 구 무 내 이 시 과 여 부 전 유 석 자 선 왕 이 위 동 몽 주

且在邦域之中矣 是社稷之臣也 何以伐爲
차 재 방 역 지 중 의 시 사 직 지 신 야 하 위 벌 위

계씨(季氏)는 삼환(三桓)의 하나로 노나라의 정치를 전횡하던 대부인 계손씨이다.

전유는 산동성 비현의 서북쪽에 위치한 노나라의 속국이다. 복희씨의 후예로 주공이 노나라에 봉해지기 이전부터 몽산 일대에서 작은 나라를 이루고 있었다.

여기에서 선왕(先王)은 주나라의 옛날 천자를 말한다.

동몽주(東蒙主)는 동몽산의 제주(祭主)이다. 동몽(東蒙)은 지금의 산동성 몽음에 있는 몽산을 말한다.

16계씨(季氏) : 욕심이 화를 부른다 16-01-2

잘못된 원인을 제대로 살펴라

염유가 말했다. "사실은 계손씨가 주장하고 있는 것이고, 저희 두 사람은 모두 원하지 않습니다." 공자께서 말씀하셨다. "염구야, 주임이 한 말 중에 가능한 한 힘을 다해서 자신의 직무를 감당하고, 능력이 미치지 못하면 물러나야 한다는 말이 있다. 주변이 위험할 때 옆에서 떠받치고 넘어졌을 때 도와서 일으키는 것이 시중드는 사람이 할 일이다. 게다가 네 말은 잘못되었다. 호랑이와 외뿔소가 우리에서 뛰쳐나가거나 지키고 있던 귀갑과 옥이 상자 속에서 깨졌다면 이는 누구의 잘못이겠느냐?"

冉有曰 夫子欲之 吾二臣者 皆不欲也
염유왈 부자욕지 오이신자 개불욕야

孔子曰 求 周任 有言曰 陳力就列 不能者止
공자왈 구 주임 유언왈 진력취열 불능자지

危而不持 顚而不扶 則將焉用彼相矣
위이부지 전이불부 즉장언용피상의

且爾言過矣 虎兕出於柙 龜玉 毁於櫝中 是誰之過與
차이언과의 호시출어합 귀옥 훼어독중 시수지과여

주임(周任)은 주나라의 대부라는 설과 옛날의 사관(史官)이라는 설이 있다. 상(相)은 보좌하는 사람이다.

16계씨(季氏) : 욕심이 화를 부른다 16-01-3

우환을 끊어라

염유가 말했다. "저 전유는 성이 견고하고, 계씨의 근거지인 비읍에 가까이 있어서, 지금 빼앗아 두지 않으면 후세에 반드시 자손들에게 우환이 될 것입니다."

冉有曰 今夫顓臾 固而近於費 今不取 後世 必爲子孫憂
염유왈 금부전유 고이근어비 금불취 후세 필위자손우

16계씨(季氏) : 욕심이 화를 부른다 16-01-4

야심을 숨기고 핑계를 대지 말라

공자께서 말씀하셨다. "염구야, 너희는 자신의 야심을 숨기고 속이 뻔히 들여다보이는 핑계를 대려고 하느냐? 내가 듣기로, 나라를 가진 사람은 백성이 적은 것을 걱정하지 말고 재산의 소유가 공평하지 못한 것을 걱정하고, 가난한 것을 걱정하지 말고 나라가 편안하지 못한 것을 걱정한다고 했다. 대체로 재산의 소유가 고르면 가난이 없고, 나라가 평화로우면 백성이 적어지는 일이 없으며, 나라가 편안하면 망할 위험이 없어진다."

孔子曰 求 君子疾夫舍曰欲之而必爲之辭 丘也聞 有國有家者
공자왈 구 군자질부사왈욕지이필위지사 구야문 유국유가자

不患寡而患不均 不患貧而患不安 蓋均無貧 和無寡 安無傾
불환과이환불균 불환빈이환불안 개균무빈 화무과 안무경

夫如是故 遠人 不服則修文德以來之 既來之則安之
부여시고 원인 불복즉수문덕이래지 기래지즉안지

16계씨(季氏) : 욕심이 화를 부른다 16-01-5

욕심이 화를 부른다

"대체로 이치가 이러하기 때문에, 먼 나라를 품에 안으려면 스스로 문교를 통한 감화력을 발휘하며 평화로운 수단으로 상대방이 먼저 수교하러 오기를 기다리는 것이다. 그리고 상대방이 찾아오면 그들을 편안하게 해주어야 한다. 그런데 지금 보니, 너희는 계손씨의 상이 되어 이국을 품에 안아 수교를 할 만한 자격이 없는 듯하구나. 자신의 나라가 내부에서 와해되고 붕괴될 위험이 있는 것도 막지 못하면서 바로 이웃 나라에 무력을 동원하여 싸움을 걸려 하고 있다. 내가 보기에는 계손씨의 걱정거리는 저 전유 읍이 아니라 담장 안에 있는 것 같아 두렵구나."

今由與求也 相夫子 遠人 不服而不能來也 邦分崩離析而不能守也
금유여구야 상부자 원인 불복이불능래야 방분붕리석이불능수야

而謀動干戈於邦內 吾恐季孫之憂 不在顓臾 而在蕭牆之內也
이모동간과어방내 오공계손지우 부재전유 이재소장지내야

소장(蕭牆)은 겉담의 안쪽에 있는 낮은 담을 가리킨다.

도가 있을 때와 없을 때

공자께서 말씀하셨다. "천하에 도가 있어서 대의명분이 행해질 때는 천자가 천하의 정치와 군사의 전권을 갖는다. 천하에 도가 없으면 대의명분이 무너지고 정치와 군사의 전권은 제후의 손에 들어간다. 전권을 제후가 장악하게 되면 그 가문은 10대가 되지 못하고 망해버린다. 만약 제후의 나라에서 대신이 정치와 군사의 전권을 손에 쥐면 대개 5대 안에 망해버린다. 그리고 대신의 신하가 정치와 군사의 전권을 쥐게 되면 대개 3대에 못 가서 망해버린다. 천하에 도가 있으면 제후의 가신들은 정부에 관여하지 않을 것이고, 천하에 도가 있으면 일반 백성들이 정치를 논하지 않을 것이다."

孔子曰 天下有道 則禮樂征伐 自天子出
공 자 왈 천 하 유 도 즉 례 락 정 벌 자 천 자 출

天下無道 則禮樂征伐 自諸侯出 自諸侯出
천 하 무 도 즉 예 락 정 벌 자 제 후 출 자 제 후 출

蓋十世希不失矣 自大夫出 五世希不失矣 陪臣執國命
개 십 세 희 불 실 의 자 대 부 출 오 세 희 불 실 의 배 신 집 국 명

三世希不失矣 天下有道 則政不在大夫 天下有道 則庶人不議
삼 세 희 불 실 의 천 하 유 도 즉 정 부 재 대 부 천 하 유 도 즉 서 인 불 의

역사 고찰을 통해 얻은 결론으로 보인다. 역사가 변혁의 시기에 가까워질수록 권력 투쟁이 더욱 더 격렬해지고 치열해졌다는 것을 알 수 있다.

공자는 대부가 권력을 잡으면 5대 안에 망한다고 했다.

계강자 시기에 이미 4대째 대부가 장악하고 있어서 곧 망할 거라고 한 것이다. 그러나 그 예언은 적중하지 않았다.

공자가 죽은 후 대부의 세력은 더 강해져서 애공을 쫓아낸다. 노나라는 공자가 죽은 기원전 479년 이후에도 존속하다가 기원전 256년 초나라에게 망한다.

16계씨(季氏) : 욕심이 화를 부른다 16-03-0

군주가 정권을 잃으면……

공자께서 말씀하셨다. "노나라에서는 군주가 정권을 잃은 지 5대가 지났다. 정권이 대신의 수중에 들어간 지는 4대가 지났다. 그리고 이번에는 대신인 삼환씨 삼가가 쇠퇴할 때가 되었다."

孔子曰 祿之去公室 五世矣
공 자 왈 녹 지 거 공 실 오 세 의

政逮於大夫 四世矣 故 夫三桓之子孫 微矣
정 체 어 대 부 사 세 의 고 부 삼 환 지 자 손 미 의

······

노나라는 선공(宣公) 때부터 성공(成公), 양공(襄公), 소공(昭公)을 거쳐 정공(定公)에 이르기까지의 5대 동안 나라의 정치가 대부들에 의하여 농락되었다.

사세(四世)는 계씨 일가인 문자(文子), 무자(武子), 평자(平子), 환자(桓子)의 4대를 말한다.

16계씨(季氏) : 욕심이 화를 부른다 16-04-0

유익한 벗과 해로운 벗

공자께서 말씀하셨다. "유익한 벗에 세 부류가 있고, 해로운 벗에 세 부류가 있다. 정직한 사람, 성실한 사람, 아는 것이 많은 사람을 벗하면 유익하고, 편벽된 사람, 굽실거리는 사람, 빈말을 잘하는 사람을 벗하면 해롭다."

孔子曰 益者三友 損者三友
공 자 왈 익 자 삼 우 손 자 삼 우

友直 友諒 友多聞 益矣 友便辟 友善柔 友便佞 損矣
우 직 우 량 우 다 문 익 의 우 편 벽 우 선 유 우 편 녕 손 의

16계씨(季氏) : 욕심이 화를 부른다 16-05-0

유익한 즐거움과 해로운 즐거움

공자께서 말씀하셨다. "유익한 즐거움이 셋이고, 해로운 즐거움이 셋이다. 예악의 법도를 즐거워하고, 남의 착한 일을 말하기를 좋아하고, 현명한 벗이 많음을 즐거워하면 유익하다. 교만에 차서 위세를 부리는 것을 즐거워하고, 방탕한 유람을 즐거워하고, 잔치의 즐거움을 좋아하는 것은 해롭다."

孔子曰 益者三樂 損者三樂 樂節禮樂 樂道人之善 樂多賢友 益矣
공 자 왈 익 자 삼 요 손 자 삼 요 요 절 예 악 요 도 인 지 선 요 다 현 우 익 의

樂驕樂 樂佚遊 樂宴樂 損矣
요 교 락 요 일 유 요 연 락 손 의

16계씨(季氏) : 욕심이 화를 부른다 16-06-0

군주를 섬기는 자의 마음가짐

공자께서 말씀하셨다. "군주를 섬기는 사람으로서 저지르기 쉬운 세 가지 허물이 있다. 주군보다 앞질러 말하는 것은 경망스럽고, 말할 차례가 되었는데도 말하지 않는 것은 뭔가를 숨기는 것이고, 주군의 안색을 살피지 않고 말하는 것은 눈치가 없다고 한다."

孔子曰 侍於君子有三愆 言未及之而言 謂之躁
공자왈 시어군자유삼건 언미급지이언 위지조
言及之而不言 謂之隱 未見顏色而言 謂之瞽
언급지이불언 위지은 미견안색이언 위지고

16계씨(季氏) : 욕심이 화를 부른다 16-07-0

조심하고 경계할 세 가지

공자께서 말씀하셨다. "군자는 세 가지 조심하고 경계해야 될 것이 있다. 젊을 때는 혈기가 불안정하기 때문에 이성 문제에 주의해야 한다. 장년이 되면 혈기가 왕성해지므로 싸움을 경계해야 한다. 노년에는 기력이 쇠하므로 이익, 즉 물욕을 경계해야 한다."

孔子曰 君子有三戒 少之時 血氣未定 戒之在色
공자왈 군자유삼계 소지시 혈기미정 계지재색
及其壯也 血氣方剛 戒之在鬪 及其老也 血氣旣衰 戒之在得
급기장야 혈기방강 계지재투 급기노야 혈기기쇠 계지재득

16계씨(季氏) : 욕심이 화를 부른다 16-08-0

군자가 두려워해야 할 세 가지

공자께서 말씀하셨다. "군자는 세 가지를 두려워해야 한다. 천명을 두려워하고, 대인을 두려워하고, 성인의 말씀을 두려워해야 한다. 그런데 소인은 천명을 모르기 때문에 두려워할 줄 모르고, 대인을 함부로 대하며 성인의 가르침을 우습게 여긴다."

孔子曰 君子 有三畏 畏天命 畏大人 畏聖人之言
공자왈 군자 유삼외 외천명 외대인 외성인지언

小人 不知天命而不畏也 狎大人 侮聖人之言
소인 부지천명이부외야 압대인 모성인지언

대인(大人)은 덕망이 있는 훌륭한 인물을 가리키는 경우와 고위 관직에 있는 높은 사람을 가리키는 경우가 있다. 관직에 있는 높은 벼슬아치를 이르는 말로 사용되었다.

여기서 '천명'은 하늘이 준 올바른 이치이다.

하늘의 이치를 아는 사람은 당연히 하늘의 이치를 두려워한다.

하늘의 이치가 만물을 부리기 때문에 이치를 거슬려서 사는 것은 위험하므로 두려운 것이다.

'대인'은 대도로 세상을 다스리는 사람으로, 천명으로 백성을 다스리는 사람이다.

즉, 천명을 실천하는 사람이니 마땅히 두려워하는 것이다.

성인의 말씀을 두려워한다는 것은 성인의 말씀은 천명을 말하는 것이고, 대인과 같이 천명을 실천하는 사람이기 때문에 두려워하는 것이다.

즉, 대인은 정치적으로 천명을 실천하고, 성인은 도덕적으로 천명을 실천하는 것이다.

16계씨(季氏) : 욕심이 화를 부른다 16-09-0

배움의 종류

공자께서 말씀하셨다. "나면서부터 아는 사람이 으뜸이고, 배워서 아는 사람이 그 다음이며, 어려움에 처해서 배우는 사람이 그 다음이며, 어려움에 처해 있으면서도 도무지 배우려고 하지 않는 사람이 하급이 된다."

孔子曰 生而知之者上也 學而知之者次也
공 자 왈 생 이 지 지 자 상 야 학 이 지 지 자 차 야

困而學之 又其次也 困而不學 民斯爲下矣
곤 이 학 지 우 기 차 야 곤 이 불 학 민 사 위 하 의

공자는 사람의 자질을 대강 네 가지 등급으로 나누고 있다.

16계씨(季氏) : 욕심이 화를 부른다 16-10-0

마음에 새겨두어야 할 아홉 가지

공자께서 말씀하셨다. "군자는 마음에 새겨두어야 할 아홉 가지가 있다. 사물을 볼 때는 명확하게 보고, 소리를 들을 때는 분명히, 얼굴빛은 온화하게 하며, 태도는 공손하게, 말할 때는 진중하게, 일을 할 때는 신중하게, 의심이 날 때는 질문을 주저하지 말고, 화가 날 때는 후환을 염두에 두고, 이익을 보게 되면 정당한 것인지 생각해 보아야 한다."

孔子曰 君子 有九思 視思明 聽思聰 色思溫 貌思恭 言思忠
공 자 왈 군 자 유 구 사 시 사 명 청 사 총 색 사 온 모 사 공 언 사 충

事思敬 疑思問 忿思難 見得思義
사 사 경 의 사 문 분 사 난 견 득 사 의

16계씨(季氏) : 욕심이 화를 부른다 16-11-0

진정한 군주는 어디에……

공자께서 말씀하셨다. "선한 일을 보면 좇아도 미치지 않을까 안타까운 듯이 간절하게 좇고, 선하지 않은 것을 보면 마치 끓는 물 속의 물건을 꺼내듯이 급히 손을 뺀다. 그런 사람을 내가 본 적이 있고, 또한 그 밖에도 있다는 말을 들었다. 그러나 은둔해 지내면서 자신의 방식대로 살기를 추구하고, 정의를 행함으로써 자신의 도를 달성한다는데, 이 세상에 있다는 말은 들었지만 아직 본 적은 없다."

孔子曰 見善如不及 見不善如探湯 吾見其人矣 吾聞其語矣
공자왈 견선여불급 견불선여탐탕 오견기인의 오문기어의

隱居以求其志 行義以達其道 吾聞其語矣 未見其人也
은거이구기지 행의이달기도 오문기어의 미견기인야

16계씨(季氏) : 욕심이 화를 부른다 16-12-0

역사는 진실을 안다

"제 나라 경공은 말을 4천 필이나 가지고 있었지만, 그가 죽었을 때 아무도 그의 덕을 칭송하는 사람이 없었다. 그러나 백이와 숙제는 수양산에서 굶어 죽었지만 세상 사람들은 오늘날에도 그들을 칭송하고 있으니 (시경의 말은) 그것이 곧 이것을 두고 말한 듯하구나."

齊景公 有馬千駟 死之日 民無德而稱焉
제경공 유마천사 사지일 민무덕이칭언

伯夷叔齊 餓于首陽之下 民到于今稱之 其斯之謂與
백이숙제 아우수양지하 민도우금칭지 기사지위여

사(駟)는 수레 한 대를 끄는 데 필요한 네 마리의 말을 이른다.

16계씨(季氏) : 욕심이 화를 부른다 16-13-1

시경을 공부하라

진항이 공자의 아들인 백어에게 물었다. "그대는 아버님께 뭔가 새로운 말씀을 들은 것이 있는지요?" 백어가 대답했다. "별것은 없습니다만 어느 날 아버님께서 홀로 마당에 서 계셨는데 제가 종종걸음으로 지나가자, '시경을 공부했느냐?' 하고 물으셨습니다. '아직 안 배웠습니다.' 하고 말씀드리자 아버님께서는 '시경을 배우지 않으면 말을 할 수가 없다.' 고 하셨습니다. 그래서 저는 물러나와 시경을 배웠습니다."

陳亢問於伯魚曰 子亦有異聞乎 對曰 未也 嘗獨立 鯉趨而過庭
진 항 문 어 백 어 왈 자 역 유 이 문 호 대 왈 미 야 상 독 립 이 추 이 과 정

曰 學詩乎 對曰 未也 不學詩 無以言 鯉退而學詩
왈 학 시 호 대 왈 미 야 불 학 시 무 이 언 이 퇴 이 학 시

진항(陳亢)은 진(陳)나라 사람으로 공자의 제자이다. 성이 陳(진), 이름이 亢(항)이고, 자는 자금(子禽)이다. 백어는 공자의 아들인 공리(孔鯉)의 이름이다. 옛날 사람들은 자기 자식을 직접 가르치지 않았는데 이는 『논어』의 영향이 큰 것 같다.

16계씨(季氏) : 욕심이 화를 부른다 16-13-2

예를 배워야 바로 설 수 있다

"또 어느 날 부친께서 홀로 마당에 서 계셨는데 제가 그 앞의 뜰을 종종걸음으로 지나가자, '예를 배웠느냐?' 하고 물으셨지요. '아직 안 배웠습니다.'라고 말씀드리자 부친께서는 '예를 배우지 않으면 세상에서 설 방법이 없다.'고 하셨습니다. 그래서 물러나와 저는 예를 배웠습니다. 내가 들어 배운 것은 이 두 가지입니다."

他日 又獨立 鯉趨而過庭 曰 學禮乎 對曰 未也
타 일 우 독 립 이 추 이 과 정 왈 학 례 호 대 왈 미 야

不學禮 無以立 鯉退而學禮 聞斯二者
불 학 례 무 이 립 이 퇴 이 학 례 문 사 이 자

16계씨(季氏) : 욕심이 화를 부른다 16-13-3

하나를 물어 세 가지를 얻다

진항은 물러나와 기뻐하며 말했다. "하나를 물어 세 가지를 얻었다. 시경에 대해 알고, 예에 대해 알고, 또 군자는 당신의 자식을 직접 가르치지 않고 멀리한다는 것을 알았다."

陳亢退而喜曰 問一得三 聞詩聞禮 又聞君子之遠其子也
진 항 퇴 이 희 왈 문 일 득 삼 문 시 문 예 우 문 군 자 지 원 기 자 야

16계씨(季氏) : 욕심이 화를 부른다 16-14-0

칭호 속에 담긴 뜻

제후가 자신의 처를 부를 때는 부인이라 하고, 부인 스스로 자신을 일컬을 때는 소동이라 칭한다. 백성은 그녀를 군부인이라 부르고, 다른 나라사람에게 말할 때는 과소군이라 한다. 다른 나라 사람이 부를 때는 역시 군부인이라고 한다.

邦君之妻 君稱之曰夫人 夫人自稱曰小童 邦人稱之曰君夫人
방 군 지 처 군 칭 지 왈 부 인 부 인 자 칭 왈 소 동 방 인 칭 지 왈 군 부 인

稱諸 異邦曰寡小君 異邦人稱之 亦曰君夫人
칭 제 이 방 왈 과 소 군 이 방 인 칭 지 역 왈 군 부 인

옛 사람들이 칭호에 대해서 자기 자신을 칭할 때는 얼마나 낮추어 칭하고, 다른 사람들을 칭할 때는 얼마나 존중해 칭했는지를 보여주는 예라고 할 수 있다.

– 17 –

양화
陽貨

적당한 때를 기다려라

17양화(陽貨) : 적당한 때를 기다려라 17-01-1

내키지 않으나 만나야 할 때

노나라의 실권자인 양화가 공자를 만나기를 청했다. 공자께서 가지 않으시자 양화는 공자께 돼지를 선물로 보냈다. 공자께서는 일부러 양화가 없는 틈을 타서 답례하러 갔는데 공교롭게도 길에서 마주쳤다.

陽貨欲見孔子 孔子不見 歸孔子豚 孔子時其亡也而往拜之 遇諸塗
양 화 욕 견 공 자 공 자 불 견 귀 공 자 돈 공 자 시 기 무 야 이 왕 배 지 우 저 도

양화(陽貨)는 노나라의 실권자로 권력의 절정에 있었던 사람이다. 그는 끝내 노나라의 정권을 찬탈하려고 하다가 뜻을 이루지 못하여 진(晉)나라로 도망쳤다.

공자는 양화를 만나기는 싫었지만 선물을 받고 답례를 하지 않을 수 없어 일부러 그가 집에 없는 틈을 타서 인사를 갔던 것이다.

적당한 때를 기다려라

양화가 공자께 말했다. "잘 만났소. 당신에게 하고 싶은 말이 있소. 귀중한 보물을 갖고 있으면서도 썩히면서 나라가 어지러운 것을 그냥 내버려둔다면 어질다고 할 수 있겠소?" "할 수 없습니다." "일하기를 좋아하면서 자주 기회를 놓치는 것이 지혜로운 일이오?" "아닙니다." "날이 가고 달이 가서 세월은 사람을 기다려 주지 않는다오." 공자께서 말씀하셨다. "네, 장차 나도 벼슬을 할 것입니다."

謂孔子曰 來 予與爾言 曰 懷其寶而迷其邦 可謂仁乎 曰 不可
위공자왈 내 여여이언 왈 회기보이미기방 가위인호 왈 불가

好從事而亟失時 可謂知乎 曰 不可
호종사이기실시 가위지호 왈 불가

日月逝矣 歲不我與 孔子曰 諾 吾將仕矣
일월서의 세불아여 공자왈 낙 오장사의

· · · · · · ·

이렇게 추상적인 말을 함으로써 양화와의 논쟁을 피하고자 한 것으로, 장차 적당한 때가 되면 벼슬한다는 뜻이지 양화에게 벼슬하겠다는 뜻이 아니다. 공자는 원래 벼슬 자체를 거부한 사람은 아니지만 그 뒤로도 양화 아래서 벼슬을 한 적은 없었다.

17양화(陽貨) : 적당한 때를 기다려라 17-02-0

본성과 습성

공자께서 말씀하셨다. "사람의 본성은 서로 비슷하지만, 습성은 습관에 의해서 서로 현격하게 달라진다."

子曰 性相近也 習相遠也
자 왈 성 상 근 야 습 상 원 야

선천적으로 타고난 본성은 누구나 비슷하지만 후천적으로 배양되는 습관은 각자의 노력 여하에 따라 크게 차이가 날 수 있다.

그러므로 부지런히 배우고 수양하여 좋은 습관을 길러야 한다.

습상원야(習相遠也)는 습성이 서로 현격하게 다르다, 그리하여 사람은 궁극적으로 서로 다른 모습으로 변해간다는 뜻이다. 습(習)은 습관이나 교육 등 후천적인 환경을 가리킨다.

17양화(陽貨) : 적당한 때를 기다려라 17-03-0

지혜로운 사람과 어리석은 사람의 공통점

공자께서 말씀하셨다. "오로지 가장 지혜로운 사람과 가장 어리석은 사람만이 자신의 생각을 바꾸지 않는다."

子曰 唯上知與下愚 不移
자 왈 유 상 지 여 하 우 불 이

자신의 지혜에 완전한 자부심을 갖고 있는 지혜로운 사람도 자신의 생각을 고집하지만 어리석은 사람도 고집이 세다는 뜻이다.

17양화(陽貨) : 적당한 때를 기다려라 17-04-0

백성들이 예악을 배워야 한다

공자께서 무성에 가셨을 때 거기서 사람들이 현악기에 맞추어 시를 노래하는 것을 들으셨다. 공자께서 빙그레 웃으면서 말씀하셨다. "닭을 잡는데 어찌 소를 잡는 칼을 쓰느냐?" 이에 자유가 대답했다. "전에 제가 선생님께 듣기로 윗사람이 예악을 배우면 백성을 아끼고 사랑하고, 백성들이 예악을 배우면 윗사람을 잘 따른다고 하셨습니다." 그러자 공자께서 말씀하셨다. "얘들아, 자유의 말이 맞다. 아까 내가 한 말은 그를 놀려준 것뿐이다."

子之武城 聞弦歌之聲 夫子 莞爾而笑曰 割鷄焉用牛刀
자 지 무 성 문 현 가 지 성 부 자 완 이 이 소 왈 할 계 언 용 우 도

子游 對曰 昔者 偃也 聞諸夫子 曰 君子學道則愛人
자 유 대 왈 석 자 언 야 문 제 부 자 왈 군 자 학 도 즉 애 인

小人 學道則易使也 子曰 二三子 偃之言 是也 前言 戲之耳
소 인 학 도 즉 이 사 야 자 왈 이 삼 자 언 지 언 시 야 전 언 희 지 이

무성(武城)은 노나라의 읍 이름이다. 당시 자유(子游)가 이 읍의 수장이었다. 읍장인 자유의 교화에 힘입어 무성 사람들이 모두 예악을 익혀 그것이 생활화되었음을 알 수 있다.

17양화(陽貨) : 적당한 때를 기다려라 17-05-0

공연히 나를 부르겠느냐?

공산불요가 비읍을 근거지로 삼아 반란을 일으킨 후 공자를 부르자 공자께서는 가려고 하셨다. 그러자 자로가 언짢아하며 말씀드렸다. "가실 곳이 없으시면 그만두시지 어찌 하필 공산씨에게 가려 하시는지요?" 공자께서 말씀하셨다. "공연히 나를 부르겠느냐? 나를 등용해주는 사람이 있다면 나는 그 나라를 동방의 주나라로 만들어줄 것이다."

公山弗擾 以費畔 召 子欲往
공 산 불 요 이 비 반 소 자 욕 왕

子路不說日 末之也已 何必公山氏之之也
자 로 불 열 왈 말 지 야 이 하 필 공 산 씨 지 지 야

子日 夫召我者 而豈徒哉 如有用我者 吾其爲東周乎
자 왈 부 소 아 자 이 개 도 재 여 유 용 아 자 오 기 위 동 주 호

• • • • • •

공산불요(公山弗擾)는 계씨의 가신으로 당시 비읍의 수장으로 있으면서 반란을 일으킨 사람이다. 공산불요가 계씨의 가신인 양호와 함께 계환자를 억류하고 공자를 초빙하자 공자는 이 기회를 이용하여 자신의 도를 펼쳐보고자 했다. 공자가 이에 응하려고 하자 자로가 매우 못마땅하게 여겼다. 공자는 결국 가지 않았다.

실제 역사를 보면 공자는 공산불요에게 가지 않았다. 그래서 청나라 때 조익 같은 사람은 이 문장을 믿을 수 없는 부분이라고 말했다.

17양화(陽貨) : 적당한 때를 기다려라 17-06-0

공손, 관대, 신용, 민첩, 은혜

자장이 공자께 인에 대해서 여쭈어보자 공자께서 말씀하셨다. "세상에 다섯 가지를 널리 행할 수 있으면 인자라고 할 수 있다." "부디 들려주십시오." 자장이 청하자 공자께서 말씀하셨다. "다섯 가지란 공, 관, 신, 민, 혜를 말한다. 공손하면 모욕을 당하지 않고, 관대하면 많은 사람이 따르고, 신용이 있으면 사람들이 일을 맡겨주고, 부지런하면 성과가 오르고, 은혜로우면 남의 마음을 움직일 수 있다."

子張問仁於孔子 孔子曰 能行五者於天下 爲仁矣 請問之 曰 恭寬信敏惠
자장문인어공자 공자왈 능행오자어천하 위인의 청문지 왈 공관신민혜

恭則不侮 寬則得衆 信則人任焉 敏則有功 惠則足以使人
공즉불모 관즉득중 신즉인임언 민즉유공 혜즉족이사인

17양화(陽貨) : 적당한 때를 기다려라 17-07-1

악한 일을 하는 사람들을 피하라

필힐이 부르니 선생님께서 가려고 하자, 자로가 말했다. "예전에 저는 선생님께서 '군자는 악한 일을 하는 사람들 틈에 친히 들어가지 않는다'고 말씀하신 것을 들었습니다. 그런데 중모를 근거지로 하여 반란을 일으킨 필힐에게 가시려고 하니 어찌 된 일인지요?"

佛肹召 子欲往 子路曰 昔者 由也聞諸夫子曰 親於其身爲
필힐소 자욕왕 자로왈 석자 유야문저부자왈 친어기신위

不善者 君子不入也 佛肹 以中牟畔 子之往也 如之何
불선자 군자불입야 필힐 이중모반 자지왕야 여지하

필힐(佛肹)은 진(晉)나라 대부 조간자의 가신으로, 당시 중모(中牟)의 수장이었다. 그는 진나라 정공 18년에 중모를 근거지로 삼아 조간자에게 반란을 일으켰다.

17양화(陽貨) : 적당한 때를 기다려라 17-07-2

갈아도 닳지 않는 견고함

공자께서 말씀하셨다. "그렇다. 이렇게 말한 적이 있다. 그러나 '워낙 견고하면 갈아도 닳지 않는다'고 하지 않더냐?' '워낙 희면 검은 물을 들여도 검어지지 않는다'고 하지 않더냐? 내가 어찌 박이겠느냐! 한 곳에 매달려 따먹지도 못하게 하겠느냐."

子曰 然 有是言也 不曰堅乎 磨而不磷 不曰白乎
자 왈 연 유시언야 불왈견호 마이불린 불왈백호

涅而不緇 吾豈匏瓜也哉 焉能繫而不食
열이불치 오개포과야재 언능계이불식

17양화(陽貨) : 적당한 때를 기다려라 17-08-1

여섯 마디 말과 여섯 가지 폐단

공자께서 말씀하셨다. "유야! 너는 여섯 마디 말과 그에 따른 여섯 가지 폐단에 대해 들어본 적이 있느냐?" 자로가 대답했다. "들어보지 못했습니다." 공자께서 말씀하셨다. "앉거라. 내가 너에게 말해 주마."

子曰 由也 女聞六言六蔽矣乎 對曰 未也 居 吾語女
자 왈 유 야 여 문 륙 언 육 폐 의 호 대 왈 미 야 거 오 어 녀

17양화(陽貨) : 적당한 때를 기다려라 17-08-2

좋아하면 배움에 힘써라

"인을 좋아하면서 배우기를 좋아하지 않으면 그 폐단은 우둔해지는 것이고, 지혜롭기를 바라면서 배우기를 좋아하지 않으면 그 폐단은 나대게 되는 것이고, 신의를 존중해도 배우기를 좋아하지 않으면 그 폐단은 마음에 상처를 입게 되는 것이고, 정직하기만 하고 배우기를 좋아하지 않으면 그 폐단은 강팍해지는 것이고, 용맹스럽기만 하고 배우기를 좋아하지 않으면 그 폐단은 난폭해지는 것이고, 굳세기만 하고 배우기를 좋아하지 않으면 그 폐단이 무모해지는 것이다."

好仁不好學 其蔽也愚 好知不好學 其蔽也蕩 好信不好學 其蔽也賊
호인불호학 기폐야우 호지불호학 기폐야탕 호신불호학 기폐야적

好直不好學 其蔽也絞 好勇不好學 其蔽也亂 好剛不好學 其蔽也狂
호직불호학 기폐야교 호용불호학 기폐야란 호강불호학 기폐야광

17양화(陽貨) : 적당한 때를 기다려라 17-09-0

시경을 배워야 하는 이유

공자께서 말씀하셨다. "너희들은 왜 『시경』을 배우지 않느냐? 시를 배우면 감흥과 흥취를 북돋울 수 있고, 인정과 풍속을 살필 수도 있으며, 여러 사람이 모여 어울릴 수 있고, 잘못을 탓하며 비판할 수 도 있다. 가까이는 어버이를 섬기고, 멀리는 군주를 섬길 때에 도움이 된다. 또 시에 나오는 새나 짐승, 초목의 이름을 많이 알게 된다."

子曰 小子 何莫學夫詩 詩 可以興 可以觀 可以群 可以怨
자왈 소자 하막학부시 시 가이흥 가이관 가이군 가이원

邇之事父 遠之事君 多識於鳥獸草木之名
이지사부 원지사군 다식어조수초목지명

소자(小子)는 젊은 사람, 여기에서는 공자가 제자들을 가리키는 말로 쓰였다.

17양화(陽貨) : 적당한 때를 기다려라 17-10-0

담벼락을 마주 보고 서 있는 상태

공자께서 아들인 백어에게 말씀하셨다. "너는 『시경』의 주남과 소남을 배웠느냐? 사람으로서 주남과 소남을 배우지 않는 것은 마치 담벼락을 마주 보고 서 있는 것과 다름이 없을 것이다."

子謂伯魚曰
자 위 백 어 왈

女爲周南召南矣乎 人而不爲周南召南 其猶正牆面而立也與
여 위 주 남 소 남 의 호 인 이 불 위 주 남 소 남 기 유 정 장 면 이 립 야 여

『시경』에 풍(風) · 아(雅) · 송(頌)이 나오는데 풍은 그 당시의 민간가요라는 뜻이다. 주남과 소남이 제일 먼저 나온다. 주나라 초부터 춘추 시대까지의 시 311편이 풍, 아, 송의 세 부문으로 나누어 수록되어 있다.

17양화(陽貨) : 적당한 때를 기다려라 17-11-0

예와 음악의 차이

공자께서 말씀하셨다. "예라, 예라. 그것이 옥이나 비단 같은 단순한 예물을 말하겠는가. 음악이라, 음악이라. 그것이 단순히 종이나 북 같은 악기를 말하겠는가?"

子曰 禮云禮云 玉帛云乎哉 樂云樂云 鐘鼓云乎哉
자 왈 예 운 례 운 옥 백 운 호 재 낙 운 락 운 종 고 운 호 재

옥백(玉帛)은 옥과 비단으로, 옛날에 중국의 제후가 천자를 만날 때 가지고 가던 예물이다. 여기에서 '예'의 의미는 단순한 예물 교환 이상의 것이고, 음악의 의미는 단순한 악기 연주 이상의 것이다.

17양화(陽貨) : 적당한 때를 기다려라 17-12-0

좀도둑만도 못한 위인

공자께서 말씀하셨다. "낯빛은 엄하게 하면서 속은 나약한 것을 소인의 일에 비유하면 아마 벽을 뚫는 도둑과 비슷할 것이다."

子曰 色厲而內荏 譬諸小人 其猶穿窬之盜也與
자 왈 색 려 이 내 임 비 저 소 인 기 유 천 유 지 도 야 여

겉으로만 엄한 척하는 사람, 실력도 없으면서 잔뜩 무게만 잡는 사람, 강한 사람에게는 허리를 숙이고 약한 사람에게는 군림하려는 사람이 바로 '색려'에 속한다고 볼 수 있다. 여기서 '임'은 나약하고 유약하다는 것을 뜻한다.

'색려내임'은 겉으로는 무게 잡고 위엄을 부리면서 속으로는 약하디 약한 사람을 의미한다. 이렇게 위선을 가장한 겉과 속이 다른 인간은 사실 좀도둑만도 못한 사람이라고 생각할 수 있다.

덕을 해치는 사람

공자께서 말씀하셨다. "(마을에서 위선을 행하는) 향원은 덕을 해치는 사람이다."

子曰 鄕原 德之賊也
자 왈 향 원 덕 지 적 야

향원(鄕原)은 매사에 옳고 그름을 분명하게 따지지 않고 시속에 맞추어 두루뭉술하게 삶으로써 온 고을 사람들의 칭송을 받는 사람을 말한다. 뚜렷한 가치관이 없고 삶의 태도가 진지하지 않아 위선적인 사람이라는 의미를 담고 있다.

분명한 원칙을 가지고 선악을 판단하고 또 그에 따라 분명한 태도를 취해야 한다는 뜻이다.

17양화(陽貨) : 적당한 때를 기다려라 17-14-0

헛소문을 퍼뜨리지 말라

공자께서 말씀하셨다. "길가에서 얻어들은 헛소문을 길가에서 퍼뜨리는 것은 자신의 덕을 버리는 것이다."

子曰 道聽而塗說 德之棄也
자 왈 도 청 이 도 설 덕 지 기 야

길에서 얻어들은 소문을 그것의 진위도 가리지 않은 채 여기저기 퍼뜨리게 되면 허튼 소리가 많게 마련이므로 주의해야 한다.

17양화(陽貨) : 적당한 때를 기다려라 17-15-0

바라는 것을 얻지 못했을 때

공자께서 말씀하셨다. "인격이 저열한 사람과 함께 군주를 섬길 수 있겠는가? 그런 인간은 바라는 것을 얻지 못했을 때는 꼭 손에 넣으려 안달하고 손에 넣고 나서는 잃어버릴까 봐 걱정한다. 손에 넣은 것을 잃지 않으려고 혈안이 된다면 못하는 짓이 없을 것이다."

子曰 鄙夫 可與事君也與哉 其未得之也 患得之 既得之 患失之
자 왈 비 부 가 여 사 군 야 여 재 기 미 득 지 야 환 득 지 기 득 지 환 실 지

苟患失之 無所不至矣
구 환 실 지 무 소 부 지 의

17양화(陽貨) : 적당한 때를 기다려라 17-16-0

세 가지 병폐

공자께서 말씀하셨다. "옛날 사람들에겐 세 가지 병폐가 있었는데, 지금은 이마저도 없어졌다. 예전에 뜻이 높은 사람들은 걸림이 없이 행동한다는 병폐가 있었는데 지금 뜻이 높은 사람들은 그저 방탕하기만 하다. 예전에 꼿꼿한 사람들은 모나다는 병폐가 있었는데 요즘 꼿꼿한 사람들은 확 하고 싸우려고만 한다. 예전에 어리석은 사람들은 고지식하다는 병폐가 있었는데 요즘 어리석은 사람들은 간사하게 남을 속일 뿐이다."

子曰 古者 民有三疾 今也 或是之亡也 古之狂也肆 今之狂也蕩
자 왈 고 자 민 유 삼 질 금 야 혹 시 지 무 야 고 지 광 야 사 금 지 광 야 탕

古之矜也廉 今之矜也忿戾 古之愚也直 今之愚也詐而已矣
고 지 긍 야 염 금 지 긍 야 분 려 고 지 우 야 직 금 지 우 야 사 이 이 의

옛날보다 더 한심해진 당시의 도덕 수준을 개탄한 말이다.

17양화(陽貨) : 적당한 때를 기다려라 17-17-0

달콤한 말과 꾸민 얼굴

공자께서 말씀하셨다. "그럴듯하게 꾸민 달콤한 말과 보기 좋게 꾸민 얼굴빛에는 어진 마음[仁]이 드물다."

子曰 巧言令色 鮮矣仁
자 왈 교 언 영 색 선 의 인

제1편 '학이'에 나오는 말이다.

17양화(陽貨) : 적당한 때를 기다려라 17-18-0

미워해야 할 것들

공자께서 말씀하셨다. "간색인 자주색이 정색인 붉은색의 지위를 빼앗는 것을 미워하고, 정나라의 음란하고 선정적인 음악이 예식에 쓰이는 아악을 어지럽히는 것을 미워하고, 그럴듯한 말이 나라를 뒤엎는 것을 미워한다."

子曰 惡紫之奪朱也 惡鄭聲之亂雅樂也 惡利口之覆邦家者
자 왈 오 자 지 탈 주 야 오 정 성 지 난 아 악 야 오 이 구 지 복 방 가 자

아악(雅樂)은 예식이나 의식 때에 쓰이던 음악이다.

17양화(陽貨) : 적당한 때를 기다려라 17-19-0

말할 필요가 없다

공자께서 말씀하셨다. "나는 이제 말을 안 하려고 한다." 자공이 말했다. "선생님께서 말씀을 하지 않으시면 저희들이 후학들에게 무슨 말을 전하겠는지요?" 이에 공자께서 대답하셨다. "하늘이 무슨 말을 하더냐? 그래도 사계절이 운행되고 만물은 생겨나지만, 하늘은 무슨 말을 하더냐?"

子曰 予欲無言 子貢曰 子如不言 則小子何述焉
자 왈 여 욕 무 언 자 공 왈 자 여 불 언 즉 소 자 하 술 언

子曰 天何言哉 四時行焉 百物生焉 天何言哉
자 왈 천 하 언 재 사 시 행 언 백 물 생 언 천 하 언 재

17양화(陽貨) : 적당한 때를 기다려라 17-20-0

깨우침은 말로만 되는 것이 아니다

유비가 공자를 뵈려고 찾아오자 공자께서 병을 핑계로 거절하셨다. 말을 전하는 사람이 공자의 방에서 나가자마자 공자는 슬을 끌어당겨 타면서 노래를 불러 유비의 귀에 들리게 하셨다.

孺悲欲見孔子 孔子辭以疾 將命者 出戶 取瑟而歌 使之聞之
유비욕현공자 공자사이질 장명자 출호 취슬이가 사지문지

유비(孺悲)는 노나라 사람으로, 애공이 그를 공자에게 보내어 상례를 배우게 했다고 한다.

모든 사람에게 교육의 기회를 주어야 한다고 주장했던 공자가 병을 구실로 자신에게 배우러 온 사람을 물리치고 금방 노래를 불러 그것이 핑계임을 알린 것으로 미루어보아, 이는 공자가 유비에게 어떤 사실을 일깨워주기 위해서였을 것이다. 아마 유비가 공자에게 결례되는 짓을 했던 것으로 짐작된다.

17양화(陽貨) : 적당한 때를 기다려라 17-21-1

삼년상의 길이

재아가 여쭈었다. "어버이에 대한 삼년상은 너무 깁니다. 군자가 상을 입어 3년 동안 예식을 행하지 않으면 분명히 예가 파괴되고, 3년 동안이나 음악을 연주하지 않으면 음악이 전해지지 않게 될 것입니다. 묵은 곡식이 바닥이 날 무렵은 바로 햇곡식이 여물고, 나무에 구멍을 뚫고 마찰하여 새로운 불을 얻게 되는 기간이니, 일주기가 지나면 복상을 그만두어도 될 것입니다."

宰我問 三年之喪 期已久矣 君子 三年不爲禮 禮必壞
재 아 문 삼 년 지 상 기 이 구 의 군 자 삼 년 불 위 례 예 필 괴

三年不爲樂 樂必崩 舊穀 既沒 新穀 既升 鑽燧改火 期可已矣
삼 년 불 위 락 낙 필 붕 구 곡 기 몰 신 곡 기 승 찬 수 개 화 기 가 이 의

찬수개화(鑽燧改火)는 철이 바뀔 때마다 그 계절의 나무에 구멍을 뚫고 비벼서 새로이 불을 얻는다는 말이다.

수(燧)는 불을 얻는 나무를 가리키는데, 봄에는 푸른색인 느릅나무와 버드나무, 여름에는 붉은색인 대추나무와 살구나무, 늦여름에는 노란색인 뽕나무와 산뽕나무, 가을에는 흰색인 떡갈나무와 졸참나무, 겨울에는 검은색인 홰나무와 박달나무를 써서 오행에 맞추었다.

재아는 언어에 뛰어난 제자이다. 언변이 좋고 말솜씨가 뛰어나다는 것은 내면보다 화술에 치중되었다는 뜻이기도 하다.

내면이 갖추어지지 않고 화술에만 능한 경우에는 그 밑바닥이 드러나기 마련이다.

공자는 이런 재아를 썩은 나무, 썩은 흙이라고 말하기도 하였다.

17양화(陽貨) : 적당한 때를 기다려라 17-21-2

마음 없는 삼년상은 의미없다

공자께서 말씀하셨다. "너는 부모가 돌아가신 지 3년도 안 되어 쌀밥을 먹고 비단옷을 입는 생활로 돌아가는 것이 마음에 편안하냐?" 재아가 대답했다. "편안합니다." 공자께서 말씀하셨다. "네가 편안하다면 그렇게 하거라. 대체로 군자는 상중에 있으면 맛있는 것을 먹어도 입에 달지 않고, 음악을 들어도 즐겁지 않고, 집안에 편안히 있으려고 해도 편치 않아서 그렇게 하지 않는 것이다. 그런데 너는 그렇게 해도 편안하다면 그렇게 하거라."

子曰 食夫稻 衣夫錦 於女 安乎 曰 安 女安則爲之 夫君子之居喪
자왈 식부도 의부금 어여 안호 왈 안 여안즉위지 부군자지거상

食旨不甘 聞樂不樂 居處不安故 不爲也 今女安則爲之
식지불감 문악불락 거처불안고 불위야 금녀안즉위지

17양화(陽貨) : 적당한 때를 기다려라 17-21-3

삼년상의 의미

재아가 나가자 공자께서 말씀하셨다. "재아는 참으로 어질지 못하구나. 자식은 태어나 3년이 지나서야 부모의 품에서 벗어난다. 따라서 부모를 위해 3년상을 치르는 것은 천하의 공통적인 상례이다. 설마 재아는 그의 부모에게서 3년 동안의 사랑도 받지 않았단 말인가?"

宰我出 子曰 予之不仁也 子生三年然後 免於父母之懷
재아출 자왈 여지불인야 자생삼년연후 면어부모지회

夫三年之喪 天下之通喪也 予也 有三年之愛於其父母乎
부삼년지상 천하지통상야 여야 유삼년지애어기부모호

갓난아기가 사람의 꼴을 갖추어 혼자서 일어서고 말하는 최소한의 기간인 3년 동안 부모는 자신을 희생해 가며 자녀를 돌본다. 그 숭고한 사랑에 대한 보답으로 3년이라는 기간을 말하는 것이다. 시대가 변하여 지금은 시행하지 못하더라도 마음만은 우리도 그렇게 가져야 하지 않을까.

17양화(陽貨) : 적당한 때를 기다려라 17-22-0

마음 쓰는 데가 있어야 한다

공자께서 말씀하셨다. "하루 종일 배불리 먹고 마시면서 마음 쓰는 데가 없는 사람은 참으로 곤란하다. 바둑이나 장기도 있지 않느냐. 쌍륙과 바둑을 두며 놀더라도 아무것도 하지 않는 것보다는 낫다."

子曰 飽食終日 無所用心 難矣哉 不有博奕者乎 爲之猶賢乎已
자 왈 포 식 종 일 무 소 용 심 난 의 재 불 유 박 혁 자 호 위 지 유 현 호 이

박혁자(博奕者)는 쌍륙과 바둑이라는 것으로 모두 오락의 종류이다.

17양화(陽貨) : 적당한 때를 기다려라 17-23-0

정의를 최우선으로 하라

자로가 여쭈었다. "군자는 용기를 숭상하는지요?" 공자께서 말씀하셨다. "군자는 정의를 최우선으로 여긴다. 군자에게 용기만 있고 정의심이 없으면 문란한 짓을 하고, 소인이 용기만 있고 정의심이 없다면 도둑질을 하게 될 것이다."

子路曰 君子尙勇乎 子曰 君子義以爲上
자 로 왈 군 자 상 용 호 자 왈 군 자 의 이 위 상
君子有勇而無義 爲亂 小人 有勇而無義 爲盜
군 자 유 용 이 무 의 위 란 소 인 유 용 이 무 의 위 도

17양화(陽貨) : 적당한 때를 기다려라 17-24-1

미워하는 것의 종류

자공이 여쭈었다. "군자도 미워하는 것이 있는지요?" 공자께서 말씀하셨다. "미워하는 것이 있다. 다른 사람의 결점을 말하는 사람을 미워하고, 아랫사람이 윗사람을 헐뜯는 것을 싫어하며, 용맹스럽기만 하고 무례한 사람을 미워하고, 과감하기만 하고 융통성이 없이 답답한 사람을 미워한다."

子貢曰 君子亦有惡乎 子曰 有惡
자 공 왈 군 자 역 유 오 호 자 왈 유 오

惡稱人之惡者 惡居下流而訕上者 惡勇而無禮者 惡果敢而窒者
오 칭 인 지 악 자 오 거 하 류 이 산 상 자 오 용 이 무 례 자 오 과 감 이 질 자

17양화(陽貨) : 적당한 때를 기다려라 17-24-2

미워할 것은 미워하라

이어서 공자께서 자공에게 물으셨다. "사도 미워하는 것이 있느냐?" 자공이 대답했다. "남의 것을 표절한 것으로 자기 지혜를 삼는 사람을 미워하고, 오만하게 행동하는 것을 용맹스럽게 생각하는 사람을 미워하고, 남의 결점을 콕콕 들추어내는 것을 솔직하다고 여기는 사람을 미워합니다."

曰賜也 亦有惡乎 惡徼以爲知者 惡不孫以爲勇者 惡訐以爲直者
왈 사 야 역 유 오 호 오 요 이 위 지 자 오 불 손 이 위 용 자 오 알 이 위 직 자

17양화(陽貨) : 적당한 때를 기다려라 17-25-0

상대하기 어려운 사람들

공자께서 말씀하셨다. "여자와 소인은 다루기가 어렵다. 잘 대해 주면 버릇없이 기어오르고 멀리하면 원망을 한다."

子曰 唯女子與小人 爲難養也 近之則不孫 遠之則怨
자 왈 유 녀 자 여 소 인 위 난 양 야 근 지 즉 불 손 원 지 즉 원

17양화(陽貨) : 적당한 때를 기다려라 17-26-0

사십은 인생을 증명한다

공자께서 말씀하셨다. "나이 사십이 되어서도 남에게 미움을 받는다면, 그 사람은 이미 끝난 것이다."

子曰 年四十而見惡焉 其終也已
자 왈 연 사 십 이 견 오 언 기 종 야 이

인생의 마지막 승부수를 띄우는 절대절명의 나이를 마흔으로 보고 있다. 백세 시대를 사는 현대인으로서는 조금 더 길게 잡아도 되지 않을까 싶다.

-18-

미자

微子

도를 굽혀서 출사하지 말라

인자 세 사람

은나라 주왕이 포악무도해지자 미자는 그를 떠나버렸고, 기자는 그의 노예가 되었으며, 비간은 간언하다 비참한 죽음을 당했다. 공자께서 말씀하셨다. "은나라에는 인자 세 사람이 있었다."

微子 去之 箕子 爲之奴 比干 諫而死 孔子曰 殷有三仁焉
미자 거지 기자 위지노 비간 간이사 공자왈 은유삼인언

미자(微子)는 은나라의 마지막 임금인 주왕(紂王)의 형이다. 그의 모친이 아직 제을(帝乙)의 첩일 때 그를 낳았고, 그뒤 본처가 되고 나서 주왕을 낳았기 때문에 비록 동생이지만 주왕이 왕위를 이어받았다. 그는 주왕이 무도한 것을 보고 여러 차례 간했으나 소용이 없자 주나라로 가버렸다. 은나라가 망한 후 주나라 무왕에 의하여 송(宋)나라의 제후로 봉해졌다.

기자(箕子)는 주왕의 숙부로, 그의 무도함을 보고 여러 차례 간하다가 듣지 않자 미치광이를 가장하여 그의 종 노릇을 했다.

비간(比干)은 역시 주왕의 숙부로, 주왕의 무도함을 끝까지 간하다가 주왕에게 피살되었다. 그가 극구 간하자 주왕이 성인의 심장에는 구멍이 일곱 개 있다고 하더라면서 그의 심장을 도려내어 죽이는 잔악무도한 짓을 했다고 한다.

18미자(微子) : 도를 굽혀서 출사하지 말라 18-02-0

도를 굽혀서 출사하지 말라

유하혜는 사사가 되었지만 세 번이나 파면을 당했다. 어떤 사람이 말했다. "당신은 노나라를 떠날 수 없었습니까?" 유하혜가 말했다. "도를 바르게 하여 뜻을 굽히지 않고 출사하면, 어디를 간들 세 번은 쫓겨나지 않겠는지요? 도를 굽혀서 출사할 생각이면 어찌 조국을 떠날 필요가 있겠는지요?"

柳下惠 爲士師 三黜 人曰 子未可以去乎
유하혜 위사사 삼출 인왈 자미가이거호

曰直道而事人 焉往而不三黜 枉道而事人 何必去父母之邦
왈직도이사인 언왕이불삼출 왕도이사인 하필거부모지방

유하혜는 노나라의 대부로, 유가 사람들이 매우 존중하고 존경하는 사람이다. 사사(士師)는 법을 집행하는 관리를 말한다.

18미자(微子) : 도를 굽혀서 출사하지 말라 18-03-0

등용 거절의 이유

제나라의 경공이 공자를 대우하여 말했다. "노나라 군주가 계손씨를 대우한 것같이 할 수는 없고, 상경인 계손씨와 하경인 맹손씨의 중간으로 그대를 대우하겠소." 그러더니 잠시 후에 다시 말했다. "내가 늙어서 등용할 수가 없소." 이 말을 듣고 공자께서는 제나라를 떠나셨다.

齊景公 待孔子曰 若季氏則吾不能 以季孟之間 待之
제경공 대공자왈 약계씨즉오불능 이계맹지간 대지

曰 吾老矣 不能用也 孔子行
왈 오노의 불능용야 공자행

계손씨와 맹손씨는 노나라의 대부였는데, 계손씨는 상경(上卿)이고 맹손씨는 하경이었다.

나랏일을 돌보지 않으면 떠나라

제나라에서 노나라에 여성 가무단을 보내왔다. 대신인 계환자가 이를 받고서 사흘 동안 나랏일을 돌보지 않았다. 그러자 공자께서는 노나라를 떠나셨다.

齊人 歸女樂 季桓子 受之 三日不朝 孔子行
제 인 귀 여 악 계 환 자 수 지 삼 일 부 조 공 자 행

⁂ • • • • • •

제나라 사람이 여자 악공을 보냈다는 것은, 노나라의 위정자를 현혹하기 위해서 제나라에서 가기와 무희를 보냈음을 말한다.

계환자(季桓子)는 정공(定公) 때부터 애공(哀公) 때까지 노나라의 실권자였던 계손사(季孫斯)이다.

18미자(微子) : 도를 굽혀서 출사하지 말라 18-05-0

난세를 피하라는 충고

초나라의 기인인 접여가 노래를 부르며 공자의 수레 앞을 지나가며 말했다. "봉황이여! 봉황이여! 이런 난세에 무엇 하러 왔는가. 지난 일은 어쩔 수 없지만 앞일은 아직 늦지 않았다네. 그만두게! 그만두게! 지금 정치를 하면 위태로울 뿐이라네!" 공자께서 그와 대화하려고 수레에서 내려왔지만 접여는 벌써 종종걸음으로 피해버린 뒤여서 붙잡을 수가 없었다.

楚狂接輿 歌而過孔子曰 鳳兮鳳兮 何德之衰
초광접여 가이과공자왈 봉혜봉혜 하덕지쇠

往者 不可諫 來者 猶可追 已而已而 今之從政者 殆而
왕자 불가간 내자 유가추 이이이이 금지종정자 태이

孔子下 欲與之言 趨而辟之 不得與之言
공자하 욕여지언 추이피지 부득여지언

접여(接輿)는 초나라의 현인으로 세상을 피하여 일부러 미치광이 노릇을 했다. 그의 이름에 관해서는 성이 接(접)이고 이름이 輿(여)라는 설과 성이 육(陸)이고 이름이 통(通)이라는 설 등 여러 가지 설이 있는데, 공자의 수레에 접촉했기 때문에 접여로 불렀다는 설이 유력하다.

접여가 공자를 태평성세에나 나타나는 길조인 봉황에 비유하여, 그로 하여금 난세를 피하여 은둔하라고 충고한 일화이다.

고삐 잡은 사람을 찾아라

장저와 걸닉이 나란히 밭을 갈고 있는데, 공자께서 그곳을 지나다가 자로에게 명하여 나루터가 어디 있는지 물어보게 하였다. 장저가 말했다. "저 수레 위에서 고삐를 잡고 있는 사람은 누구요?" 자로가 대답했다. "공구라는 분입니다." 장저가 물었다. "노나라의 공구 말이오?" 자로가 대답했다. "그렇습니다." 장저가 말했다. "그 사람이라면 분명히 나루터가 어디 있는지 알고 있을 것이오."

長沮 桀溺 耦而耕 孔子過之 使子路問津焉
장 저 걸 닉 우 이 경 공 자 과 지 사 자 로 문 진 언

長沮曰 夫執輿者爲誰 子路曰 爲孔丘曰 是 魯孔丘與曰
장 저 왈 부 집 여 자 위 수 자 로 왈 위 공 구 왈 시 노 공 구 여 왈

是也曰 是知津矣
시 야 왈 시 지 진 의

• • • • • •

기원전 490년, 공자가 섭(葉)나라를 떠나 채(蔡)나라로 가는 도중에 장저와 걸닉이라는 두 은자를 만나서 생긴 일을 쓴 것이다.

우이경(耦而耕)은 두 사람이 나란히 서서 밭을 가는 고대의 밭갈이 방법이다. 두 사람이 옆으로 서서 가는 방법이라는 설과 두 사람이 앞뒤로 서서 가는 방법이라는 설 등 여러 가지 이설이 있다. 집여자(執輿者)는 수레를 끄는 말의 고삐를 잡고 있는 사람으로, 본래 자로가 고삐를 잡고 있었으나 나루터를 물으러 간 동안 공자가 대신 잡고 있었다.

18미자(微子) : 도를 굽혀서 출사하지 말라 18-06-2

귀를 닫고 할 일에 충실하라

자로가 이번에는 걸닉에게 묻자 걸닉이 되물어왔다. "그대는 누구시오?" 자로가 대답했다. "중유라고 합니다." 그러자 다시 걸닉이 물었다. "그렇다면 노나라 공구의 문도인가?" 자로가 대답했다. "그렇습니다." 다시 걸닉이 물었다. "온 세상에 혼탁한 물이 도도하게 흐르는데, 도대체 누구와 함께 세상을 바꾼단 말이오? 그대는 사람을 피해 여기저기 떠돌아다니는 공자 같은 위인을 따르기보다, 차라리 속된 세상을 피하여 은거하는 우리 같은 사람을 따르는 것이 어떻겠소?" 말을 마친 걸닉은 쉬지 않고 장저가 흙을 파낸 곳에 씨를 뿌리고 흙을 덮는 일을 계속하였다.

問於桀溺 桀溺曰 子爲誰 曰 爲仲由 曰 是魯孔丘之徒與 對曰 然
문어걸닉 걸닉왈 자위수 왈 위중유 왈 시노공구지도여 대왈 연

曰 滔滔者 天下皆是也 而誰以易之
왈 도도자 천하개시야 이수이역지

且而與其從辟人之士也 豈若從辟世之士哉 耰而不輟
차이여기종피인지사야 기약종피세지사재 우이불철

⁂ • • • • • •

피인지사(辟人之士)는 임금이 마음에 안 든다고 해서 이들을 피해다니는 인사, 다시 말해 공자를 가리킨다.

장저와 걸닉은 이름이 알려지지 않은 은자로, 장저는 키가 크고 진흙물에 젖어 있는 모습에서 붙여진 이름이고, 걸닉은 걸출한 사람이 일하느라 진흙탕에 빠져 있었던 데서 붙여진 이름이라고 전해진다.

사람을 떠나서는 살 수 없다

자로가 돌아가 말씀드리자 공자께서는 몹시 낙담하여 말씀하셨다. "새나 짐승과는 무리지어 함께 살 수 없다. 내가 이 백성들과 함께하지 않고 누구와 함께하겠는가? 만약 세상에 도가 있어 태평하다면 너희들과 함께 개혁하려고도 하지 않았을 것이다."

子路行 以告 夫子憮然曰 鳥獸 不可與同群 吾非斯人之徒與 而誰與
자로행 이고 부자무연왈 조수 불가여동군 오비사인지도여 이수여
天下有道 丘不與易也
천하유도 구불여역야

사람이 사람을 떠나서는 살 수 없는 것을 비유하는 말이다.

장저와 걸닉이 공자가 세속을 떠나 은거하지 않는다고 은근히 나무라자, 이에 대하여 공자는 자기도 천하에 도가 있으면 그러고 싶지만 천하에 도가 없으니 이를 바로잡기 위하여 세상 사람들과 함께 살 수밖에 없다고 설명한 것이다.

18미자(微子) : 도를 굽혀서 출사하지 말라 18-07-1

지팡이에 삼태기를 매단 스승

자로가 공자를 수행하다가 뒤처지게 되었다. 총총히 뒤쫓아 가는 도중에 지팡이에 삼태기를 매달아 어깨에 메고 있는 노인을 만났다. "우리 스승님을 보셨는지요?" 자로가 묻자 노인이 말했다. "사지를 부지런히 놀려 일하지도 않고 오곡도 분별 못하는 자가 무슨 스승이란 말인가?" 그렇게 말하고 나서 노인은 지팡이를 땅에 꽂아놓고 김을 매었다.

子路從而後 遇丈人 以杖荷蓧 子路問曰 子見夫子乎
자로종이후 우장인 이장하조 자로문왈 자견부자호

丈人曰 四體不勤 五穀不分 孰爲夫子 植其杖而芸
장인왈 사체불근 오곡불분 숙위부자 식기장이운

여기에서 장인(丈人)은 노인이라는 뜻이다. 노인이 자신의 두 아들을 불러서 자로에게 인사시킨 것은 그 노인이 어른과 아이 사이의 예절을 폐지할 수 없었기 때문이라는 뜻이다.

18미자(微子) : 도를 굽혀서 출사하지 말라 18-07-2

은자의 모습

자로는 공손한 태도로 두 손을 마주잡고 서 있었다. 노인은 자로를 붙잡아 하룻밤 묵게 하면서 닭을 잡고 기장밥을 지어 잘 대접하고 두 아들을 불러서 인사를 시켰다. 다음날 자로는 노인을 떠나 공자께 가서 있었던 일을 말씀드렸다. 공자께서는 "은자로구나." 하시면서 자로에게 되돌아가서 다시 그를 만나라고 하셨다. 자로가 되돌아가 보니 노인은 이미 어디론가 가 버리고 없었다. 공자께서 자로를 시켜 말하게 하려고 하신 것은 다음과 같은 내용이었다.

子路拱而立 止子路宿 殺鷄爲黍而食之 見其二子焉
자로공이립 지자로숙 살계위서이사지 현기이자언

明日 子路行以告 子曰 隱者也 使子路 反見之 至則行矣
명일 자로행이고 자왈 은자야 사자로 반견지 지즉행의

18미자(微子) : 도를 굽혀서 출사하지 말라 18-07-3

인간으로서의 의무

"나라의 벼슬을 살지 않는다는 것은 의롭지 않은 일이다. 장유의 서열은 무시할 수 없다. 이와 마찬가지로 군신의 관계는 무시하려고 해도 무시할 수 없는 것이다. 그대는 그대 한 몸을 깨끗이 하려 한 나머지 무시할 수 없는 중대한 인륜을 어지럽힌 것이다. 우리가 군주를 찾아 출사하려고 하는 것은 인간으로서의 의무를 다하려는 데 있다. 다만 도가 행해지지 않는 줄이야 이미 알고 있었다."

子路曰 不仕無義 長幼之節 不可廢也 君臣之義 如之何其廢之
자로왈 불사무의 장유지절 불가폐야 군신지의 여지하기폐지
欲潔其身而亂大倫 君子之仕也 行其義也 道之不行 已知之矣
욕결기신이란대륜 군자지사야 행기의야 도지불행 이지지의

자로가 마지막에 한 말은 혼잣말일 수도 있고 노인의 두 아들에게 한 말일 수도 있겠지만, 어쨌거나 공자의 사상이 반영된 것으로 공자의 현실 참여적 가치관을 나타내는 말이라고 하겠다.

이상을 낮추어 타협하지 말라

옛날에 속세를 떠난 사람들로 백이, 숙제, 우중, 이일, 주장, 유하혜, 소련, 일곱 사람의 이름이 전해지고 있다. 공자께서 말씀하셨다. "자신의 이상을 낮추어 타협하지 않고 그 몸을 더럽히지 않은 사람은 백이와 숙제로다!"

逸民 伯夷 叔齊 虞仲 夷逸 朱張 柳下惠 少連
일 민 백 이 숙 제 우 중 이 일 주 장 유 하 혜 소 련

子曰 不降其志 不辱其身 伯夷叔齊與
자 왈 불 강 기 지 불 욕 기 신 백 이 숙 제 여

일민(逸民)은 세속을 초월한 사람을 말하고, 우중(虞仲)은 태백의 동생인 중옹으로, 그의 자손이 오왕(吳王)에 봉해졌기 때문에 우(虞)로 불렀다는 설이 있으나 확실하지는 않다.

18미자(微子) : 도를 굽혀서 출사하지 말라 18-08-2

겉으로 드러난 것의 속뜻을 살펴라

"사람들이 유하혜와 소련에 대해, 뜻을 굽히고 몸을 욕되게 했다고 평하는데, 이 두 사람은 말이 도리에 맞고 행하는 것과 생각하는 것이 다른 사람들의 생각에 부합하는 정도에 지나지 않았을 것이다. 한편 사람들이 우중과 이일에 대해, 은둔자로서 숨어 살면서 무책임한 발언을 했다고 하는데, 그 행동이 청결하고 세상을 버린 것도 당시의 변화된 상황에 따른 어쩔 수 없는 상황이었다. 나는 이들과 달라서, 반드시 그렇게 해야 한다든지, 그러면 안 된다고 하는 것이 없다."

謂柳下惠少連 降志辱身矣 言中倫 行中慮 其斯而已矣
위유하혜소련 강지욕신의 언중륜 행중려 기사이이의

謂虞仲夷逸 隱居放言 身中淸 廢中權 我則異於是 無可無不可
위우중이일 은거방언 신중청 폐중권 아즉이어시 무가무불가

소련(少連)은 동이(東夷)의 자손으로 부모가 돌아가셨을 때 상례를 잘 진행했다고 하여 공자가 칭찬한 바 있다.

언중륜 행중려(言中倫 行中慮)는 '말이 윤리에 맞고 행동이 다른 사람의 생각에 부합하다'는 의미로, 이처럼 다른 사람의 관점에 부합하는 언행은 '뜻을 굽히고 몸을 욕되게 했다'는 오해를 받기 쉽다.

유명한 은자들의 태도에 관하여 이야기하고 그들과는 달리 벼슬할 만하면 벼슬하고 떠날 만하면 떠날 뿐 굳이 은거해야 한다고 고집하지 않는 공자 자신의 태도를 밝히고 있다

은나라가 망할 때

은나라가 망할 때, 태사 지는 제나라로 가고, 두 번째 식사 때의 연주자인 간은 초나라로 가고, 세 번째 식사 때의 연주자인 요는 채나라로 가고, 네 번째 식사 때의 연주자인 결은 진나라로 가고, 고수인 방숙은 황하 지역으로 들어가고, 땡땡이를 치는 무는 한수 지역으로 들어가고, 소사 양과 경을 치는 양은 해안 지역으로 들어갔다.

大師摯適齊 亞飯干適楚 三飯繚 適蔡 四飯缺 適秦
태사지적제 아반간적초 삼반료 적채 사반결 적진

鼓方叔 入於河 播鼗武 入於漢 小師陽 擊磬襄 入於海
고방숙 입어하 파도무 입어한 소사양 격경양 입어해

태사(大師)는 악사의 우두머리이다. 아반(亞飯)은 두 번째 식사, 즉 점심 식사 때의 음악을 담당하는 악사로, 천자나 제후가 식사를 할 때 음악을 연주했는데, 이들을 아반, 삼반, 사반 등으로 불렀다. 삼반(三飯)은 세 번째 식사, 즉 점심과 저녁 사이의 새참 때의 음악을 담당하는 악사이다. 사반(四飯)은 네 번째 식사, 즉 저녁 식사 때의 음악을 담당하는 악사이다. 파도(播鼗)는 '땡땡이를 흔들다'는 말로, 땡땡이는 양쪽에 끈을 달고 그 끝에 구슬을 매달아 자루를 잡고 흔들면 소리가 나게 되어 있는 작은 북을 말한다. 노나라의 정치가 어지러워지자 나라의 악사들이 사방으로 분산된 과정을 기술한 것이다. 여기서 언급된 사람들은 모두 노나라의 악사로 공자나 공자의 제자와는 무관한 사람들이기 때문에, 이 부분은 원래 『논어』가 아니던 것이 잘못 섞여든 것일 가능성이 있다.

18미자(微子) : 도를 굽혀서 출사하지 말라 18-10-0

친족을 소홀히 하지 말라

주공이 노공에게 말했다. "군자는 친족을 소홀히 하면 안 된다. 대신들 사이에서 자기의 의견이 받아들여지지 않는다는 불만이 생기지 않도록 하며, 오랫동안 친하게 지낸 사람은 특별한 이유가 없는 한 버리면 안 된다. 또한 한 사람에게 모든 것이 다 갖추어져 있기를 요구하지 말아야 한다."

周公謂魯公曰 君子不施其親 不使大臣怨乎不以
주공위노공왈 군자불시기친 불사대신원호불이

故舊無大故 則不棄也 無求備於一人
고구무대고 즉불기야 무구비어일인

주공(周公)은 주나라 무왕의 동생으로, 공자는 그를 성인으로 추앙했다. 노공(魯公)은 주공의 아들 백금(伯禽)을 가리킨다.

18미자(微子) : 도를 굽혀서 출사하지 말라 18-11-0

여덟 명의 뛰어난 선비

"주나라에는 여덟 명의 뛰어난 선비가 있었다. 백달, 백괄, 중돌, 중홀, 숙야, 숙하, 계수, 계왜이다."

周有八士 伯達 伯适 仲突 仲忽 叔夜 叔夏 季隨 季騧
주유팔사 백달 백괄 중돌 중홀 숙야 숙하 계수 계왜

-19-

자장

子張

기본 원칙에 충실하라

19자장(子張) : 기본 원칙에 충실하라 19-01-0

선비다운 행동

자장이 말했다. "선비가 위험을 보면 자신을 던져 목숨을 바치려 하고, 이익이 눈앞에 보이면 취해서 정당한 것인지를 생각하고, 제사를 지낼 때는 경건하게 지낼 것을 생각하고, 상을 당했을 때는 슬픔을 다하려고 생각한다면, 선비답다고 할 수 있다."

子張曰 士 見危致命 見得思義 祭思敬 喪思哀 其可已矣
자 장 왈 사 견 위 치 명 견 득 사 의 제 사 경 상 사 애 기 가 이 의

19자장(子張) : 기본 원칙에 충실하라 19-02-0

덕과 도를 갖추어라

자장이 말했다. "덕을 지니되 넓지 못하고 도를 믿되 두텁지 못하면 무엇으로 덕과 도가 있다고 하겠으며 또 어찌 없다고 할 수 있겠는가"

子張曰 執德不弘 信道不篤 焉能爲有 焉能爲亡
자 장 왈 집 덕 불 홍 신 도 부 독 언 능 위 유 언 능 위 무

덕이든 도든 철저하게 닦아야 한다는 말이다.

19자장(子張) : 기본 원칙에 충실하라 19-03-1

좋은 사람과 사귀라

자하의 제자가 자장에게 교우에 관해 묻자, 자장이 대답했다. "자하는 무엇이라고 하던가?" 그가 대답했다. "선생님께서는 좋은 사람과는 사귀고 좋지 않은 사람과는 사귀지 말라고 하셨습니다."

子夏之門人問交於子張 子張曰 子夏云何
자 하 지 문 인 문 교 어 자 장 자 장 왈 자 하 운 하

對曰 子夏曰 可者與之 其不可者拒之
대 왈 자 하 왈 가 자 여 지 기 불 가 자 거 지

19자장(子張) : 기본 원칙에 충실하라 19-03-2

사람을 가려서 사귀지 말라

자장이 말했다. "내가 들은 바와 다르구나. 군자는 현자를 존경하고 많은 사람들을 포용하며 선한 사람을 칭찬하며 그렇지 못한 사람도 긍휼히 여긴다. 내가 현자라면 사람들에게 용납되지 않을 것이 무엇이겠는가. 내가 현자가 아니라면 사람들이 나를 멀리할 터인데 어찌 남을 멀리할 수 있겠는가?"

子張曰 異乎吾所聞 君子尊賢而容衆 嘉善而矜不能
자 장 왈 이 호 오 소 문 군 자 존 현 이 용 중 가 선 이 긍 불 능

我之大賢與 於人何所不容 我之不賢與 人將拒我 如之何其拒人也
아 지 대 현 여 어 인 하 소 불 용 아 지 불 현 여 인 장 거 아 여 지 하 기 거 인 야

교제를 함에 있어서 사람을 가려서는 안 된다는 의미이다.

19자장(子張) : 기본 원칙에 충실하라 19-04-0

깊이 빠져 흔들려서는 안 된다

자하가 말했다. "비록 작은 기예라도 반드시 취할 점은 있겠지만, 깊이 들어가면 거기에 빠질 염려가 있기 때문에 군자는 그것을 추구하지 않는다."

子夏曰 雖小道 必有可觀者焉 致遠恐泥 是以君子不爲也
자 하 왈 수 소 도 필 유 가 관 자 언 치 원 공 이 시 이 군 자 불 위 야

군자는 군자로서의 인격 도야와 학문 연마에 전념해야지 잡기에 정력을 낭비해서는 안 된다는 의미이다. 소도(小道)는 조그만 기예로, 주희의 『논어집주』에는 농사짓기와 채소 가꾸기, 의술, 점술 등을 소도의 예로 들고 있다.

19자장(子張) : 기본 원칙에 충실하라 19-05-0

항상 배우기를 게을리하지 말라

자하가 말했다. "날마다 자기가 모르는 바를 알아가며, 달마다 자기가 잘할 수 있는 바를 잊지 않으면, 가히 배우기를 좋아한다고 말할 수 있다."

子夏曰 日知其所亡 月無忘其所能 可謂好學也已矣
자 하 왈 일 지 기 소 무 월 무 망 기 소 능 가 위 호 학 야 이 의

'옛것을 익히고 그것을 미루어서 새것을 안다'는 온고지신(溫故知新)을 강조한 말이다.

19자장(子張) : 기본 원칙에 충실하라 19-06-0

배움을 늘 가까이 하라

자하가 말했다. "널리 배우고 배우려는 의지를 독실하게 하고, 절실하게 묻고 가까이 생각하면 인은 그 안에 있다."

子夏曰 博學而篤志 切問而近思 仁在其中矣
자하왈 박학이독지 절문이근사 인재기중의

19자장(子張) : 기본 원칙에 충실하라 19-07-0

학문으로써 도를 이루어라

자하가 말했다. "모든 기술자들이 작업장에서 열심히 일하여 자신의 일을 성취하듯이 군자는 학문으로써 자신의 도를 이루어야 한다."

子夏曰 百工居肆以成其事 君子學以致其道
자하왈 백공거사이성기사 군자학이치기도

사(肆)는 옛날에 기술자가 스스로 물건을 만들기도 하고 팔기도 하던 작업장 겸 가게이다.

19자장(子張) : 기본 원칙에 충실하라 19-08-0

잘못을 저질러도 핑계를 대지 말라

자하가 말했다. "소인은 잘못을 저지르면 반드시 핑계를 꾸며댄다."

子夏曰 小人之過也必文
자 하 왈 소 인 지 과 야 필 문

필문(必文)은 반드시 잘못을 어름어름 넘긴다는 말로, 소인은 과실을 저지르면 반드시 핑계 댈 것을 생각한다는 뜻이다.

핑계에 급급한 태도가 나쁜 이유는 똑같은 과실을 계속하여 되풀이할 위험이 있다는 것이다.

그리고 자기의 잘못에 대해 반성이 없으면 더 이상 진보와 향상도 기대할 수가 없기 때문이다.

19자장(子張) : 기본 원칙에 충실하라 19-09-0

군자의 다양한 세 모습

자하가 말했다. "군자는 세 가지의 다른 모습이 있다. 멀리서 바라보면 근엄하고, 다가가서 보면 온화하고, 그 말하는 것을 들으면 준엄하다."

子夏曰 君子有三變 望之儼然 卽之也溫 聽其言也厲
자 하 왈 군 자 유 삼 변 망 지 엄 연 즉 지 야 온 청 기 언 야 려

19자장(子張) : 기본 원칙에 충실하라 19-10-0

충분히 신뢰를 얻은 후 행동하라

자하가 말했다. "군자는 충분히 신뢰를 얻은 후에 백성을 동원해야 한다. 신뢰를 얻지 못한 상태에서 일을 시키면 백성들은 자기들을 학대한다고 여길 것이다. 군주에게도 충분히 신뢰를 얻은 뒤에 간언해야 한다. 신뢰가 없는 상태에서 간언하면 윗사람이 자신을 비방한다고 여길 것이다."

子夏曰 君子 信而後勞其民 未信則以爲厲己也
자 하 왈 군 자 신 이 후 노 기 민 미 신 즉 이 위 려 기 야

信而後諫 未信則以爲謗己也
신 이 후 간 미 신 즉 이 위 방 기 야

19자장(子張) : 기본 원칙에 충실하라 19-11-0

기본 원칙에 충실하라

자하가 말했다. "큰 덕은 한계를 넘으면 안 되지만 작은 덕은 경계를 드나들어도 괜찮다."

子夏日 大德不踰閑 小德出入可也
자 하 왈 대 덕 불 유 한 소 덕 출 입 가 야

기본 원칙만 확고하다면 사소한 일들은 약간의 융통성을 가지고 해도 된다는 의미이다.
덕(德)은 행위의 준칙을 말하고, 한(閑)은 규범의 경계를 말한다.

19자장(子張) : 기본 원칙에 충실하라 19-12-1

근본을 중시하라

자유가 말했다. "자하의 제자들은 집안을 청소하고, 손님을 맞아들이고, 격식에 맞게 행동하는 일은 괜찮게 해내지만 그런 것들은 사소한 일에 불과하다. 그러나 근본을 궁구하는 것과 같은 중요한 일은 전혀 하지 않으니 이는 어찌된 일인가?"

子游日 子夏之門人小子 當灑掃應對進退 則可矣
자 유 왈 자 하 지 문 인 소 자 당 쇄 소 응 대 진 퇴 즉 가 의

抑末也 本之則無 如之何
억 말 야 본 지 즉 무 여 지 하

소자(小子)는 '아이'라는 뜻으로 『논어』에서는 주로 공자가 제자를 가리킬 때 사용되었다.
여기서는 경시하는 느낌과 격의 없는 느낌을 주기 위하여 문인(門人)과 겹쳐서 쓴 것으로 보인다.

19자장(子張) : 기본 원칙에 충실하라 19-12-2

처음부터 끝까지 잘 시작하고 잘 마쳐라

자하가 그 말을 듣고 말했다. "아, 자유의 말이 지나치구나! 군자의 도를 어느 것을 먼저 하고 어느 것을 뒤로 돌려 게을리 하겠는가? 이를 초목에 비유하면 뿌리와 잎을 구분하여 어느 쪽이 더 중요하고, 어느 쪽이 덜 중요하다고 말하는 것과 같다. 군자의 도를 어떻게 왜곡시킬 수 있겠는가. 처음부터 끝까지 잘 시작하고 잘 마치는 사람은 오직 성인뿐일 것이다."

子夏聞之曰 噫 言游過矣 君子之道 孰先傳焉 孰後倦焉
자하문지왈 희 언유과의 군자지도 숙선전언 숙후권언

譬諸草木 區以別矣 君子之道 焉可誣也 有始有卒者 其惟聖人乎
비제초목 구이별의 군자지도 언가무야 유시유졸자 기유성인호

자유와 자하의 교육 방법론을 말하고 있다. 자유는 근본적인 이치를 궁구하는 본질적인 문제를 중시한 반면, 자하는 천편일률적으로 그렇게 할 것이 아니라 피교육자의 수준과 자질에 따라 내용을 달리해야 한다고 보았다.

19자장(子張) : 기본 원칙에 충실하라 19-13-0

항상 배움이 기본이다

자하가 말했다. "벼슬을 하면서도 뛰어나고자 하면 배워야 하고, 배우면서 뛰어나면 벼슬을 할 수 있다."

子夏曰 仕而優則學 學而優則仕
자 하 왈 사 이 우 즉 학 학 이 우 즉 사

실제로 소용되는 학문을 해야 한다. 학문을 닦아 실생활에 적용하는 것은 필요한 일이며, 따라서 일에 나아가기 전에 학문을 닦음은 물론 일에 종사하는 동안에도 틈틈이 학문을 닦아야 한다.

19자장(子張) : 기본 원칙에 충실하라 19-14-0

형식보다 중요한 마음

자유가 말했다. "상사(喪事)는 슬픔을 극진히 하는 것으로 끝내야 한다."

子游曰 喪致乎哀而止
자 유 왈 상 치 호 애 이 지

상사에는 형식보다는 슬퍼해야 하는 것이 먼저이다. 진심으로 슬픔을 표시해야지 허례허식을 차릴 필요는 없다. 호화스럽고 사치스럽게 지내는 것은 예가 아니며, 슬픔을 극진히 하면 된다.

19자장(子張) : 기본 원칙에 충실하라 19-15-0

능숙하다고 인자는 아니다

자유가 말했다. "나의 벗 자장은 어려운 일을 능숙하게 잘해낸다. 그러나 인자라고 하기에는 아직 부족하다."

子游曰 吾友張也爲難能也 然而未仁
자 유 왈 오 우 장 야 위 난 능 야 연 이 미 인

자유가 동문인 자장을 논평한 말이다 그러나 단지 비난하는 것은 아니고 상대의 사람됨을 솔직하게 지적하고 서로의 반성 자료로 삼고 있다. 자장은 편파적인 면이 있기 때문에 중용의 도인 인과는 거리가 있다는 뜻이다.

19자장(子張) : 기본 원칙에 충실하라 19-16-0

자만하는 자와 함께 하지 말라

증자가 말했다. "당당하구나, 자장은! 그러나 그와 함께 인을 실천하기는 어렵겠구나."

曾子曰 堂堂乎張也 難與並爲仁矣
증 자 왈 당 당 호 장 야 난 여 병 위 인 의

증자가, 자장은 용모가 장중하고 훌륭해서 남들이 보면 자칫 자만에 찬 듯이 보이기 때문에 그와 더불어 서로 도와가며 인을 실천하기는 어렵겠다고 한 것이다.

19자장(子張) : 기본 원칙에 충실하라 19-17-0

부모의 경우엔 진심이 우러난다

증자가 말했다. "선생님으로부터 들으니 사람은 스스로 진심을 다하지 못하는 경우가 있지만 부모의 상을 당하여서만은 반드시 다한다고 하셨다."

曾子曰 吾聞諸夫子 人未有自致者也 必也親喪乎
증자왈 오문제부자 인미유자치자야 필야친상호

유교에서는 어버이를 섬기는 효행을 인륜의 최고 덕목의 하나로 취급하고 있다. 따라서 어버이가 죽어서 자식이 그 상을 치를 때에는 전력을 다하지 않으면 안 된다고 강조한 것이다.

19자장(子張) : 기본 원칙에 충실하라 19-18-0

부친을 끝까지 따르는 효행

증자가 말했다. "내가 선생님께 들은 적이 있다. 맹장자의 효행 중 다른 것은 따라 할 수 있겠지만, 부친의 가신과 부친의 정책을 바꾸지 않은 일, 이것은 따라 하기 어렵다."

曾子曰 吾聞諸夫子 孟莊子之孝也 其他可能也
증자왈 오문제부자 맹장자지효야 기타가능야

其不改父之臣 與父之政 是難能也
기불개부지신 여부지정 시난능야

맹장자(孟莊子)는 노나라의 대부 중손속이다. 그는 부친 맹헌자가 죽은 뒤에도 계속하여 부친이 쓰던 가신을 그대로 쓰고 부친의 정책을 그대로 이어받아서 실시했다.

19자장(子張) : 기본 원칙에 충실하라 19-19-0

윗사람이 도리를 잃으면……

맹손씨가 양부를 사사로 삼자, 양부가 증자에게 그 일에 대해 물어 보았다. 이에 증자께서 대답하셨다. "윗사람이 바른 도리를 잃게 되어, 백성들의 마음이 흩어진 지가 오래되었다. 만일 범죄의 진상을 알게 되더라도 그들을 불쌍히 여기며, 기뻐하지 말아야 한다."

孟氏使陽膚爲士師 問於曾子
맹 씨 사 양 부 위 사 사 문 어 증 자

曾子曰 上失其道 民散久矣 如得其情 則哀矜而勿喜
증 자 왈 상 실 기 도 민 산 구 의 여 득 기 정 즉 애 긍 이 물 희

사사(士師)는 법을 집행하는 관리를 말한다.

19자장(子張) : 기본 원칙에 충실하라 19-20-0

군자는 하류에 머무르지 않는다

자공이 말했다. "주왕의 선하지 않음이 세상에 알려진 만큼 심한 것은 아니었다. 이 때문에 군자는 하류에 머무르는 것을 싫어한다. 천하의 악이 모두 그에게 귀속될 것이기 때문이다."

子貢曰 紂之不善 不如是之甚也 是以君子惡居下流
자 공 왈 주 지 불 선 불 여 시 지 심 야 시 이 군 자 오 거 하 류

天下之惡皆歸焉
천 하 지 악 개 귀 언

은나라의 주왕은 임금으로서 하류였기 때문에 포악무도한 사람이라는 평을 받지만, 사실 평범한 인간으로서는 그렇게 나쁜 사람이 아니었다. 그러므로 사람은 같은 부류의 사람들 중에서 하류에 속해서는 안 된다.

19자장(子張) : 기본 원칙에 충실하라 19-21-0

군자의 모습은 태양과 같다

자공이 말했다. "군자가 잘못을 저지르는 것은 일식이나 월식과 같아서 잘못을 저지르면 사람들이 다 이를 보아 알게 되고, 그것을 고치면 사람들이 모두 우러러보게 될 것이다."

子貢曰 君子之過也 如日月之食焉 過也 人皆見之 更也 人皆仰之
자공왈 군자지과야 여일월지식언 과야 인개견지 경야 인개앙지

19자장(子張) : 기본 원칙에 충실하라 19-22-0

현명한 사람

위나라의 공손조가 자공에게 물었다. "공자는 어디서 배웠습니까?" 자공이 말했다. "문왕과 무왕의 도가 아직 완전히 땅에 떨어지지 않고 사람들 사이에 남아 있습니다. 현명한 사람은 그 속에서 큰 것을 알아내고, 그렇지 못한 사람은 그 속에서 작은 것을 알아냅니다. 이런 식으로 문왕과 무왕의 도를 지니고 있지 않은 사람이 없으니, 선생님께서 어디에선들 배우지 않겠는지요? 그러니 또한 어찌 일정한 스승이 있었겠는지요?"

衛公孫朝問於子貢曰 仲尼焉學
위공손조문어자공왈 중니언학

子貢曰 文武之道 未墜於地 在人 賢者識其大者 不賢者識其小者
자공왈 문무지도 미추어지 재인 현자식기대자 불현자식기소자

莫不有文武之道焉 夫子焉不學 而亦何常師之有
막불유문무지도언 부자언불학 이역하상사지유

공손조(公孫朝)는 위나라의 대부이다. 노나라와 초나라에도 공손조가 있었기 때문에 위공손조(衛公孫朝)라고 했다.

19자장(子張) : 기본 원칙에 충실하라 19-23-0

잘 드러나지 않는 높은 학덕

노나라의 숙손무숙이 조정에서 대부들과 더불어 이야기하였다. "자공이 중니보다 현명합니다." 자복경백이 그 말을 자공에게 고하니 자공이 말했다. "궁궐의 담으로 비유해 보면 저의 집의 담은 어깨 높이에 불과해서 누구나 담 너머로 집안의 좋은 것을 들여다볼 수 있습니다. 그러나 선생님의 담은 높이가 몇 길이나 되기 때문에, 문을 찾아 들어가지 않으면 종묘의 아름다움이나 백관이 많음을 볼 수 없습니다. 그 문으로 들어간 사람이 적으니 선생이 그렇게 말씀하시는 것도 당연합니다."

叔孫武叔語大夫於朝曰 子貢賢於仲尼 子服景伯 以告子貢 子貢曰
숙 손 무 숙 어 대 부 어 조 왈 자 공 현 어 중 니 자 복 경 백 이 고 자 공 자 공 왈

譬之宮牆 賜之牆也及肩 窺見室家之好 夫子之牆數仞 不得其門而入
비 지 궁 장 사 지 장 야 급 견 규 견 실 가 지 호 부 자 지 장 수 인 부 득 기 문 이 입

不見宗廟之美 百官之富 得其門者或寡矣 夫子之云 不亦宜乎
불 견 종 묘 지 미 백 관 지 부 득 기 문 자 혹 과 의 부 자 지 운 불 역 의 호

공자의 학덕은 높고 깊어서 겉으로 잘 드러나지 않기 때문에 사람들이 잘 알 수 없다는 뜻이다.

숙손무숙은 노나라의 대부로, 이름은 주구(州仇)이고, 무(武)는 그의 시호이다.

자복경백은 노나라의 대부로, 성이 자복, 이름이 하(何), 경(景)은 그의 시호이다.

19자장(子張) : 기본 원칙에 충실하라 19-24-1

뛰어넘을 수 없는 해와 달

숙손무숙이 공자를 헐뜯자 자공이 말했다. "이러지 마십시오. 선생님을 헐뜯으면 안 됩니다. 세상에서 현자라고 일컫는 사람들은 언덕이어서 그래도 넘어갈 수 있지만 중니는 해와 달이어서 넘어갈 수 없습니다. 사람들이 비록 관계를 끊으려고 해도 그것이 해와 달에게 무슨 손상을 입히겠는지요? 단지 그들 스스로 분수를 모른다는 사실을 더욱 드러낼 뿐입니다."

叔孫武叔毁仲尼 子貢曰 無以爲也 仲尼不可毁也
숙 손 무 숙 훼 중 니 자 공 왈 무 이 위 야 중 니 불 가 훼 야

他人之賢者 丘陵也 猶可踰也 仲尼 日月也
타 인 지 현 자 구 릉 야 유 가 유 야 중 니 일 월 야

無得而踰焉 人雖欲自絕 其何傷於日月乎 多見其不知量也
무 득 이 유 언 인 수 욕 자 절 기 하 상 어 일 월 호 다 견 기 부 지 양 야

공자의 학덕은 너무 깊고 높아서 현자의 범주를 넘어선다. 그런 공자를 학덕이 얕은 사람이 헐뜯는다고 해도 손상을 입히기 어렵다는 것이다. 우리는 상대방에 대한 비난을 할 때 좀더 많은 생각을 해야 한다.

법정 스님의 말을 인용하면 다음과 같다.

"인간은 강물처럼 흐르는 존재이다. 우리들은 지금 이렇게 이 자리에 앉아 있지만 끊임없이 흘러가고 있다. 늘 변하고 있는 것이다. 날마다 똑같은 사람일 수가 없다. 그렇기 때문에 함부로 남을 판단할 수 없고 심판할 수 없다. 그 사람의 내부에서 어떤 변화가 일어나는지는 아무도 모른다. 그렇기 때문에 타인에 대한 비난은 늘 잘못된 것이기 일쑤이다. 우리가 어떤 판단을 내렸을 때 그는 이미 딴 사람이 되어 있을 수 있다. 말로 비난하는 버릇을 버려야 우리 안에서 사랑의 능력이 자란다."

19자장(子張) : 기본 원칙에 충실하라 19-25-0

스승을 따라가는 이유

진자금이 자공에게 말했다. "선생이 중니에게 공손한 것이지, 중니가 설마 선생보다 현명하겠소?" 자공이 말했다. "군자는 말 한마디로 지혜롭게도 여겨지고, 어리석게도 여겨지니 말에 신중해야 하오. 우리가 사다리를 놓아도 하늘에 올라갈 수 없는 것처럼, 나는 선생님을 따라갈 수 없소. 선생님이 한 나라의 정치를 맡게 되면 백성들을 사회에서 세우고자 하면 세울 수 있고, 도의를 따르게 하고자 하면 따르게 할 수 있을 것이오. 또한 백성들을 편안하게 하여 모든 백성이 그를 따르고, 그가 움직이면 화목해질 것이오. 그가 살아있으면 사람들의 존경을 받고 죽으면 사람들이 슬퍼할 것이오. 이러한데 내가 어찌 그분을 따라갈 수 있겠소?"

陳子禽謂子貢曰 子爲恭也 仲尼 豈賢於子乎
진자금위자공왈 자위공야 중니기현어자호

子貢曰 君子一言以爲知 一言以爲不知 言不可不愼也
자공왈 군자일언이위지 일언이위부지 언불가불신야

夫子之不可及也 猶天之不可階而升也 夫子之得邦家者 所謂立之斯立
부자지불가급야 유천지불가계이승야 부자지득방가자 소위립지사립

道之斯行 綏之斯來 動之斯和 其生也榮 其死也哀 如之何其可及也
도지사행 수지사래 동지사화 기생야영 기사야애 여지하기가급야

진자금(陳子禽)은 진(陳)나라 사람으로, 공자의 제자인 진항이다. 자공보다 9세 아래였다.

-20-

요왈

堯曰

천하의 민심은 현자를 따른다

20요왈(堯曰) : 천하의 민심은 현자를 따른다 20-01-1

하늘이 내릴 법도를 지켜라

요임금이 순에게 왕위를 물려줄 때 말했다. "아, 그대 순이여. 하늘의 명령이 그대의 몸에 있으니 그대는 성실하게 하늘이 내린 법도를 굳게 잡고 지키라. 천하의 백성이 곤궁해지면 하늘이 내리신 복도 영원히 끊어질 것이다." 순임금도 우에게 왕위를 물려줄 때 이렇게 명했다.

堯曰 咨爾舜 天之曆數 在爾躬 允執其中 四海困窮 天祿 永終
요 왈 자 이 순 천 지 력 수 재 이 궁 윤 집 기 중 사 해 곤 궁 천 록 영 종

舜 亦以命禹
순 역 이 명 우

천록(天祿)은 하늘이 내리는 복록으로, 여기서는 임금의 자리를 가리킨다.

요임금이 신하인 순에게 임금 자리를 물려주면서 한 당부의 말이다.

공자가 이루려고 하는 세계의 이상을 현실에서 왕도 정치로 실현하려는 모습이다.

현실 정치에서 편을 가르고 권력 다툼을 하면서 사회가 위태로와지는 것을 보면서 권력이 한쪽으로 치우치지 말고 성실하게 하늘의 법도를 따라 중심을 지키기를 바라는 마음이 담겨 있다.

20요왈(堯日) : 천하의 민심은 현자를 따른다 20-01-2

인재를 골고루 등용하라

이번에는 은나라의 탕왕이 말했다. "변변치 못한 리(履)는 감히 검은 황소를 제물로 바치며 위대하신 천제께 아룁니다. 죄가 있는 사람은 감히 용서하지 않겠습니다. 천제의 신하 중 어진 이를 버려둘 수 없으니 그들을 가려냄은 오로지 천제의 뜻에 달려 있습니다. 만일 제 몸에 죄가 있어도 백성은 죄가 없으며, 만일 백성에게 죄가 있다면 그 죄는 제 몸에 있나이다."

曰 予小子履 敢用玄牡 敢昭告于皇皇后帝
왈 여소자리 감용현모 감소고우황황후제

有罪不敢赦 帝臣不蔽 簡在帝心
유죄불감사 제신불폐 간재제심

朕躬有罪 無以萬方 萬方有罪 罪在朕躬
짐궁유죄 무이만방 만방유죄 죄재짐궁

여소자(予小子)는 상고 시대에 제왕이 자신을 겸허하게 일컫던 상투어이다.

리(履)는 상나라, 즉 은나라를 세운 탕왕의 이름이다.

현모(玄牡)는 검은색의 수소이다.

후제(后帝)는 천제, 하느님을 뜻한다.

제신불폐(帝臣不蔽)는 하느님의 신하를 은폐하거나 인재를 버려두지 않고 적재적소에 잘 등용한다는 뜻이다. 제신(帝臣)은 천하에 있는 어질고 능력 있는 모든 인재를 가리킨다.

20요왈(堯曰) : 천하의 민심은 현자를 따른다 20-01-3

인재가 많아야 번성한다

주나라가 크게 번성한 것은 착한 인재가 많았기 때문이다. 무왕이 말했다. "비록 가까운 친척이 내게 있다 해도 어진 사람만은 못할 것이다. 백성에게 잘못이 있다면 그 책임은 나 한 사람에게 있다." 그리하여 무왕은 도량형을 신중하게 정하고, 법을 명확히 개선하고, 폐지했던 기관과 일을 회복하니 두루 정사가 잘 시행되었다.

周有大賚 善人 是富 雖有周親 不如仁人 百姓有過 在予一人 謹權量
주유대뢰 선인 시부 수유주친 불여인인 백성유과 재여일인 근권량
審法度 修廢官 四方之政 行焉
심법도 수폐관 사방지정 행언

권량(權量)는 저울과 되, 도량형을 말한다.

20요왈(堯曰) : 천하의 민심은 현자를 따른다 20-01-4

천하의 민심은 현자를 따른다

멸망한 나라를 다시 부흥시켜 주고, 대가 끊어진 집의 대를 이어주며, 숨은 현자를 찾아 등용했기 때문에 천하의 민심이 다 그에게로 돌아갔다. 그가 중시한 것은 백성과 식량과 상사와 제사였다. 요컨대, 그는 너그러우면 사람이 많이 따르고 신의가 있으면 백성이 믿고, 부지런하면 성과를 거두게 되며, 공평하면 백성이 좋아한다는 것을 알고 있었다.

興滅國 繼絕世 擧逸民 天下之民 歸心焉 所重 民食喪祭 寬則得衆
흥멸국 계절세 거일민 천하지민 귀심언 소중 민식상제 관즉득중
信則民任焉 敏則有功 公則說
신즉민임언 민즉유공 공즉열

20요왈(堯曰) : 천하의 민심은 현자를 따른다 20-02-1

미덕을 명심하고 악정을 물리쳐라

자장이 공자께 여쭈었다. "어떻게 하면 정치에 종사할 수 있는지요?" 공자께서 대답하셨다. "다섯 가지 미덕을 명심하고, 네 가지 악정을 물리치면 정치를 잘할 수 있을 것이다."

子張問於孔子曰 何如 斯可以從政矣
자 장 문 어 공 자 왈 하 여 사 가 이 종 정 의

子曰 尊五美 屛四惡 斯可以從政矣
자 왈 존 오 미 병 사 악 사 가 이 종 정 의

20요왈(堯曰) : 천하의 민심은 현자를 따른다 20-02-2

다섯 가지 미덕

자장이 다시 여쭈었다. "다섯 가지 미덕은 무엇인지요?" 공자께서 대답하셨다. "은혜를 베풀지만 낭비하지 않아야 하고, 백성들에게 노동을 시키면서도 원망을 사지 않으며, 무엇을 할 때도 욕심내지 않아야 하고, 느긋하되 교만하지 않고, 위엄은 있지만 두려움을 주지는 않아야 한다. 이 다섯 가지이다."

子張曰 何謂五美
자 장 왈 하 위 오 미

子曰 君子惠而不費 勞而不怨 欲而不貪 泰而不驕 威而不猛
자 왈 군 자 혜 이 불 비 노 이 불 원 욕 이 불 탐 태 이 불 교 위 이 불 맹

20요왈(堯日) : 천하의 민심은 현자를 따른다 20-02-3

어진 정치를 베풀라

자장이 다시 여쭈었다. "은혜를 베풀지만 낭비하지 않는다는 것은 무슨 뜻인지요?" 공자께서 말씀하셨다. "백성들이 스스로 이롭다고 생각하는 일에 국가의 예산을 집행한다. 그렇게 하면 은혜를 베풀고 낭비하지 않는 것이 된다. 노역할 만한 가치가 있는 공사를 골라 백성을 동원하면 그 누구도 원망하지 않게 된다. 어진 정치를 베풀어 어질다는 말을 듣게 되면 무엇을 더 욕심내겠는가?"

子張曰 何謂惠而不費 子曰 因民之所利而利之 斯不亦惠而不費乎
자장왈 하위혜이불비 자왈 인민지소리이리지 사불역혜이불비호

擇可勞而勞之 又誰怨 欲仁而得仁 又焉貪
택가로이로지 우수원 욕인이득인 우언탐

20요왈(堯日) : 천하의 민심은 현자를 따른다 20-02-4

위엄은 있되 두려움을 주지 말라

"군자는 백성의 많고 적음을 따지지 않고, 영토의 크기를 묻지 않으며, 어느 누구도 업신여기지 않는다. 이는 자신감이 있어서 느긋하되 교만하지 않기 때문이라고 할 수 있다. 의관을 정제하고 안색을 바르게 하면 사람들이 볼 때 의젓하여 존경하는 마음이 생긴다. 이것이 위엄은 있지만 두려움은 주지 않는 것이 아니겠는가?"

君子無衆寡 無小大 無敢慢 斯不亦泰而不驕乎 君子 正其衣冠
군자무중과 무소대 무감만 사불역태이불교호 군자 정기의관

尊其瞻視 儼然人望而畏之 斯不亦威而不猛乎
존기첨시 엄연인망이외지 사불역위이불맹호

20요왈(堯曰) : 천하의 민심은 현자를 따른다 20-02-5

네 가지 악정

자장이 다시 여쭈었다. "네 가지 악정이란 무엇인지요?" 공자께서 말씀하셨다. "가르치지 않고서 죄를 지으면 사형에 처하는 것, 이것을 학정이라고 한다. 방임해 두고서는 업적을 까다롭게 따지는 것, 이것을 폭정이라고 한다. 뒤늦게 명령을 내리고는 서둘러 시행하라고 다그치는 것, 이것을 도둑의 정치라고 한다. 관청의 물건을 내주면서 자신의 물건을 내주는 양 생색을 내고 아까워하는 것, 이것을 관료주의라고 한다."

子張曰 何謂四惡 子曰 不敎而殺 謂之虐 不戒視成 謂之暴
자 장 왈 하 위 사 악 자 왈 불 교 이 살 위 지 학 불 계 시 성 위 지 포

慢令致期 謂之賊 猶之與人也 出納之吝 謂之有司
만 령 치 기 위 지 적 유 지 여 인 야 출 납 지 린 위 지 유 사

❀ • • • • • •

출납(出納)은 원래 재물을 지출하고 수납한다는 뜻이지만, 여기서는 납(納)의 의미는 약화되고 출(出)의 의미만 있다.

유사(有司)는 일을 주관하는 실무 담당자이다. 여기서는 정책의 큰 방향을 결정하는 군자와 상반되는 개념으로 '하찮은 일을 하는 사람'이라는 뜻이 있다.

관료주의는 관료 정치 아래에 있는 관청이나 사회 집단에서 흔히 나타나는 독특한 행동 양식이나 의식 상태를 비판적으로 이르는 말이다. 상급자에게는 약하고 하급자에게는 힘을 내세우려 하며, 자기 업무와 직접 관련이 없는 일에는 신경을 쓰지 않고, 자기 책임은 지지 않으려 하면서도 독선적인 행동이나 의식을 보이는 따위의 특성을 이른다.

오늘날 공무원으로 일하거나 봉사직을 맡은 사람들은 이 구절을 꼭 마음에 새겨두었으면 한다. 최선을 다해 가르침을 제공해야 하고, 소외 계층에 깊은 관심을 가져야 하고, 공직에 있을 때 생색내지 말아야 하다는 말이다. 그러면 사회는 좀더 밝아지고 우리는 모두와 더불어 좀 더 행복해지지 않겠는가.

20요왈(堯曰) : 천하의 민심은 현자를 따른다 20-03-0

천명을 알도록 노력하라

공자께서 말씀하셨다. "천명을 모르면 군자가 될 수 없고, 예를 모르면 사회에서 입신할 수 없고, 다른 사람의 말을 정확히 분별하지 못하면 그 사람이 어떤 사람인지를 알 수 없다."

子曰 不知命 無以爲君子也 不知禮 無以立也 不知言 無以知人也
자 왈 부 지 명 무 이 위 군 자 야 부 지 례 무 이 립 야 부 지 언 무 이 지 인 야

상대방의 말을 이해하지 못하거나 상대방이 이해하도록 말을 하지 못한다면 서로의 소통은 이루어질 수 없다.

같은 말을 쓰는데도 의사소통이 제대로 이루어지지 않는 경우가 비일비재하다. 세대간의 불통뿐만 아니라 가족간의 불통, 이웃간의 불통 등 의사소통의 부재로 이 사회는 신음하고 있다.

특히 말에는 진심이 담겨 있어야 한다.

진심이 담긴 말로 서로 이해하고 의사소통이 원활히 이루어지는 사회를 만드는 것이 『논어』를 끝내면서 우리에게 던져준 과제라는 생각이 든다.